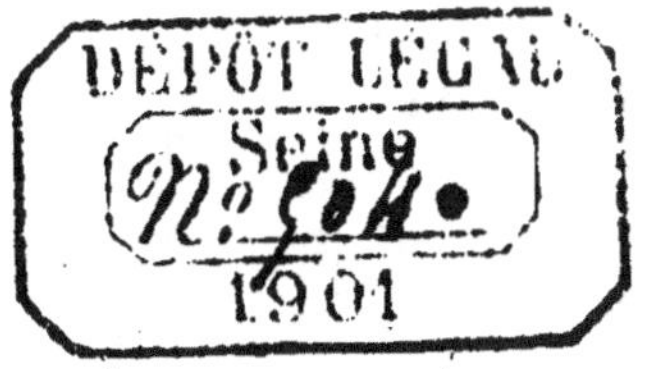

LETTRES
ÉCRITES D'ÉGYPTE

43956. — PARIS, IMPRIMERIE GÉNÉRALE LAHURE

Rue de Fleurus, 9

BUSTE D'ÉTIENNE GEOFFROY-SAINT-HILAIRE

Modelé en 1801 par J. Charpentier

(*Muséum d'Histoire Naturelle*)

LETTRES
ÉCRITES D'ÉGYPTE

*A CUVIER, JUSSIEU, LACÉPÈDE, MONGE, DESGENETTES,
REDOUTÉ JEUNE, NORRY, ETC., AUX PROFESSEURS DU MUSÉUM
ET A SA FAMILLE*

RECUEILLIES ET PUBLIÉES AVEC UNE PRÉFACE ET DES NOTES

PAR

LE Dr E.-T. HAMY

MEMBRE DE L'INSTITUT, PROFESSEUR AU MUSÉUM D'HISTOIRE NATURELLE
CONSERVATEUR DU MUSÉE D'ETHNOGRAPHIE, ETC.

PARIS

LIBRAIRIE HACHETTE ET Cie

79, BOULEVARD SAINT-GERMAIN, 79

1901

A

M. ALBERT GEOFFROY SAINT-HILAIRE

BUSTE DE GEORGES CUVIER

Modelé en 1801 par J. Charpentier
(*Muséum d'Histoire Naturelle*)

PRÉFACE

§ 1

Tandis que se poursuivent dans le plus profond mystère les préparatifs de l'expédition que Bonaparte va conduire vers la terre des Pharaons, l'illustre chimiste Berthollet, chargé par le général en chef de recruter une partie des savants qui doivent accompagner l'armée, se présente au Muséum, un certain jour de ventôse an VI, et s'adressant à Cuvier et à Geoffroy Saint-Hilaire, qui venaient de se faire connaître par une brillante collaboration, il s'efforce de les entraîner tous deux à la suite du glorieux vainqueur des Impériaux. « Venez, leur dit-il, Monge et moi serons vos compagnons et Bonaparte sera notre général.[1] »

Cuvier n'est encore que simple chargé de cours; lié par des engagements récents au vieux Mertrud[2] qu'il remplace dans son enseignement, il se voit forcé de décliner, sans hésiter, les propositions que Berthollet lui apporte.

Geoffroy, titulaire depuis près de cinq ans de sa chaire de zoologie[3], est plus libre de ses mouvements et il accepte, sans

1. Le botaniste Thouin, aussi professeur au Muséum, fut l'objet de semblables sollicitations et son nom figure sur certaines listes préparatoires de la Commission des sciences et arts.

2. Il avait été autorisé par un arrêté du 24 brumaire an IV (15 novembre 1795) à faire le cours d'anatomie comparée le J. Cl. Mertrud et cette situation s'est prolongée jusqu'à la mort du titulaire (15 vendémiaire an XI, 7 octobre 1802).

3. Il avait été nommé en juillet 1793.

trop se faire prier[1], de prendre une part active à cette lointaine et périlleuse entreprise.

C'est alors un jeune homme de vingt-six ans[2], vigoureux et résolu. Il a compris de suite tout le prix d'un pareil voyage pour ses études spéciales et, en quelques jours d'un travail fiévreux, il se met au courant du peu que l'on sait encore de cette histoire naturelle de l'Orient, que ses travaux sont appelés à modifier d'une manière si profonde.

Le 14 germinal suivant (3 avril 1798) il annonce à l'assemblée des professeurs du Muséum « qu'il a reçu du ministre de l'Intérieur une lettre par laquelle le Gouvernement réclame ses talens et son zèle et le charge de se rendre incessamment à *Bordeaux* ».

« L'assemblée, continue le secrétaire de la séance, lui témoigne le désir de le voir bientôt de retour et sur la demande de ce professeur, elle invite le citoyen Lacépède à suppléer au cours de zoologie que le départ du citoyen Geoffroy empêchera ce dernier de donner, en réunissant des leçons publiques sur les quadrupèdes vivipares et les oiseaux à celles qu'il est dans l'usage de donner sur les quadrupèdes ovipares, les serpents et les poissons.[3] »

Les savants, désignés pour faire partie de l'expédition d'Orient, avaient été invités à dissimuler soigneusement leur destination véritable, et Geoffroy se conformait à ces instructions secrètes en annonçant ainsi publiquement son départ pour Bordeaux.

Ce fut seulement six semaines plus tard (24 floréal an VI) qu'une lettre de Marseille datée du 16 du même mois (5 mai 1798) vint apprendre aux professeurs du Muséum que leur jeune collègue était en partance pour Ajaccio.

---

1. On a la preuve de cet empressement dans la date même de la procuration donnée à son père Jean Gérard Geoffroy pour « en son nom régir et gouverner pendant son absence ses affaires actives et passives, etc. » Cette pièce est du 28 ventôse an VI (18 mars 1798); elle est conservée dans les Archives du Muséum d'histoire naturelle.

2. Il est né à Étampes, le 15 avril 1772.

3. *Procès-verbaux des séances*, t. III, p. 156.

Geoffroy leur parlait rapidement de l'École centrale de Lyon et des relations à créer avec le directeur de cet établissement. Il disait quelques mots de la fontaine de Vaucluse et des roches de la Durance, mais il était très bref sur les préparatifs de l'expédition, dont il n'était pas encore autorisé à révéler le véritable objectif. Il annonçait seulement qu'on le mettait, ainsi que son frère, Marc-Antoine Geoffroy, capitaine du génie, à la disposition d'un jeune officier supérieur déjà célèbre, le général Reynier, dont il allait, du reste, conquérir promptement la solide amitié.

Collègue affectueux et dévoué, Étienne Geoffroy écrira ainsi fréquemment aux professeurs du Muséum, pour les mettre au courant de ses travaux et de ses découvertes, de ses souffrances et de ses déceptions. Mais c'est à Cuvier, avec lequel il s'est lié d'une amitié fraternelle il y a un peu plus de trois ans, et dont il est le collaborateur assidu depuis qu'il l'a fait venir au Muséum, qu'il confiera surtout toutes ses intimités [1].

Il avait pu sans inconvénient décrire à celui-ci, que Berthollet avait au moins en partie renseigné, son voyage jusqu'à Lyon, dans une longue lettre du 8 floréal, toute émue des beautés de la nature qu'il admire dans le Morvan et des horreurs de la guerre civile dont plus de quatre années n'ont pas réparé les ruines dans la cité lyonnaise.

Une seconde lettre arrive bientôt du Comtat ; il y est question des artistes de la Commission, des antiquités de Vienne et de Faujas de S. Fond que n'épargne pas la verve satirique du jeune voyageur.

Une troisième lettre à Cuvier est datée de Marseille, 18 floréal an VI (7 mai 1798) ; elle parle avec abondance des lieux chantés par Pétrarque.

Avec la lettre du 20 floréal, nous sommes à Toulon, où Étienne est arrivé la veille, et les détails commencent à abonder sur la Commission scientifique, sur Reynier, sur Bonaparte et son fameux discours à l'une des brigades d'Italie.

1. Geoffroy s'est plu à raconter beaucoup plus tard, après la mort de Cuvier, l'histoire de leurs premières relations (Cf. *Études progressives d'un naturaliste*, Paris, 1835, in-4°, p. XIII-XIV).

Le 24 floréal (13 mai) deux lettres se suivent, poste sur poste ; la générale bat, on embarque, on est embarqué, c'est vers les Indes qu'on se dirige par l'Égypte.

Le 29 floréal, puis le 4 prairial, nouvelles lettres écrites de l'*Alceste*, à Cuvier, la seconde, fort intéressante, décrivant la sortie de Toulon (30 floréal), la traversée du golfe du Lion, la vie à bord, les accidents de route.

Le 8 prairial on est en mer près les îles, entre la Corse et la Sardaigne[1]. Et, trois semaines plus tard, le 1er messidor (19 juin), une épître des deux frères va porter à Étampes la nouvelle de la prise de Malte et de Gozzo.

Étienne a assisté à cette dernière ; l'*Alceste* et les bâtiments de Marseille qui portent la division Reynier, ont été chargés d'attaquer Gozzo. L'affaire n'a duré que quelques minutes, les forts qui défendaient l'île se sont rendus sans résistance, l'un à Reynier, l'autre à Marc-Antoine Geoffroy. Ce dernier, chargé tout aussitôt de dresser la carte de Gozzo, a emmené son frère Étienne, qui a pu ainsi saisir rapidement les divers aspects du pays.

Étienne Geoffroy a gagné Malte pendant que son frère achevait ses levés et il a consigné dans sa lettre des détails abondants et curieux sur la célèbre cité des Chevaliers.

Les deux frères, réunis de nouveau la veille du départ (30 prairial, 18 juin), se rembarquent sur l'*Alceste* et l'on n'entend plus parler d'eux jusque vers la fin de juillet.

Cependant l'armée a mis pied à terre à l'Anse du Marabout (13 messidor, 1er juillet), Alexandrie a été occupée le lendemain après une courte lutte, et Bonaparte vient d'entrer au Caire (5 thermidor, 23 juillet) après avoir détruit devant les pyramides (3 thermidor, 21 juillet) la puissance des Mamelucks.

Une partie des savants attachés à l'expédition avaient été placés sur la flottille chargée des vivres et des bagages, qui remontait, non sans danger, le cours du fleuve.

Mais Geoffroy était demeuré dans le Delta avec les autres na-

---

1. « Mon cher papa, écrit à cette date Étienne Geoffroy à son père, Je me propose de vous envoyer par la première occasion la lettre

turalistes. Moins d'un mois après la prise d'Alexandrie, vingt des membres de la Commission des sciences et arts étaient établis à Rosette, et commençaient, au milieu des indigènes étonnés, les travaux qui devaient illustrer à jamais l'expédition.

Une lettre à Redouté jeune, qui est resté à Alexandrie avec Dolomieu, nous initie à ces premiers débuts de la Commission d'Égypte (7 thermidor, 25 juillet)....

Une semaine plus tard, Étienne Geoffroy Saint-Hilaire assiste avec le contrôleur Poussielgue, des terrasses de Rosette, à la destruction de la flotte de l'amiral Brueys[1] ! Dans une longue lettre adressée à son frère Marc-Antoine, et qui ne nous est parvenue que mutilée[2], il raconte ce qu'il a pu voir de la lutte et se fait l'écho indigné des critiques acerbes dont Brueys était l'objet de la part des survivants de ces malheureuses journées du 14 et du 15 thermidor.

On trouve dans ce récit, rédigé fort peu de temps après l'événement, et en quelque sorte sous la dictée de quelque acteur du terrible drame, des renseignements, plus circonstanciés peut-être que partout ailleurs, sur plusieurs épisodes du combat. Ce document n'est point fait assurément pour diminuer aux yeux de la postérité la responsabilité de Brueys et justifie dans une certaine mesure le général en chef des appréciations sévères qu'il a formulées sur la conduite du malheureux amiral dans sa dépêche du 20 août suivant.

Nous retrouvons Étienne Geoffroy, dix jours plus tard à Boulak[3]; il a été mandé pour prendre part à la fondation de l'Institut que Bonaparte va créer dans la capitale égyptienne. « On dispose tout pour la formation de l'Institut national du Caire ; deux vastes maisons contiguës seront employées au ser-

que je vous ai écrite avec la suite des événements qui nous arrivent ; cette lettre sera le duplicata de celle-ci.

« Notre tartane part, et je finis par embrasser toute la famille.... »

1. Poussielgue a donné le récit de la bataille, dans une lettre à sa femme datée de Rosette, 17 thermidor an VI (4 août 1798).

2. Il y manque le premier feuillet.

3. Ce qui montre bien que la lettre décrivant la bataille a été écrite presque immédiatement.

vice auquel le Louvre est affecté à Paris. On décore la salle d'assemblée, on dispose nos logements, dans peu nous serons parfaitement organisés.[1] »

Toute cette lettre respire la confiance la plus naïve; « les Français sont solidement établis en Égypte », dit Geoffroy, qui semble vouloir avant tout rassurer sa famille, et qui ne fait qu'une allusion discrète au blocus des Anglais, et à ses conséquences. Mourad et Ibrahim ont été rejetés au loin, et Marc-Antoine Geoffroy est parti en colonne au-devant de la caravane de la Mecque, qu'il faut protéger contre les Arabes et les Mamelucks qui sont en fuite de ce côté. Au Caire tout est calme; la population est fort indifférente, « peu lui importe qui la gouverne »; les femmes qui ont commencé par pleurer et crier qu'on les voulait changer de religion, commencent à s'apprivoiser et osent maintenant regarder de leurs jalousies « un Français qui passe dans la rue ».

Cet optimisme est déjà beaucoup moindre, lorsque par le même courrier, Étienne Geoffroy envoie de ses nouvelles au Jardin des Plantes de Paris. « Combien sont obligés de décompter tous ceux qui ont cru trouver ici les délices de la capitale de la France. Ceux-là ne cessent de jurer après Savary pour avoir peint l'Égypte comme un paradis enchanteur; ils trouvent Volney véridique en tout; ils ont raison à cet égard.[2] » Aucun découragement personnel ne se manifeste d'ailleurs chez l'auteur de la lettre, que n'ont point touché les murmures du voisinage, mais il prévoit déjà que si le séjour en Égypte doit durer longtemps, il pourra devenir « insupportable ».

Cependant l'Institut s'organise, et dans une lettre à Redouté, qui s'obstine à rester à Alexandrie avec quatorze autres membres de la Commission des sciences[3] (7 fructidor, 24 août 1798), Geoffroy, qui fait partie du Comité d'organisation avec Monge, Berthollet, Caffarelli, Andréossy, Desgenettes et Costaz, est déjà en mesure de donner une liste presque définitive.

---

1. Lettre n° XIV du Caire, 24 thermidor an VI (samedi 11 août 1798).
2. Lettre n° XV du Caire, 25 thermidor (dimanche 12 août 1798).
3. Geoffroy énumère parmi les retardataires : Dolomieu, Dutertre, Norry, Peye, Protain (Cf. Lettre n° XVII).

« Je vous engage d'autant plus à nous joindre, écrit-il à son ami, qu'un fauteuil académique vous tend ici les bras, » et il lui transcrit une liste où son nom figure dans la première section des lettres et arts.... « Notre sort s'est encore amélioré; logemens magnifiques, jardins immenses et merveilleusement dessinés; eaux abondantes et coulant de tous côtés avec un doux murmure, une multitude d'arbres d'espèces différentes sous lesquels on trouve un ombrage voluptueux, la société de tous les généraux et particulièrement celle du général en chef, voilà ce qu'avec beaucoup trop d'opiniâtreté vous refusez, vous et tous vos camarades, par votre séjour prolongé à Alexandrie. »

§ II

Le nouvel Institut, créé par arrêté du 23 fructidor an VI, (20 août 1798) pour s'occuper « du progrès et de la propagation des lumières en Égypte » et « de la recherche, de l'étude et de la publication des faits naturels, industriels et historiques » de cette contrée, est logé dans deux palais de beys et deux autres maisons de riches particuliers qui leur sont contiguës. « Ces maisons, écrit Geoffroy à Cuvier[1], nous fournissent peut-être plus de commodités et au moins autant de magnificence qu'on en trouve au Louvre. Un jardin immense, dont la superficie équivaut à peu près à trente-cinq arpents de France, bien planté, avec nombre de terrasses élevées où jamais l'eau du Nil ne parvient dans les inondations, est destiné à la culture et à la botanique. La salle d'assemblée est déjà garnie des plus riches meubles trouvés chez les Mamelucks; dans le nombre on distingue l'une des plus grandes et des plus belles pendules de Berthaut et un vase du Japon d'un très gros volume.... La ménagerie commence à se peupler de beaucoup d'animaux.... Notre volière est déjà toute faite; bientôt nous serons sous ce rapport mieux établis que dans le Jardin des Plantes, nous aurons du moins du définitif!... »

1. Lettres n°s XVII et XVIII.

La première réunion de l'Institut a eu lieu le 11 fructidor (28 août), le général en chef et son chef d'état-major général étaient présents. Monge est président. Bonaparte, vice-président, suit les séances avec une assiduité qui excite les jalousies des militaires et ceux-ci vont se venger de ces préférences trop visibles par de ridicules quolibets[1].

La bonne volonté de Geoffroy est largement mise à contribution. Il est membre de la Commission du règlement, de la Commission des poids et mesures, de la Commission de la vigne, de celle que l'on charge d'examiner les momies d'oiseaux de Belliard, de celle encore qui doit s'occuper de l'utilisation des décombres de l'enceinte du Caire. Il a lu un premier mémoire *sur l'aile de l'autruche*, il en prépare un second sur le *cynocéphale* des anciens Égyptiens, quand brusquement éclate aux portes mêmes de l'Institut une insurrection formidable qui vient mettre en péril la jeune compagnie et ses installations encore inachevées!

C'est à Norry que, témoin oculaire, acteur même de ce drame, il en donne bien vite tous les détails[2]. L'architecte Norry est en effet à Alexandrie en partance pour la France; il faut qu'il soit en mesure de rassurer sur le sort de Geoffroy sa famille, ses amis et ses collègues. On ne peut pas lire sans une poignante émotion le récit simple et rapide des assassinats, des pillages, des combats dans la rue qui marquent les débuts de l'émeute. Le cabinet de physique à peine mis en place, tous les instruments du *papa* Champy « pour la fabrication de la poudre, un grand nombre d'outils de précision amassés à grands frais à Paris », tout cela est stupidement détruit par les révoltés.

Et ils sont seulement *une quarantaine de savants* armés de fusils envoyés par Bonaparte, pour défendre la bibliothèque et les laboratoires installés depuis deux jours. Lannes les délivre enfin après quarante-huit heures et les obus de Dammartin achèvent la déroute des insurgés.

1. Lettre n° XXVII.
2. Lettre n° XXV.

Le danger, vu pourtant de si près, n'a pas ébranlé notre savant, et sa correspondance nous le montre relevant les courages affaiblis de quelques camarades, et affectant vis-à-vis de sa famille et de ses collègues du Muséum une indomptable énergie.... « Heureux, dit-il dans une lettre à Jussieu, la veille même de l'émeute, d'avoir un caractère qui me permet de garder au milieu du danger toute la tranquillité de mon âme[1].... Les périls, les fatigues, les déserts à traverser, les Arabes à combattre ne m'ont jamais étonné.... »

L'insurrection vient à peine de finir, Geoffroy visite le champ de bataille et en rapporte pour sa part de prise deux manuscrits arabes, un Coran et un Code.

Pendant quelques semaines il demeure encore au Caire et travaille pour l'Institut ; il n'a pas fait moins de cinq communications sur les sujets les plus variés, dans les séances qui ont suivi l'insurrection. On apprécie autour de lui ses travaux et son caractère, et le commandant en chef lui témoigne beaucoup de bienveillance et l'invite *assez fréquemment* à sa table.

Et Geoffroy, facilement séduit et plein d'enthousiasme pour celui qu'il appelle « notre illustre chef », déclare à son père que si « les actions » de Bonaparte l'ont à juste titre fait proclamer l'*homme du siècle*, sa *conversation intime* lui a appris qu'il était le meilleur des hommes[2] !

Notre laborieux savant se préparait cependant à reprendre dans le Delta ses recherches interrompues.

1. Devillers cite un remarquable exemple de cette impassible sérénité d'Étienne Geoffroy : « Étant un matin dans le cabinet de Berthollet, qui causait avec Geoffroy Saint-Hilaire près d'une cheminée au-dessus de laquelle était une glace, je maniais un fusil de chasse à deux coups et touchant sans précaution une détente, je fis partir une charge de plomb qui, passant comme balle entre les têtes des deux savants, alla briser en mille pièces la glace dont les débris tombèrent sur eux. Ni l'un, ni l'autre ne se troubla ni me fit seulement une observation. » (*Journal et Souvenirs sur l'expédition d'Égypte*, Paris, 1899, in-12, p. 79).

2. C'est vers cette époque qu'il visite, à la suite de Bonaparte, les carrières de Tourah (Cf. *Notions de philosophie naturelle*, Paris, 1838, p. XX). C'est ici également que se place la visite aux Pyramides racontée plus loin dans l'*Appendice* n° I.

Une Commission « composée des citoyens Nouet, Méchain fils, astronomes, Dolomieu, Geoffroy, Delisle, Savigny, Cordier, Coquebert, naturalistes, et Gratien Lepeyre, ingénieur des ponts et chaussées[1], » a été chargée de visiter la partie orientale de l'ancien Delta. « Cette Commission doit déterminer par des observations astronomiques la position de plusieurs points importants dans la géographie de l'Égypte, entre autres de Damiette et des ruines de Péluse, ce qui complétera le travail déjà fait sur le lac Menzalé[2]. Elle s'occupera aussi des canaux.

« Les naturalistes, qui en sont membres, se proposent d'examiner et de faire connaître tout ce qui, dans cette partie, peut intéresser l'histoire naturelle. »

La Commission s'est embarquée sur un *chebek* pour Damiette dès les derniers jours de novembre; on s'était proposé d'étudier le cours et de parcourir les rives de la branche Tanitique qu'on allait descendre, la sottise de l'officier subalterne qui commandait la barque interdit toute opération scientifique à son bord. « Nous sommes pourtant certains, dit sèchement le *Courrier de l'Égypte*, qu'il y avoit un ordre de l'état-major, d'après lequel les mouvements de ce bâtiment devoient se régler sur les besoins et les travaux de la Commission, mais il est des gens qui ne sentent jamais le prix des connoissances, quoiqu'ils en éprouvent tous les jours le besoin. » Et le rédacteur officiel, qui est certainement de l'armée de terre, ajoute à l'adresse de la marine cet avertissement sévère : « Il seroit bien à désirer, surtout dans une expédition du genre de celle-ci, que le commandement ne fût pas confié à un homme illettré.

1. L'astronome Nouet, ingénieur géographe en chef, Dolomieu, minéralogiste, Geoffroy et Savigny, zoologistes, Raffeneau de Lile, botaniste, membres de l'Institut d'Égypte; Méchain fils, élève astronome, Cordier, ingénieur des mines, Coquebert de Montbret, botaniste, Gratien Le Père, ingénieur des ponts et chaussées, membres de la Commission des sciences et arts.

2. Ces dernières observations étaient dues à Malus et Fèvre (*Mémoire sur un voyage fait à la fin de frimaire sur la branche Tanitique du Nil*) et au général Andréossy (*Mémoire sur le lac Menzaleh d'après la reconnaissance faite en vendémiaire an VII*). On trouve ces deux mémoires dans le tome I de la *Décade Égyptienne*.

« Ne cessons de le dire, c'est à la supériorité des lumières et de l'esprit, autant qu'au courage, que l'armée de terre doit ses succès et sa gloire.[1] »

Débarqués à Damiette, les commissaires reprennent possession de leur liberté et Geoffroy se hâte de profiter de cette incomparable position « où le sol de l'Égypte, la mer, le Nil et le lac Menzaleh offrent à la fois leurs richesses au naturaliste[2] ».

Le lac surtout était un champ inépuisable d'observations intéressantes et nouvelles. « Dans ses eaux, fort inégalement salées selon le point où on les prend, Geoffroy trouvait tour à tour, dit l'historien de sa vie, des poissons de mer, analogues à ceux qui peuplent nos côtes, et des espèces d'eau douce, qu'il s'était procurées déjà ou qu'il devait plus tard retrouver dans le Nil.

« Sa plus belle capture ichtyologique fut le poisson qu'il a nommé depuis *Hétérobranche* et chez lequel il a fait la découverte de deux organes ramifiés, comparables par leurs innombrables divisions à l'arbre que figurent les bronches de l'homme[3]. Riche en poissons, le lac Menzaleh ne l'est pas moins en oiseaux. Sur les bords et dans les petites îles qui y sont semées, vit une multitude d'espèces aquatiques et de rivages. Geoffroy Saint-Hilaire put à la fois enrichir ses collections d'objets intéressants et ses notes d'observations curieuses. Il a fait notamment l'anatomie du flamant, et s'est plu à étudier les mœurs de cet oiseau, extrêmement commun en ces lieux.... »

Dès les premiers jours de décembre il était à Salahieh, ayant vu, en passant, les ruines de Sàn, l'ancienne Tanis, que les fouilles de Mariette ont, de nos jours, rendues célèbres. Il avait retrouvé là Marc-Antoine, son frère, dont il était séparé depuis Alexandrie, et qui venait de créer, avec une admirable activité, une place forte dans cette infime bourgade.

1. *Courier de l'Égypte*, nº 21, p. 4, 23 frimaire an VII (13 décembre 1798).

2. Is. Geoffroy Saint-Hilaire, *Vie, travaux et doctrine d'Étienne Geoffroy Saint-Hilaire*, Paris, 1847. 1 vol. in-8º, p. 85.

3. Lettre nº XXXIII.

Les deux frères se séparaient de nouveau après une courte entrevue, l'officier du génie pour pousser une reconnaissance dans le désert avec le général Lagrange, le naturaliste pour rapporter à Damiette ses fructueuses récoltes.

Comme il arrivait vers la fin de décembre dans cette ville, Étienne Geoffroy, malade de fatigue, y rencontrait Bonaparte qui, le voyant dans ce triste état, n'insista point pour l'emmener en Syrie.

Savigny partit à sa place[1] et Geoffroy rentra peu après au Caire, qu'il n'a point quitté pendant l'absence de l'armée[2]. L'Institut avait suspendu ses séances et notre savant travaillait à mettre en ordre ses collections et à rédiger certaines parties dont elles devaient former la base. « Je me suis extrêmement instruit, écrivait-il à son père, dans une branche dont je ne connaissois que les éléments, l'anatomie.... De plus je connois les poissons, les lézards, les serpents aussi bien que les autres parties de l'histoire naturelle qui m'étoient déjà familières. Les poissons m'ont fourni nombre d'observations physiologiques d'une importance si majeure, que je serois tenté de rester encore longtemps pour compléter ce travail.... »

Geoffroy a lu coup sur coup à l'Institut d'Égypte réouvert[3], deux mémoires du plus haut intérêt, l'un sur le polyptère *bichir*, ce poisson dont la découverte, au dire de Cuvier, *valait à elle seule le voyage*; l'autre sur la *fachhaca*, sorte de tétrodon dont il a suivi de près les mœurs bizarres. Il a écrit pour Cuvier des notes sur les *silures*, et pour Lacépède tout un long chapitre consacré aux *Mormyres*[4] et il se prépare à partir pour Suez, afin d'y étudier l'ichtyologie de la mer Rouge, lorsqu'un ordre du général en chef vient orienter d'un autre côté ses entreprises scientifiques.

1. Lettre n° XXXII.
2. Lettre n° XXX.
3. *Décad. Égypt.*, III, 292.
4. Lettre n° XXXII.

§ III

La victoire d'Aboukir (7 thermidor, 25 juillet) a plus que jamais affermi la situation militaire, et le voyage depuis long-temps projeté de la Commission des sciences et arts dans la Haute Égypte est devenu possible. Bonaparte organise lui-même cette expédition ; deux commissions remonteront séparément le Nil jusqu'aux cataractes, Geoffroy fait partie de la seconde avec Fourier, Villoteau, Raffeneau de Lile, Cécile, Lancret, Jomard, Redouté, Lacypière, Chabrol, Arnollet, Vincent et Rouyer[1].

On gagnera d'abord, aidé des vents favorables, le haut du fleuve, que l'on redescendra à petites journées, en explorant lentement ses deux rives.

« Le grand ouvrage sur l'Égypte, dit Isidore Geoffroy[2], a appris au monde entier comment ce plan fut exécuté par les deux Commissions. Par elles les monuments de Philæ, d'Éléphantine, d'Edfou, d'Esné, de Thèbes sont devenus célèbres à l'égal du Parthénon et du Colisée, et l'histoire naturelle de la Haute Égypte est mieux connue que celle de plusieurs contrées de l'Europe. Ce que firent en quelques mois nos savants semble avoir dû exiger des années ; mais l'harmonie la plus parfaite régnait entre les membres des deux Commissions, et tous étaient pleins de cette ardeur, de cet enthousiasme français auquel rien ne résiste.

« C'est ici surtout, continue le biographe, que nous ne saurions suivre Geoffroy Saint-Hilaire dans ses travaux. Archéologue comme tous ses collègues (et qui ne le serait pas en Égypte ?), il mesure et décrit les monuments ; géologue, il fait connaitre la constitution de la chaîne qui sépare le Saïd de la

---

1. Parceval de Grandmaison et Gratien Lepère, désignés aussi pour faire le voyage, se sont abstenus. Le départ du Caire eut lieu le 1ᵉʳ fructidor (18 août).

2. *Op. cit.*, p. 88.

mer Rouge et montre comment, selon l'expression d'Hérodote, l'Égypte est un bienfait du Nil; zoologiste, il fait l'anatomie de plusieurs poissons rares et détermine des espèces nouvelles propres au Nil supérieur; observateur des mœurs, il découvre plusieurs faits intéressants pour l'ichtyologie, retrouve dans un pluvier le *Trochilus* des anciens, et, plaçant désormais cette prétendue fable au nombre des faits, voit cet oiseau pénétrer sans crainte dans la gueule du crocodile[1]; antiquaire et naturaliste en même temps, il s'enferme près de trois semaines dans les grottes sépulcrales de Thèbes, étudie à la fois ces grottes elles-mêmes, les animaux sacrés que la superstition égyptienne y entassait deux mille ans avant notre ère et les espèces qui sont venues chercher dans ces souterrains abandonnés une immense et sûre retraite; collecteur enfin, il ajoute partout à ses richesses et rentre au Caire chargé des dépouilles de tous les âges[2]. »

Les lettres de Geoffroy, relatives à la Haute Égypte, ont malheureusement disparu, et nous n'avons que de vagues ren-

1. Voy. plus loin Append. V.

2. « Le citoyen Geoffroy, dit le *Courrier de l'Égypte* du 19 frimaire an VIII (10 décembre 1799) (n° 48), a completté dans ce dernier voyage ses collections d'animaux. Il est actuellement certain de posséder toutes les espèces si nombreuses du Nil et la plus grande partie des amphibies, oiseaux et quadrupèdes qui existent dans toute l'étendue de l'Égypte. Les renseignements qu'il s'est procurés, les observations qu'il a eu occasion de faire, et une anatomie très détaillée de chaque genre d'animaux ajoutent à la valeur de ses collections. Il s'est également occupé dans les grottes sépulcrales de Thèbes à constater quelques faits qui orneront l'histoire de l'embaumement des anciens Égyptiens et qui ne sont point encore connus. On voit chez lui des momies de crocodiles, de serpens, de quelques quadrupèdes, de sept à huit espèces d'oiseaux, des momies humaines de diverses préparations et d'âges différens, enfin des cartons ayant appartenu à ces momies, où les couleurs dont ils sont peints conservent toute leur fraîcheur. Un jeune fœtus, des têtes dont la peau a été dorée, et un ibis débarassé de ses langes, et qui s'est trouvé conservé au point qu'on le prendrait pour un oiseau empaillé, prouvent assez quels frais immenses faisaient les anciens Égyptiens pour éterniser en quelque sorte les objets de leur affection. »

seignements sur ses faits et gestes au cours de ce mémorable voyage[1]. Il s'était proposé de pousser jusqu'à Kosséir, où la pêche est considérable, où les commerçants sont industrieux, afin d'y « ramasser les animaux de la mer Rouge[2] » ; il aurait même volontiers continué jusqu'à Djedda, sous la protection de Desaix. Mais cette partie de son programme ne put pas être remplie, et c'est ce qui le détermina un peu plus tard, malgré son état de plus en plus précaire, à reprendre son projet de voyage à Suez.

Le départ de la seconde Commission pour la Haute Égypte avait suivi de quelques heures seulement celui de Bonaparte pour Alexandrie, et Geoffroy, qui avait deviné les intentions du général[3], dut à sa sagacité et à sa discrétion l'avantage de pouvoir charger celui-ci d'un paquet de lettres pour le Muséum de Paris et pour sa famille[4].

Geoffroy nous a conservé un récit particulièrement curieux des derniers instants passés par Bonaparte dans son palais du Caire le 1er fructidor et du mémorable entretien qu'eut alors le général en chef avec Monge et Berthollet. Une dernière fois il avait voulu, en présence de l'état-major, proclamer hautement ce qu'il appelait la *dignité des sciences*[5].

Tant que Bonaparte avait exercé le commandement supérieur, les sentiments hostiles d'une portion de l'armée contre l'Institut et la Commission des sciences avaient dû se contenir. Lui parti, les hostilités allèrent en s'accentuant tous les jours. « Beaucoup de militaires, dit De Villers, nous traitaient de *bouches inutiles* ; quelques-uns croyaient toujours que c'était pour les savants qu'avait été faite la campagne ; enfin, tous les soldats étaient convaincus que nos lourdes caisses d'antiquités, que toujours nous surveillions avec soin, étaient remplies de trésors[6]. »

1. Voy. notamment *Histoire scientifique et militaire de l'expédition*, t. VII, p. 132.
2. Lettre n° XXXII.
3. Cf. De Villers, *Journ. cit.*, p. 224.
4. Ce sont les quatre lettres datées des 28 et 29 thermidor (15 et 16 août), n°s XXXI-XXXIV.
5. *Appendice*, n° III.
6. *Journ. cit.*, p. 270.

« Il ne nous reste plus, écrit à son tour Geoffroy à Cuvier,
qu'à nous envelopper dans nos manteaux, et cependant, ajoute-
t-il avec un légitime orgueil, c'est maintenant que nous avons
le plus de droits à l'estime de nos concitoyens…. Nous avons
recueilli les matériaux du plus bel ouvrage qu'une nation ait
pu faire entreprendre…. Oui, mon ami, ajoute-t-il avec une
merveilleuse prescience de l'avenir, il arrivera que l'ouvrage de
la Commission des arts excusera, aux yeux de la postérité, la
légèreté avec laquelle notre nation s'est, pour ainsi dire, précipitée en Orient. En déplorant le sort de tant de braves guerriers qui, après de si glorieux exploits, ont succombé en
Égypte, on se consolera par l'existence d'un ouvrage aussi précieux…. Attendons tout et sachons souffrir ici patiemment!… »

Cette lettre à Cuvier déborde d'amertume. Les négociations
interminables de Kléber, qui devaient aboutir à la convention
d'El-Arich, ont provoqué une crise morale qui se juge par des
réflexions pénibles. Le découragement a envahi les savants eux-
mêmes, et celui qui naguère donnait aux autres l'exemple d'une
impassible énergie, succombe à son tour sous les atteintes de
la fatigue et de la nostalgie. Il ne faut rien moins qu'une lettre
de Kléber à Desgenettes, élogieuse pour les deux Commissions
de la Haute Égypte, pour relever un peu les cœurs.

La promesse de Bonaparte de faire passer prochainement en
France sur un parlementaire artistes et savants est encore
ajournée, et Geoffroy commente avec aigreur toutes ces tempo-
risations. Cuvier, qui recueille ces confidences, est d'ailleurs
instamment prié de les conserver pour lui seul, et lorsque
Geoffroy écrira, quelques heures plus tard, à son père, toute
apparence de découragement sera soigneusement dissimulée.
Et sa lettre du même jour au Muséum ne renfermera que des
renseignements sommaires sur une excursion dans la région
des pyramides de Gizeh au Fayoum et sur une descente dans
les puits de momies d'oiseaux de Sakkara.

Et cependant la situation morale et physique du voyageur
s'est beaucoup aggravée, et quand, à cette même date, il écrit
à Cuvier, c'est pour lui donner sur sa personne des détails
vraiment navrants.

« Ma santé est délabrée à un point dont vous ne pouvez vous faire une idée... j'ai trouvé le terme de mon courage. L'Égypte m'est insupportable; je ne me rappelle plus sans douleur tout ce que j'ai échangé contre ma position actuelle.... Je n'ai cessé d'être malade et mon corps est actuellement si usé, que je me suis mis dans l'esprit que je n'aurois plus jamais l'avantage de revoir mes plus chers amis et parents» .

C'est la première fois qu'il se résout à dire toute la vérité; il faut que Cuvier « soit prévenu en cas d'accident ».

Et c'est dans cet état lamentable qu'il va se traîner héroïquement jusqu'à Suez, parce qu'on lui ferait un *crime capital*, à Paris, d'avoir négligé de remplir une partie ingrate de sa tâche. Quinze jours plus tard (17 nivôse an VIII, 7 janvier 1800), il est à Suez, avec Savigny, de Lile, De Villers et quelques autres. Il a emmené quatre pêcheurs du Caire pour être plus certain de ne rien laisser échapper.

On traverse la mer Rouge et on explore les fontaines de Moïse; mais Tôr et le Sinaï sont pour l'instant inabordables....

Cependant Desaix et Poussielgue, qui parlementent, au nom de Kléber, avec Sidney Smith, ont obtenu des passeports pour la Commission des sciences et arts et cette nouvelle est parvenue rapidement à Geoffroy. Il est de ceux que Kléber veut encore garder six semaines; mais il prend assez facilement son parti de ce dernier ajournement.

Et voici que le désastre d'El-Arich vient remettre tout en cause et compromettre tout spécialement la situation des savants groupés à Suez. Geoffroy est bien heureux, sans aucun doute, que son frère Marc-Antoine ait quitté depuis près de deux mois le commandement de la place livrée ainsi aux Turcs par l'indiscipline et la trahison. Mais il ne se dissimule aucune des difficultés qui le menacent, ses camarades et lui. Les courriers qu'ils expédient de Suez sont assassinés; 3000 Mamelucks ont été vus dans la vallée de l'Égarement, les Anglais croisent dans la mer Rouge. La garnison ne compte pas beaucoup plus de 200 hommes, qui se fortifient de leur mieux; si les lignes sont forcées, on se retirera par mer sur une goélette dont les savants armés formeront les équipages et sur un certain nombre de chaloupes qui emmèneront l'infanterie. On fera, s'il est besoin, le *voyage de l'Ile de France*, à moins que les Anglais, instruits par les envoyés des Turcs, ne capturent le bâtiment!

Les Mamelucks passèrent, gagnant la Haute Égypte; les Anglais ne parurent point, et la petite caravane scientifique put rentrer saine et sauve au Caire avec des collections beaucoup plus importantes que Geoffroy ne l'avait prévu. Nos naturalistes rapportaient, notamment, une certaine quantité de ces espèces de la mer Rouge, dont la comparaison avec celles de la Méditerranée devait amener des constatations si intéressantes pour la géographie zoologique[1].

Alors recommencent pour les membres de la Commission, et pour Geoffroy en particulier, les péripéties les plus décourageantes. Sidney Smith est désavoué, les passeports sont annulés et lord Keith adresse à Kléber l'insolent message auquel répondra, deux mois plus tard, l'éclatante victoire d'Héliopolis. Le Caire, insurgé de nouveau, est repris par Kléber après un terrible siège, et l'Égypte est reconquise.

Au début de ces derniers événements, Geoffroy était descendu, avec le plus grand nombre de ses collègues du Caire, à l'île de Farchi, presque en face de Rosette (1ᵉʳ ventôse an VII, 20 février 1800), puis ils avaient gagné par mer Alexandrie (26 ventôse).

La santé de Geoffroy s'améliorait, et, tout en préparant son départ pour la France, il commençait des recherches sur les poissons de la Méditerranée, qui allaient l'occuper presque exclusivement pendant les derniers mois de son séjour en Égypte. Il a travaillé d'abord, ainsi qu'il l'écrit à Cuvier[2], plus par désœuvrement que par l'espoir de nouvelles découvertes; puis les nouveautés inattendues que lui révèle son scalpel sont venues lui rendre son ancienne ardeur.

1. Lettres nᵒˢ XLI, XLII.
2. Lettre nᵒ XLIX.

§ IV

L'arrivée aux affaires du général Menou, après l'assassinat de Kléber (14 juin 1800), mal accueillie par la plupart des membres de la Commission des sciences et arts, ne dut pas être désagréable à Geoffroy en particulier. Menou était pour lui une vieille connaissance; dès ses débuts, à Rosette, il avait réussi à intéresser le général à ses recherches et il en avait obtenu des escortes pour s'enfoncer dans le Delta et y chasser avec sûreté[1]. Et lorsque Menou, peu après, avait entrepris de grandes tournées pour se mettre en contact avec les cheiks de sa province, il avait emmené Geoffroy, qui avait pu prendre ainsi une idée exacte des mœurs du fellah[2].

Cependant ses travaux ne se ressentirent pas moins que ceux de ses collègues des incertitudes et des contradictions du nouveau général en chef. Les projets sur la Nubie, auxquels tous attachaient un intérêt considérable, et que Mourad favorisait, furent abandonnés après de fâcheux tâtonnements. Et Geoffroy, rentré au Caire où il était l'hôte de son frère Marc-Antoine à la direction du génie, multiplia vainement les plus instantes démarches auprès de Menou pour sauver ses trésors scientifiques et les rapporter en France. « Je tremble, écrit Geoffroy au Muséum, je tremble de perdre la plus grande partie de mes collections, si nous restons plus longtemps.... J'avois renfermé mes animaux dans quatre tonneaux; j'ai laissé mes caisses et tonnes à Alexandrie; mon esprit de vin s'évapore, mes oiseaux ont été la proie des insectes!... etc., etc.... »

Dans une autre lettre[3], il sollicite de ses collègues *quelques démarches* pour obtenir du gouvernement un *ordre de rappel*. Les professeurs du Muséum, émus des révélations de Geoffroy,

---

1. Lettre n° XV.
2. Lettre n° XVII.
3. Lettre n° LII.

vont trouver le premier Consul, qui agrée leur demande, successivement transmise aux ministres de l'Intérieur et de la Marine. Mais cinq longs mois se sont passés depuis que la dépêche est partie d'Égypte, et l'infortuné voyageur, que mine la dysenterie et qu'une ophtalmie des plus graves a rendu aveugle *pendant vingt-neuf jours*, attend vainement une réponse qui n'arrive point.

Cependant, aussitôt à peu près guéri, il a repris sa place à l'Institut qui, après de longues vacances, recommence à siéger au Caire. Du 7 novembre 1800 au 21 mars 1801, il n'a pas fait moins de huit lectures sur les sujets les plus variés. Une fois il exposait un plan d'expériences pour parvenir à la preuve de la *coexistence des sexes* dans les germes de tous les animaux; une autre fois il communiquait un mémoire sur l'*histoire naturelle de l'œuf*; une autre fois encore il développait des considérations *sur la fibre musculaire*. Puis c'était un rapport sur un mémoire de Franck, une description d'un *nouveau pleuronecte*, une note sur les **appendices des raies et des squales**, un important travail longuement préparé sur place et relatif aux *recherches à faire dans l'emplacement de l'ancienne Memphis*; enfin, le mémoire sur l'*anatomie du crocodile*, qui fut lu à la séance de clôture de l'Institut d'Égypte.

Il est ainsi resté le dernier sur la brèche, des trente-six élus du mois d'août 1798!

La peste, qui s'était montrée bénigne dans les précédentes années, se met à sévir avec fureur au Caire; la mortalité s'élève de jour en jour. Des 7000 hommes qui composent la garnison, plus de 500 ont succombé, et sur 29 typographes qui travaillent sous Marcel à la citadelle du Caire, 8 sont pris par le mal et 5 meurent dans les vingt-quatre heures.

Les savants et les artistes sont autorisés à gagner, comme ils pourront, Alexandrie avec leurs richesses, qu'il faut sauver pour la science et pour la patrie. Ils atteignent la ville, après mille dangers, le 11 avril. Lerouge tombe en arrivant sous les murs et le reste de la caravane se voit fermer les portes.

Alors commence la lugubre histoire, si souvent racontée, de l'embarquement de la Commission à bord du brick *l'Oiseau* et de ses longues infortunes[1]. Il me suffira de faire observer en passant que Geoffroy ne s'associe jamais aux manifestations hostiles de ses camarades contre Menou, dont il vante, au contraire, à Cuvier la justice et l'intelligence « dignes de tout éloge[2] ». D'ailleurs, jusque dans cette crise qui se prolonge dans Alexandrie assiégé par les Anglais, Geoffroy est entièrement absorbé par les découvertes inespérées qui s'accumulent dans son cabinet de travail. « Il demandait depuis longtemps aux pêcheurs les deux poissons électriques que nourrissent les eaux de l'Égypte. Par un hasard singulier, à peu de jours de distance, un Malaptérure fut pêché dans le Nil, une Torpille dans la mer, et les deux *Tonnerres* (nom significatif que les Arabes donnent à ces poissons) lui furent apportés vivants[3].

« Ce fut assez, écrivait plus tard Geoffroy, pour me distraire de tout le brouhaha du siège, pour m'engager à subordonner à l'examen de mes questions de philosophie naturelle tous les événements militaires, et le jet des bombes, et les incendies locaux, et les surprises des assiégeants, et les cris plaintifs des victimes succombant dans la lutte. Malgré ce qu'avait d'étourdissant ce spectacle et d'inquiétant sa pénible éventualité, je restai sous l'impression et, je crois pouvoir ajouter, sous le charme des scènes d'électricité dont je devins assidûment l'expérimentateur, et y intervenant avec une bien vive ardeur; je fus pris d'une fièvre de travail qui me tint durant trois semaines jusqu'au jour de mon embarquement. Je ne pouvais goûter qu'une heure ou deux au plus de sommeil durant les vingt-quatre heures de la journée.... Ce fut une crise qui eut ses phases d'exaltation, devant lesquelles les grandes satisfactions de l'esprit n'avaient pas préservé le corps d'abattement et d'exténuation; mes traits s'altérèrent et je fus dans un danger imminent. Il m'avait fallu, dans le court intervalle de trois semaines, repasser dans mon esprit 64 fois tous mes souvenirs de science, à cause des 64 formules hypothétiques que je me

---

1. Voy. en particulier De Villers, *Journ. cit.* — Cf. *Histoire scientifique et militaire de l'expédition*, etc., t. VIII, ch. 13.
2. Lettre n° LVII.
3. Is. Geoffroy Saint-Hilaire, *op. cit.*, p. 101.

mis en devoir d'examiner et de comparer ensemble. Les manifestations phénoménales de mes deux poissons m'avaient amené à dépasser le cercle de leurs considérations, à conclure d'elles aux actions nerveuses, et, de ces faits d'animalité à toutes les productions phénoménales du monde matériel.[1] »

C'est dans cet état de surexcitation que vint le trouver la nouvelle de la capitulation de Menou. L'article 16 imposé par l'amiral Hutchinson stipule bien que les membres de l'Institut d'Égypte peuvent « emporter avec eux tous les instruments des arts et des sciences qu'ils ont apportés de France », mais il ajoute que « les manuscrits arabes, les statues et les autres collections qui ont été faites pour la République française, seront considérés comme propriété publique et seront mis à la disposition des généraux de l'armée combinée ».

Ainsi, « la conquête s'arrogeait le droit de privilège sur des choses qu'en tout temps elle avait respectées, sur la *propriété intellectuelle*[2].

« Cela avait passé entre militaires, comme un article insignifiant qui ne valait même pas la peine d'être combattu. Menou avait bien fait entendre quelques représentations timides, mais il s'était arrêté ensuite devant une simple fin de non-recevoir. Quant à Hutchinson, désintéressé en cela, il se guidait sur les conseils d'un littérateur, distingué d'ailleurs, nommé Hamilton, venu à la suite de l'armée anglaise[3] et qui, aveuglé par une préoccupation irréfléchie, semblait trouver plus simple alors d'accaparer les travaux de nos Français, travaux tout recueillis, tout complets, s'aidant, s'éclairant les uns les autres, plutôt

1. E. Geoffroy Saint-Hilaire, *Études progressives*, p. 149-151.
2. J'emprunte toute cette relation à l'*Histoire scientifique et militaire de l'expédition française en Égypte*. Des divers rédacteurs, dont les noms figurent sur les titres de l'ouvrage, un seul était en mesure de fournir les renseignements minutieusement détaillés que l'on va lire, c'était Étienne Geoffroy, l'acteur principal du drame. La rédaction est peut-être de Saintine ou de Reybaud, mais c'est incontestablement Geoffroy lui-même qui en a fourni les éléments.
3. C'était le secrétaire de lord Elgin, ambassadeur d'Angleterre à Constantinople.

que de commencer lui-même une tournée solitaire où il aurait vu peu et mal, où il aurait glané après la moisson faite. Plus tard cet instant d'erreur fut noblement réparé ; mais à l'heure actuelle, complice ou abusé, Hutchinson agissait pour ce littérateur qui peut-être n'était là lui-même que dans l'intérêt de quelque société scientifique de Londres, d'Oxford ou de Cambridge. Quoi qu'il en soit, l'article fut consenti sans que les parties intéressées fussent appelées à le combattre. Ils ne le connurent qu'au moment où on leur signifia qu'ils allaient être dévalisés.

« Alors se réveilla chez nos savants ce courage spécial, cette énergie propice, que l'occasion seule met en relief.

« A ce moment, l'armée abattue se fût laissé dépouiller de son dernier canon, ces nobles joyaux militaires ; nos savants, eux, ne voulurent pas laisser à l'ennemi une seule pièce de leur riche matériel ; ni collections, ni échantillons, ni papiers, ni momies, ni inscriptions lapidaires, ils ne voulurent rien abandonner. C'était à eux cela, ils l'avaient gagné bel et bien, à la sueur de leurs fronts, malgré les Arabes, malgré le soleil perpendiculaire, malgré le sable cuisant, malgré nos soldats eux-mêmes, qui souvent se riaient de cette ardeur incomprise. C'était à eux, cela, ou plutôt à la France et au monde ; mais perdu pour le monde et pour la France, si on le leur enlevait, car eux seuls en avaient la clef.

« Quand ils surent qu'on les avait ainsi vendus à l'ennemi, qu'on avait fait de leurs richesses un trafic à la façon de celui du *champ du potier*, ils n'hésitèrent pas un instant ; tous réunis dans un élan spontané, rassemblés sans s'être convoqués, ils écrivirent à Menou une lettre collective dans laquelle ils protestaient contre la violence dont on usait à leur égard. Ils déclinèrent la compétence de la juridiction à laquelle ils avaient été soumis ; ils conclurent en disant que si le général en chef avait pu et dû disposer du sort de l'armée, disposer de son attirail de guerre, disposer d'un pays conquis, il avait dépassé ses pouvoirs quand il s'était fait le maître et le donateur d'une propriété particulière, d'une propriété de science et d'art, la plus sainte de toutes.

« A cela Menou répondit que les réclamans avaient raison,

et qu'il allait demander le redressement de l'article. Il le fit,
en effet; mais sa parole n'avait aucun poids auprès du général
en chef de l'armée anglaise. Impatienté d'anciens tâtonnements
et croyant toujours que Menou ne cherchait que des excuses
à ses lenteurs, Hutchinson déclara qu'il n'y avait pas à revenir
désormais sur un acte signé, et que l'article qui concernait les
savants et les artistes aurait son cours comme les autres et
sortirait son plein effet.

« Quand les membres de l'Institut et de la Commission virent
quel crédit avait Menou auprès du général en chef de l'armée
anglaise, ils écartèrent tout intermédiaire et envoyèrent trois de
leurs collègues, comme porteurs de paroles et avocats de leur
droit. Ces trois délégués étaient Geoffroy Saint-Hilaire, Savigny
et Delille. Reçus dans le camp anglais avec des égards mêlés de
froideur, ils exposèrent leur réclamation avec douceur d'abord,
puis avec énergie. Ils établirent que ce que l'on se proposait de
faire à leur égard était contraire aux lois et aux usages des
nations civilisées, que la propriété particulière avait en tout
temps été laissée hors de cause, dans un démêlé entre nations,
à plus forte raison celle des objets d'art et de science, la plus
individuelle de toutes, celle qui est la moins transmissible, celle
qui périt en changeant de mains. « Vous nous enleverez, dirent-
ils, nos collections, nos dessins, nos plans, nos copies de hiéroglyphes; mais qui vous donnera la clef de tout cela? Ce sont
des ébauches que nos impressions personnelles, nos observations, nos souvenirs doivent compléter. Sans nous ces matériaux
sont une langue morte, à laquelle vous n'entendrez rien, ni
vous, ni vos savants. Nous avons passé trois années à conquérir
une à une ces richesses, trois années à les réunir, de tous les
coins de l'Égypte depuis Philæ jusqu'à Rosette : à chacune
d'elles s'attache un péril surmonté, un monument aperçu et
gravé dans nos mémoires. Et nous trouverions ici, sur cette
frontière, un camp de soldats qui se transformerait en corps
de douaniers pour arrêter et confisquer ces produits de l'observation et de l'intelligence! Il n'en sera point ainsi. Plutôt
que de laisser accomplir cette spoliation inique et vandale, nous
détruirons notre propriété, nous la disperserons au milieu des

sables libyques ou nous la jetterons dans la mer; puis nous protesterons en face de l'Europe et dirons par quelle violence nous avons été réduits à détruire tant de trésors. »

« Le général Hutchinson écouta froidement ce plaidoyer; ne voulant pas faire une réponse directe, il dit seulement qu'il pèserait tout cela et qu'il aviserait. Hamilton devait être porteur de sa réponse. Il vint en effet dans la même journée à Alexandrie. « Le général anglais est inflexible, dit cet employé; il exige que la capitulation soit exécutée même pour ce qui vous concerne. » Quelques membres de la Commission insistèrent. « Non, messieurs, poursuivit Hamilton, je crois que toutes nouvelles démarches seraient inutiles; elles aboutiraient à des rigueurs que, pour ma part, je voudrais éloigner de vous; elles vous exposeraient à être retenus prisonniers de guerre. » Ce fut alors que par un élan courageux, par une inspiration énergique, Geoffroy Saint-Hilaire sauva une partie que tout le monde considérait comme perdue[1]. « Non, dit-il à l'envoyé du général anglais; non, nous n'obéirons pas : votre armée n'entre que dans deux jours dans la place. Eh bien! d'ici là le sacrifice sera consommé. Vous disposerez ensuite de nos personnes comme bon vous semblera! »

C'était le cri d'une patriotique indignation, il ne pouvait manquer de retentir dans des cœurs français. Savigny, surtout, s'associa avec chaleur à la résolution de son ami : tout sera détruit, rien ne sera rendu, il le déclare aussi. Les rôles étaient renversés, les vaincus menaçaient. Hamilton, pâle, silencieux, semblait frappé de stupeur![2]

« Non, poursuivait Geoffroy, il ne sera pas dit qu'un pareil sacrifice ait pu s'accomplir. Nous brûlerons nous-mêmes nos richesses. C'est à la célébrité que vous visez. Eh bien! comptez sur les souvenirs de l'histoire : vous aurez aussi brûlé une bibliothèque dans Alexandrie! »

---

1. On observera que dans son court récit des difficultés qu'on avait eues avec les Anglais au sujet des collections, Geoffroy a dissimulé complètement le rôle important qu'il avait joué et les services qu'il avait rendus. (Lettre n° LIX.)

2. Is. Geoffroy Saint-Hilaire, *op. cit.*, p. 107.

L'effet produit par ces paroles fut magique, dit Isidore Geoffroy, on eût dit qu'un bandeau se détachait tout à coup des yeux de Hamilton. Il avait rêvé une déloyale, mais facile illustration : il ne voyait plus devant lui que la réprobation qui pèse encore après douze siècles sur la mémoire d'Omar.

« Nourri d'études honorables et sérieuses, reprend le narrateur anonyme inspiré par les souvenirs d'Étienne, loyal jusquelà, affectueux dans les rapports privés, il ne voulut pas subir la chance de l'horrible célébrité qu'on lui offrait en perspective. « Qu'allais-je faire? dit-il avec un profond retour sur lui-même. Comptez sur moi, messieurs, je retourne au camp anglais; je vais plaider votre cause; nul ne la gagnera si ce n'est moi. » En effet, il parla avec tant de chaleur, que le général Hutchinson devint plus malléable. Il craignit d'être désavoué, comme il l'eût été sans doute par la portion éclairée de la nation anglaise; il comprit que l'on ne pourrait expliquer un acte aussi barbare que par deux sentiments également condamnables : ou le désir de dépouiller des savants français pour offrir leurs travaux en holocauste aux compilateurs anglais, ou l'exagération de l'animosité nationale poussée jusqu'au suicide, jusqu'à l'anéantissement de matériaux qui appartenaient à toute l'humanité. Il se radoucit donc; il se départit de la rigueur des conditions premières et consentit après quelque résistance à laisser aux membres de la Commission le droit de disposer de ce qui leur appartenait. Reconcilié avec nos savants, Hamilton fut admis alors à visiter leurs riches collections, et il se retira émerveillé de ce qui avait passé sous ses regards[1]. »

Elles tenaient à peine dans cinquante-cinq caisses dont les pièces de Geoffroy, à elles seules, remplissaient une dizaine.

Le 18 novembre 1801, on arrivait en vue de Marseille; une quarantaine rigoureuse retenait Geoffroy au lazaret pendant tout un mois. Puis il s'occupait de réemballer avec soin et d'expédier à Paris toutes les collections, et c'est seulement le 17 pluviôse an X (6 février 1802), après un peu moins de

---

1. *Histoire scientifique et militaire de l'expédition française en Égypte...*, sous la direction de MM. X. B. Saintine, S. S. Marcel, Reybaud. Paris, Denain, 1832, in-8°, t. VIII, p. 416-422.

quatre ans d'absence, qu'il reprenait sa place à l'assemblée des professeurs du Muséum.

Son bagage le suivait de près, et dans la séance du 11 fructidor suivant (6 septembre), Lacépède lisait, au nom d'une Commission dont faisaient également partie Cuvier et Lamarck, le rapport élogieux que j'ai reproduit à la fin de ce volume[1].

Les matériaux rapportés au prix de tant de fatigues par Étienne Geoffroy au Muséum ont été lentement utilisés dans une série de monographies publiées dans le grand ouvrage sur l'Égypte et qui n'ont été terminées qu'en 1829. La première (1809) contient l'*Histoire naturelle des Poissons du Nil* et en particulier du polyptère, des tétrodons, etc., dont il a déjà été question plus haut. La seconde monographie est consacrée aux *Reptiles* (1809); la troisième (1813) se rapporte aux *Mammifères*, enfin la quatrième (1829) concerne les *Crocodiles*[2].

Deux notes d'une certaine étendue, l'une sur les *Psylles*, l'autre sur les *Bœufs sacrés*, complètent cette rapide énumération[3].

Geoffroy Saint-Hilaire n'a jamais cessé d'ailleurs de s'intéresser à l'Égypte, à son histoire et à ses productions. Lorsque Saintine et Marcel entreprirent avec l'éditeur Denain la publication de l'*Histoire scientifique et militaire* de l'expédition française, il prit place ainsi que son fils Isidore sur la liste des rédacteurs et ce fut lui qui rendit compte de l'ouvrage terminé (1836) à l'Académie des sciences.

On a conservé dans sa famille le souvenir d'un accident qui aurait pu devenir mortel, et qui lui advint dans sa précipita-

---

1. *Appendice*, n° IV.

2. Ces quatre parties du grand ouvrage sur l'Égypte qu'a rédigées Geoffroy Saint-Hilaire, ont été tirées à part en un volume in-folio. On a, en outre, réimprimé séparément en un volume in-8° le travail sur les crocodiles (Is. Geoffroy Saint-Hilaire, *Vie, travaux, etc.*, p. 425.)

3. La note sur les *Psylles* se trouve dans la *Description des Reptiles* d'Isidore Geoffroy, à l'article *Scythale*, la note sur les *Bœufs sacrés*, Apis, Mnévis, Onuphis, a été insérée à l'occasion des crocodiles sacrés dans le travail sur les crocodiles d'Égypte (Is. Geoffroy Saint-Hilaire, *loc. cit.*).

tion à se rendre à bord du *Louqsor* qui rapportait, avec l'obélisque de la Concorde, une collection d'histoire naturelle destinée au Jardin des Plantes.

Il se plaisait enfin à consigner, en tête des *Notions synthétiques* de 1838[1], de curieuses réminiscences relatives à Bonaparte en Égypte, et il se fût peut-être décidé à réunir ses souvenirs de cette grande époque, si la cécité, pénible conséquence des ophtalmies d'antan, n'était venue faire tomber la plume de ses doigts désormais impuissants.

Il eût retrouvé les principaux éléments de cette relation dans sa correspondance soigneusement conservée à Étampes, au Muséum et dans la famille Cuvier. C'est à ces trois sources que j'ai principalement puisé, pour composer ce recueil[2] que, disciple lointain, mais fervent, je dédie pieusement à la mémoire du grand naturaliste, en commémoration du centenaire de l'incomparable épopée dont il fut l'un des héros.

1. P. XV et suiv.

2. Les lettres de Geoffroy Saint-Hilaire à Cuvier, réunies ici au nombre de vingt-trois, font partie de la précieuse correspondance de Cuvier, donnée récemment à la bibliothèque de l'Institut de France par ses petites-nièces. Les lettres aux professeurs du Muséum et à Jussieu, alors directeur, au nombre de dix-sept, sont conservées dans les archives dont j'ai la garde au Muséum d'histoire naturelle. Les dix-huit lettres à son père et à son frère Marc-Antoine et quelques autres à l'état d'originaux ou de copies, m'ont été communiquées par M. Albert Geoffroy-Saint-Hilaire, fils d'Isidore et petit-fils d'Étienne, qui a pour son illustre aïeul un véritable culte, et m'a secondé de son mieux dans mon entreprise. Enfin j'ai trouvé plusieurs pièces isolées dans diverses collections publiques et privées, et notamment dans le précieux cabinet de M. de Gourio du Refuge que je ne saurais trop remercier de sa libéralité.

Je prie également M. l'ambassadeur de France à Londres d'agréer mes remerciements pour la peine qu'il a bien voulu prendre de demander au gouvernement anglais la correspondance de Geoffroy saisie par les navires de Nelson. Si ces démarches n'ont pas abouti, cela tient exclusivement au mauvais vouloir des employés des archives de l'Amirauté, qui ont exigé de ma part au préalable des indications qu'il m'était tout à fait impossible de leur fournir.

Boulogne-sur-Mer, 30 juillet 1900.

LETTRES
ÉCRITES D'ÉGYPTE

I

A GEORGES CUVIER[1]

Lyon, 8 floréal an VI (vendredi 29 avril 1798).

Je viens d'écrire à mon père[2], mon cher ami ; ma seconde lettre sera pour l'amitié.

Je n'ai jusqu'à présent rien de bien remarquable à vous raconter. J'entrerai peut-être dans des détails que vous connaissez mieux que moi-même ; je ne vous en ferai pas grâce, parce que je ne vous écris pas pour vous instruire, mais pour vous rendre compte des sentiments que j'ai éprouvés à mesure que je me suis éloigné de vous, mon excellent ami,

---

1. L'adresse des lettres à Cuvier, que je crois inutile de reproduire chaque fois, est ainsi formulée : *Au citoyen Georges Cuvier, professeur d'anatomie des animaux au Muséum d'histoire naturelle, à Paris.* On a vu plus haut que Cuvier n'était encore que le suppléant de Mertrud et qu'il est resté jusqu'en 1802 dans cette position subalterne.

2. Cette lettre à Geoffroy père n'a pas été retrouvée. J'ai déjà dit que Jean Gérard Geoffroy était alors simple procureur et fut plus tard juge au tribunal d'Étampes.

d'un établissement qui faisoit mon bonheur, de collègues bien-aimés, et de parents et amis très chers. J'ai tout quitté! L'amitié seule, dont le souvenir ne peut m'abandonner, me fait ressentir des regrets! Du reste, je n'ai aucun ennuy. La nouveauté des lieux par où je viens de passer a fixé mon attention, quoique je n'aye pu leur en donner beaucoup, le voyage s'étant fait très rapidement.

Je n'ai pu voir que les villes où nous avons arrêté pour dîner et souper, Melun, Auxerre, Autun, Châlons.

Au sortir d'Autun, j'ai trouvé une partie de ces beautés sauvages qui caractérisent les pays de montagne, j'ai retrouvé les mêmes choses une lieue en avant de Lyon, c'est-à-dire des sites très variés, des points de vue enchanteurs, de nombreuses sources serpentant à travers des bois délicieux. Mon imagination s'est échauffée à la vue d'un spectacle aussi agréable.

J'ai remarqué avec surprise et intérêt que, dans toute la Bourgogne, les voitures de toute espèce étoient traînées par des bœufs marchant à pas lents. J'étois bien prévenu de cette nouveauté, néanmoins ce spectacle, que l'on juge bien mieux par les yeux que par les récits, m'a fait impression. Je n'ai pas été moins surpris de voir que toutes les maisons du Midi ont un comble et une toiture toutes différentes de ce que j'avois vu à Paris ou dans ma province. Le toit est très surbaissé, de manière à ne former qu'un angle de 5 à 8 degrés, et à faire croire, quand la

maison est vue de près, qu'elle a une plate-forme.
Si nos maisons de Paris avoient un pareil comble,
elles prêteroient trop au séjour des eaux : cela n'arrive
point dans le Midi. Au lieu de tuiles plates, on se sert
de tuiles courbes, et alors en plaçant successivement
une rangée de ces tuiles à surface concave et une
autre à surface convexe, les toits sont composés
d'une suite de gouttières parallèles qui peuvent bien
retenir les eaux, mais qui ne les laissent point pénétrer. Aussi bien qu'à Paris et dans nos environs on
ne verroit point un toit avec de telles gouttières, de
même n'en trouve-t-on point dans le Midi avec des
tuiles plates. Chaque pays, chaque usage.

J'ai été visiter les antiquités d'Autun, la cathédrale
d'Auxerre. Je suis allé voir dans cette dernière ville
le plan de Paris qu'on exposoit au Palais-Royal. J'ai
cru revoir le Jardin des Plantes et ma patrie ; je leur
ai donné un regard attendrissant, et c'est le dernier
que de longtemps je leur adresserai.

Nous sommes arrivés hier à trois heures à Lyon.
C'est encore là où l'on éprouve combien les récits
font peu d'impression en comparaison de la réalité.
Mon cœur a été déchiré au spectacle de l'*architecture
de Robespierre*. Je n'ai pu me défendre de pleurer
sur le malheur de cette ville importante si affreuse-
ment ravagée[1]. On a sous les yeux tous les restes

1. Il y avait quatre ans et demi que Lyon était tombé au pouvoir
de la Convention, après un siège de près de deux mois. Le décret
du Comité de salut public qui ordonnait que « la ville de Lyon
serait détruite » est daté du dix-huitième jour du premier mois de
l'an II de la République (9 octobre 1793).

hideux de la guerre qu'elle a soutenue pour satisfaire l'ambition de quelques fanatiques, des rües entières démolies, les fragmens des plus beaux édifices épars çà et là, tous les monuments détruits ; jusqu'à cette fameuse horloge qui n'a point été épargnée et à laquelle la haine s'est attaquée. Nous ne sommes restés qu'aujourdhuy à Lyon et j'en ai profité pour aller voir la Bibliothèque publique et l'École centrale. La Bibliothèque occupe un très beau vaisseau, et les livres sont nombreux et bien choisis ; elle a aussi un nombre de manuscrits précieux. L'École centrale est établie dans un beau couvent de moines [1] ; je suis allé rendre mes devoirs au professeur Gilibert [2]. Il eut la complaisance de m'introduire ainsi que Savigny [3] et Redouté [4], qui m'accompagnoient dans les collections

1. L'abbaye de la Déserte, fondée en 1260 pour des religieux de l'ordre de Sainte-Claire par Blanche de Châlons, femme de Guichard de Beaujeu, connétable de France.

2. Gilibert (Jean-Emmanuel), né à Lyon le 20 juin 1741, médecin et botaniste, chargé dès 1772 du cours de botanique du collège de médecine de Lyon, professeur de matière médicale et d'histoire naturelle à Grodno, puis à Vilna (1775-1783), professeur à l'Institut des Sciences et Arts Utiles et administrateur du Bureau des Collèges (1792-1793), maire de Lyon pendant le siège, créateur du jardin botanique de cette ville (an III) professeur d'histoire naturelle à l'École Centrale (an IV), puis directeur de cette École, président de la Société libre d'agriculture, membre de l'Athénée, etc. Il est mort à soixante-treize ans d'une attaque d'apoplexie, le 2 septembre 1814 (Gérard. *La Botanique à Lyon avant la Révolution*, *Annales de l'Université de Lyon*, 1896)

3. Marie-Jules-César Le Lorgne de Savigny, né à Provins le 5 avril 1777. Avant d'être attaché à l'expédition d'Égypte, il avait fait un voyage en Extrême-Orient et venait de publier une *Histoire naturelle des Dorades de la Chine* (Paris 1798, in-f°). C'est lui qui allait rédiger la plupart des écrits relatifs aux invertébrés dans le grand ouvrage sur l'Égypte.

4. Henri-Joseph Redouté, dit Redouté jeune, frère cadet du

d'histoire naturelle. Le local où elles sont renfermées est peu convenable, mais on leur en réserve un autre. L'ornithologie est très riche : la cause, c'est que cette science étoit cultivée avec grand soin par le citoyen Imbert de Lyon, qui a laissé en émigrant une belle collection[1]. J'ai remarqué un coq de bruyère et une gelinote qui manquent au Muséum, je les ai indiqués au citoyen Gilibert. Les oiseaux sont renfermés dans des cages de verre et hors d'atteinte des insectes. La collection des minéraux y est aussi importante, et le citoyen Gilibert avoue lui-même qu'il n'a rien à désirer en minéraux et en oiseaux. Il s'est fait une collection d'insectes et de plantes du pays, auxquels il a joint quelques étrangers, et il est content de ces moyens. Le Muséum d'histoire naturelle pourroit completter cette école en lui fournissant ce qui lui manque : des quadrupèdes, des poissons et des coquilles. Le citoyen Gilibert désire particulièrement une collection de coquilles : je vous prie, mon bon ami, d'engager le citoyen Lamarck, mon estimable collègue et ami, d'avoir la bonté de faire cette collection pour Lyon ; j'ai promis au citoyen Gilibert de faire connoître son vœu à mon collègue et de l'appuyer.

Ce ne sont pas, mon cher ami, les caresses du

célèbre peintre de fleurs, né à Saint-Hubert, près Liège, le 25 mai 1766. Attaché comme artiste à l'expédition et auteur d'un grand nombre de planches d'animaux, et notamment de poissons, il a été plus tard peintre d'histoire naturelle au Muséum de Paris.

1. Il ne reste aucune trace de cette collection au Muséum de Lyon.

citoyen Gilibert qui me portent à lui tenir ma parole, ce sont les convenances et la facilité d'exécution ; Lyon est la deuxième ville de France et, avec peu d'effort, on placeroit dans son école le complément de ce qui lui suffit pour l'instruction.

Pour le citoyen Gilibert lui-même, c'est un homme âgé[1], qui considère l'histoire naturelle tout comme on le faisoit il y a trente ans : il m'a expliqué en détail ses quatre manières d'enseigner et au milieu de tant de manières, il ne m'a pas paru avoir saisi la bonne. Il nous a reçus avec politesse, mais cependant en homme supérieur à de jeunes barbes[2]. Cela convenoit et je ne m'en suis pas formalisé. Cet homme est seul à Lyon de son genre, ou, s'il y a des naturalistes, ce sont des hommes qu'il a formés. Tout le monde dit qu'il est habile, il le répète de bonne foi, parce qu'il y croit de même. Nous ne nous sommes produits à lui que sous nos qualités respectives, il n'a pas eu la curiosité de nous demander nos noms : au total il nous a paru un fort bon homme.

Adieu, bien cher ami, pensez toujours à moi.

Ne me laissez pas oublier par nos amis communs.

Je vous embrasse.

GEOFFROY.

(Bibl. Institut.)

1. Il n'avait pourtant que cinquante-sept ans.
2. On a vu que Geoffroy avait alors vingt-six ans ; Savigny en comptait vingt et un seulement.

II

A GEORGES CUVIER

Du fleuve du Rhône, 11 floréal an VI (lundi 30 avril 1798.)

Je me suis embarqué à Lyon sur le Rhône, mon cher ami, pour arriver à Avignon. La voiture est si douce qu'elle me permet de vous écrire. Je suis distrait agréablement avec vous de l'uniformité et de la longueur de la route.

Le bateau de poste nous a été donné par le gouvernement, il devait contenir de quinze à vingt personnes. L'officier du Génie qui disposoit de tout à Lyon étoit l'ami de mon frère; il nous permit de nous arranger comme nous le voudrions, et, en effet, nous composâmes notre voiture des personnes qui arrivèrent à Lyon avec moi et de celles qui y arrivèrent le lendemain dans les mêmes diligences. Voilà les noms de nos nouveaux camarades : *Du Tertre*, dessinateur[1] ; *Millebert*, dessinateur[2] ; *Glouttier*, homme de lettres[3] ; *Drancé*, diplomate[4] ;

1. Dutertre (André), dessinateur de la commission des sciences et arts, et membre de la troisième section de l'Institut d'Égypte, né en 1753, mort en 1842. Il avait été élève de Vien; c'est à lui que sont dus les portraits des membres de l'expédition. (Cf. E. de Villers du Terrage. *Journal et souvenirs sur l'expédition d'Égypte*, Paris 1899, in-12, p. 355-364.)

2. Milbert, empêché de partir, a suivi plus tard, comme dessinateur, l'expédition de Baudin aux Terres Australes.

3. Gloutier, membre de l'Institut d'Égypte, membre de la *Commission des Sept*, administrateur général des finances, mort à Gyzeh le 6 floréal an VIII (26 avril 1800).

4. Derancé, directeur des droits de l'enregistrement en Égypte.

Neveu[1] et *Masclet*[2], chirurgiens. Nous formâmes tous les treize une société charmante; le voyage fut très gay : Millebert amusa la compagnie par des tours de gobelets, des chansons et des saillies très ingénieuses. Il fait tout cela très parfaitement; néanmoins, il a quelque chose de dur dans le caractère; mais les autres sont tous les meilleures personnes de la terre. Dutertre est le dessinateur qui a exposé le dessin si admiré d'un tableau inconnu, trouvé chez des religieuses à Rome. Il est très bon camarade.

Nous avons eu, jusqu'à présent, une navigation très heureuse : point de soleil et point de pluie; nous avons bivouaqué la nuit du 9 au 10. La deuxième nuit, nous allâmes reposer six heures dans une auberge.

Tous les fleuves sont entourés de montagnes; vous ne pourriez vous faire d'idée de l'agrément de celles qui bordent le Rhône; à chaque instant la scène change et nous offre des sites plus enchanteurs les uns que les autres. Nous sommes allés voir Vienne. Cette ville contient des restes admirables d'anciens monuments. Ces vestiges si intéressants sont recouverts de murs, mais en quelques endroits ils sont restés à nud. Nous y avons reconnu les restes d'un temple ou d'un théâtre. Le Palais de justice est con-

---

1. Neveu ou Nepveu, chirurgien, n'est pas parti avec ses compagnons.

2. Masclet (Pierre-Albert-Joseph), l'un des nombreux enfants d'un avocat de Douai, né dans cette ville le 25 novembre 1771 et âgé par conséquent de vingt-sept ans, mort en Égypte chirurgien en chef de l'hôpital d'Alexandrie.

servé en entier; on a habillé le dedans à la française,
et c'est là où le juge de paix tient les audiences.
Vienne est une fort belle ville, les maisons y sont
fort belles. Il s'y trouve un collège très bien bâti,
mais qui ne sert plus à rien, l'École centrale étant
située à Grenoble. Un Allemand laborieux[1] est venu

1. Cet Allemand s'appelait Pierre Schneyder, il était né à
Heringhen, en Thuringe. « Après avoir étudié quelque temps à
Paris la peinture et l'architecture, dit Delorme, l'auteur de la
Description du musée de Vienne publiée dans cette ville en 1841,
Schneyder partit pour l'Italie, entraîné par le désir toujours si vif
dans un artiste de visiter ce pays, le plus riche des dons de la
nature et des productions des arts. Sur le point de franchir les
Alpes, il voulut jetter un coup d'œil sur nos ruines célèbres. Il fut
surpris de voir qu'elles eussent été si mal décrites et si grossièrement figurées dans les ouvrages de savants et il résolut de les
dessiner avec soin et fidélité. » C'est quand il s'occupait de ce
travail (1772-1775) que deux magistrats de Vienne, Ginet et Bernard,
frappés des talents et de l'instruction de Schneyder, réussirent à le
fixer chez eux comme professeur à l'École royale de dessin, créée
à Vienne par lettres patentes de 1775. Schneyder ne cessa plus dès
lors, tout en enseignant son art, de rechercher et d'étudier les
antiquités romaines de Vienne. On lui doit notamment le plan
de l'enceinte antique, la découverte de la célèbre mosaïque de
Sainte-Colombe, les fouilles de l'amphithéâtre, du théâtre, des
thermes, etc. Il formait en même temps un véritable musée « où
l'on voyait avec le plus grand intérêt de nombreux et irrécusables
témoins de l'ancienne magnificence de Vienne. Les artistes, les
archéologues, les voyageurs instruits s'empressèrent de visiter cette
collection et la célébrité qu'elle acquit avertit l'administration de
l'intérêt qu'avait le pays à la conserver. Les dessins des objets
qu'elle renfermait composèrent avec ceux des autres monuments
de Vienne un portefeuille volumineux, dont la science et l'art
réclamaient la publicité. M. Schneyder y ajouta une histoire abrégée
de Vienne ainsi qu'une suite de dissertations sur les principales antiquités de cette ville et n'attendait qu'une occasion de les mettre à
jour. Mais la Révolution amena des changements qui ne lui furent
point avantageux. Outre ses protecteurs, il perdit ses appointements.
Réduit à de faibles ressources, il ne ferma pas néanmoins son
école; les leçons cessèrent seulement d'être gratuites. » Telle était la
situation de Schneyder, au moment où Étienne Geoffroy priait Cuvier
de recommander le vaillant artiste à Millin. Il mourut en 1813, âgé de

s'établir à Vienne il y a trente ans ; il a sçu sortir des décombres des anciens monuments romains une multitude d'objets précieux : il s'est formé une collection très riche des objets de ses trouvailles. Entr'autres morceaux de mérite, nous avons remarqué un très grand plateau de mosaïque d'un dessin très agréable et d'une conservation qui ne laisse rien à désirer ; d'autres morceaux de mosaïque ornent aussi ce cabinet, ainsi que des têtes, des bras, des jambes de statües romaines, des médailles et autres objets de cuivre.

L'Allemand possesseur de ces richesses étoit autrefois professeur de dessin à Vienne et payé sur les fonds du collège ; il est aujourd'hui supprimé et meurt de faim. Nous n'avons pu le voir à notre passage, il étoit absent ; mais, néanmoins, nous avons tous jugé qu'il méritoit qu'on s'intéressât à lui. Veuillez, mon ami, le recommander à l'ami Millin.

J'ai passé fort près de la ville qui a donné naissance à notre collègue Faujas. Montélimar n'est pas précisément sur le Rhône, mais il est situé sur le coteau et on l'aperçoit du fleuve. Au-dessous de Montélimar et sur le Rhône même, est un village nommé Ancone, où nous avons été prendre notre

quatre-vingt-trois ans. Dès 1809 ses marbres antiques, ses dessins et ses manuscrits étaient devenus la propriété de la ville et on l'avait nommé conservateur du musée public dont cette collection était venue former le noyau. Il était demeuré fort pauvre et jamais il ne lui avait été possible de publier le fruit de ses recherches. (Cf. Delorme. *Description du Musée de Vienne, Isère, précédée de recherches historiques sur le temple d'Auguste et de Livie*. Vienne, 1841, in-8°, p. 114-118.)

repas. Je me suis informé si l'on connoissoit le citoyen Faujas et j'ai employé plus d'un quart d'heure à faire comprendre duquel je voulois parler. Le nombre de citoyens de ce nom est considérable à Montélimar et dans les environs, et c'est là ce qui embrouilloit toutes les bonnes gens que j'interrogeois. Pour me faire mieux entendre, j'ajoutois que ma question avoit pour objet le ci-devant seigneur de Saint-Fond. « Ah! m'a-t-on dit, stila qui demeure à Paris, oh! pour seigneur, non, c'étoit tant seulement le fermier du cabaret du village : c'est un si méchant cabaret que trois sous-fermiers s'y sont ruinés de fond en comble. »

Voilà tout ce que j'ai pu tirer des habitans d'Ancone; j'ai bien vu qu'ils ne me comprenoient aucunement et qu'il falloit quitter sans plus amples renseignements[1].

Pour me dédommager de ce peu de réussite, je me suis rendu avec mes camarades à l'Hermitage[2], où, le lendemain, nous avons bu sur le lieu même d'excellent vin du cru, à 3 francs la bouteille.

1. Ce plaisant persiflage se justifiait par les vanteries continuelles de Faujas, « un Dauphinois qu'on pouvait prendre pour un Gascon », dit André Thouin, qui l'eut pour collègue à la commission chargée de recueillir en Belgique et en Hollande les objets de science et d'art. « Telle était sa jactance qu'on le signalait comme un des premiers menteurs dans une armée de soixante-dix mille hommes dont partie étaient originaires des pays méridionaux. » A. Thouin, *Voyage dans la Belgique, la Hollande, etc.* Ed. Trouve, Paris 1841, in-8°, t. 1, p. 350.)

2. Le coteau de l'Hermitage, au-dessus de Tain, sur les bords du Rhône, a été longtemps célèbre par ses vignobles, presque complètement détruits aujourd'hui par le phylloxera.

Enfin, hier soir, nous avons fait la navigation la plus périlleuse du Rhône ; c'est la traversée du pont Saint-Esprit[1]. Le Rhône se précipite avec fracas et les eaux sont tournoyantes auprès des arches. Les bateliers éprouvent toujours des craintes en traversant ce pont célèbre. Je crois bien qu'ils les exagèrent pour avoir une occasion de se faire payer. Le pont Saint-Esprit est la première ville du Contat. Ce pont sur la rivière est d'une longueur inconcevable, les arches sont très larges, deux de celles du milieu sont appuyées sur un bâtiment fondé dans l'eau et destiné autrefois à renfermer les fous. On raconte qu'un jour le Rhône ayant gelé, ils ont brûlé leurs portes et se sont évadés en marchant sur la glace. Nous allons entrer à Avignon d'où je vous écrirai : j'ai remarqué dans les femmes du Pont-Saint-Esprit un costume bien ridicule : leur jupon est attaché tout au-dessous des hanches. Leur corset est aussi long que leur jupon, ce qui fatigue la vue.

Adieu, mon bon ami, je vous embrasse bien.

GEOFFROY.

(Bibl. Institut.)

---

1. Pont-Saint-Esprit, chef-lieu de canton du département du Gard, sur la rive droite du Rhône, en aval du confluent de l'Ardèche. Le pont sur le Rhône a 840 mètres de long, c'est le plus long et le plus hardi qu'on ait jeté sur un fleuve au Moyen âge (1265-1309). Le passage sous ce pont, dont une seule arche était navigable, était réputé des plus dangereux. (Cf. E. de Villiers du Terrage. *Journal et souvenirs de l'expédition d'Égypte* (1798-1801) mis en ordre et publiés par M. le Baron Marc de Villiers du Terrage Paris 1899, in-12°, p. 11.)

III

AUX PROFESSEURS DU MUSÉUM D'HISTOIRE NATURELLE

Marseille, 16 floréal an VI (samedi 5 mai 1798).

Mes chers et respectables collègues,

C'est de Marseille que j'ai l'honneur de vous écrire. J'ai voyagé beaucoup trop rapidement pour avoir eu le temps de visiter les écoles centrales des divers départements que j'ai parcourus. J'ai vu celle de Lyon ; sa collection d'histoire naturelle est assez importante. Elle est surtout très riche en oiseaux, grâces au goût et à l'émigration du citoyen Imbert ; j'y ai remarqué une gelinotte et un coq de bruyère, qui ne sont pas dans la collection que vous administrez. Les minéraux, les insectes y sont très nombreux et ont peu besoin d'augmentation. Vous pourriez, citoyens collègues, compléter la collection de cette école en lui accordant des quadrupèdes, des poissons et surtout des coquilles. Il m'a paru que le professeur Gilibert désiroit particulièrement des coquilles ; je lui ai promis d'en informer mon collègue Lamarck et de l'engager, au nom de l'amitié, à accueillir cette demande.

Le citoyen Gilibert est plein de zèle pour l'histoire naturelle : il correspondroit volontiers avec l'administration du Muséum et consent à lui faire passer les plantes et insectes qui paroissent propres aux montagnes qui entourent Lyon; il voudroit vous donner, citoyens collègues, par ces divers envois, les moyens d'enrichir les autres écoles centrales, et souhaite que vous preniez la peine de demander pareillement aux autres écoles les productions de leur pays afin d'en envoyer à Lyon en échange.

Arrivé à Avignon, je me suis détourné pour aller visiter la fontaine de Vaucluse : ce n'est que là que j'ai trouvé des cailloux calcaires; j'en envoie un pour la collection de minéralogie, ainsi que beaucoup d'autres cailloux siliceux ou granitiques des bords de la Durance. Je vous expédie aussi, citoyens collègues, deux grands lézards que je suis parvenu à attraper. Le plus âgé des deux m'a fait longtemps courir : il grimpoit dans les arbres et sautoit de branches en branches avec autant de prestesse et de légèreté qu'un écureuil. J'ai aussi recueilli quelques coquilles.

J'ai descendu le Rhône dans un bateau de poste avec six artistes; tous sont amateurs d'histoire naturelle et chassent les insectes et autres animaux avec autant d'ardeur que nous-mêmes. Les généraux eux-mêmes s'en occuperont : c'est au moins le projet du général Reynier[1], avec lequel mon frère et moi nous devons nous embarquer. J'ai eu le plaisir de le voir hier à Marseille. Le général Reynier étoit

---

1. Reynier (J.-L.-E.), né à Lausanne le 14 janvier 1771, adjoint à l'état-major dans la campagne de Belgique en 1792, général de brigade, deux ans plus tard, chef d'état-major de l'armée du Rhin sous Moreau, commandait à vingt-sept ans une des divisions de l'armée d'Égypte.

autrefois employé dans l'armée du Rhin en qualité de chef de l'état-major; les militaires estiment infiniment ses talents militaires, je me loue beaucoup de son bon accueil et de son amabilité.

Marseille est plus vivant, pour le moment, que Paris. Quarante-cinq vaisseaux de transport sortent aujourd'hui de son port pour se rendre, à ce que l'on croit, à Ajaccio. On a embarqué hier un grand nombre de chevaux. On embarque aujourd'hui deux demi-brigades et, avec ces troupes, tout ce qui est nécessaire à leur nourriture.

Rendu à Toulon et sur le point de partir, j'aurai l'honneur de vous donner de mes nouvelles; j'ose espérer de votre amitié, citoyens et chers collègues, que vous n'accueillerez pas uniquement les nouvelles d'histoire naturelle, mais que vous me permettrez de vous parler aussi de temps en temps de moi et de vous informer de ce qui m'arrivera d'heureux ou de fâcheux. Je mérite que vous ayez pour moi cette complaisance, si c'est un titre auprès de vous que de vous être tendrement attaché et de vous assurer d'un dévouement sans bornes.

Agréez, je vous prie, citoyens collègues, mes respectueuses salutations.

GEOFFROY.

(Arch. du Mus. d'Hist. Nat.)

IV

A GEORGES CUVIER

Marseille, 18 floréal an VI (lundi 7 mai 1798).

Je suis arrivé, mon cher ami, depuis quatre jours à Marseille, et je vais vous poursuivre le récit que je vous ai commencé.

J'arrivai le 12 à Avignon. Nous en partîmes dès le lendemain pour aller voir les lieux si vantés par Pétrarque. Déjà j'avois demandé où reposoit la belle Laure. J'avois cru que tout Avignon me donneroit un bon témoignage de son tombeau, et pour être plus assuré d'avoir une réponse à ma question, je l'adressai à un bourgeois, fort bien vêtu ; mais je m'apperçus bientôt que son habit m'en avoit imposé. Laure, selon lui, n'étoit pas morte, il l'avoit vue se promener quinze jours auparavant sur les bords de la Sorgue ! Après avoir questionné un autre personnage mieux informé, j'appris que le tombeau de la belle Laure se voyoit dans l'église des Cordeliers, avant qu'on s'en fût servi pour Mazarin !!

Ce début fit que j'allai presque malgré moi à Vaucluse : je ne voulois pas désobliger mes camarades. Je pensois que toute la beauté de Vaucluse ne tenoit qu'à des idées superstitieuses et que j'entreprenois un pélerinage d'amour. Quel fut et mon étonnement et ma joie, quand je vis ces lieux charmans, quand je fus convaincu qu'ils avoient un caractère et une beauté propres? Je ne puis assez vous rendre les sensations qu'un spectacle, si neuf pour moi et si imposant, me fit éprouver. Je ne cessois d'admirer parce que tout ce que je voyois me paraissoit admirable.

Je ne crois point pouvoir vous rendre tous les genres de beauté de Vaucluse, ni tous ces contrastes intéressants de l'aridité et de l'abondance, contrastes très bien entendus et qui forment une *harmonie* enchanteresse, néanmoins je cède au besoin que j'ai de me rappeller Vaucluse et je vais vous décrire froidement les choses que j'admirois avec une certaine ivresse.

Figurez-vous un vallon assez considérable, entouré de toute part de très hautes montagnes calcaires, la plupart coupées à pic. Les lits horizontaux de la montagne calcaire sont très minces et alternativement de couleur différente. On les voit de temps en temps dans les grands rochers coupés à pic ; il semble qu'on ait arraché la moitié du roc, et à la fraîcheur de la coupe, on est tenté de croire que ce travail est tout récent. En d'autres lieux de la circonférence, on voit des rochers énormes s'élever comme des tours majestueuses et ne plus tenir à la terre que par une base beaucoup plus petite que leur sommet, on ne peut envisager ces masses colossales sans frémir et sans craindre d'être écrasé sous leur chute. Ou bien il y a des rochers qui s'étendent horizontalement parce que les eaux pluviales ont détaché et emmené une partie de la terre sur laquelle ils étoient posés. Ces rocs avancés servent d'asile à d'honnêtes laboureurs qui n'ont eu besoin que de bâtir le devant de leurs maisons et de faire percer la roche pour la conduite de la fumée : enfin en avant des hautes montagnes, on en apperçoit quelquefois une, deux ou trois qui sont plus petites et étagées entr'elles, de manière à ménager plusieurs horizons à des distances différentes. Tout ce cintre de montagnes offre des sites très variés : entre les différents rocs et dans les parties creusées, un peu de terre qui s'y trouve fournit à la végétation des oliviers, arbre triste à considérer de près, mais qui de loin récrée la vue, quand elle est portée sur un sol aride.

Au bas de ce cintre de montagnes d'une horrible beauté, on voit de riantes prairies, quatre ou cinq bras de rivières très larges qui coulent avec beaucoup de rapidité, et qui dans plusieurs endroits se précipitent dans des bas-fonds. En remontant la Sorgue, on a à sa gauche une portion du cintre général et bientôt on apperçoit à la droite une montagne très irrégulière qui n'appartient pas au cintre : c'est un roc élevé, acculé toutefois dans une extrémité de l'ovale du vallon et sur la pente duquel est bâti le village de Vaucluse. La montagne de droite n'est pas distante de 100 pieds de la gauche, faisant partie du cintre, et c'est dans le ravin que forme l'intervalle de ces deux montagnes que descendent les eaux de la fontaine de Vaucluse. On diroit que vers son origine la Sorgue est encaissée : après avoir remonté cette rivière environ 400 toises, et toujours en tournant, on parvient à sa source. Le 14 floréal, nous l'avons rencontrée 100 toises au-dessous de la fontaine; elle sortoit de terre (A) en 20 à 25 nappes d'eaux, au-dessous d'une petite butte (B) : ces eaux tomboient en bouillonnant sur des pierres calcaires, plus ou moins grosses, toutes d'un beau poli, et d'un blanc éblouissant : toute la surface de

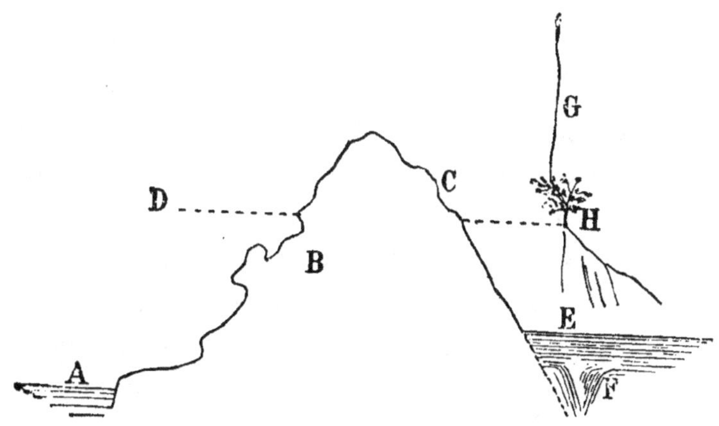

Croquis de la fontaine de Vaucluse.

A. Commencement de la rivière dite la Sorgue. De plus de vingt endroits on voit sortir de terre des nappes d'eau qui tombent sur les rochers en cascades.

B. Butte composée de petits rocs et de cailloux.

C. Descente.

D. Lit de la Sorgue lorsque la fontaine a ses eaux à la hauteur du figuier H. Les eaux roulent avec rapidité sur des rochers qui se sont détachés des montagnes latérales et dont la plupart sont transpercés.

E. Hauteur de l'eau le 14 floréal an VI.

F. Gouffre.

G. Montagne calcaire composée de lits horizontaux minces et de différentes couleurs.

la butte (B) étoit couverte de cinq à six rocs assez considérables, dont un s'est détaché il y a douze ans du haut de la montagne latérale.

Quand on est parvenu au haut de la butte, la vue

plonge sur la fontaine. C'est un espace vuide : le chemin qui conduit à la fontaine est extrêmement incliné, il est sablé de petites pierres qui ne tiennent point à la terre et ce n'est qu'avec la plus grande prudence que l'on peut marcher sur cette surface inclinée : pour moi je n'ai osé le faire qu'en m'appuyant sur le derrière et sur les mains.

Vous ne voyez dans mon croquis qu'une copie. Vous pouvez vous faire seulement une idée de la hauteur de la bouche, sa largeur est double ; cette ouverture est encore petite quand on la compare à l'étendue de l'antre. C'est une vaste caverne dont les voûtes sont sculptées en stalactites : la petite partie de l'antre, visible au dehors à travers la bouche est la plus profonde, et vers le centre est un gouffre qu'on distingue parfaitement au défaut de transparence des eaux : on a cherché à connoitre le fond de ce gouffre et toutes les tentatives qu'on a faites pour y arriver n'ont donné d'autres résultats qu'une profondeur infinie. A la droite de la bouche, l'antre offroit encore une étendue immense vuide d'eaux : nous eussions pu nous hasarder d'y aller, nous nous sommes contentés de nous exposer aux dangers de pénétrer assez au fond du gouffre, pour appercevoir toute la caverne. Les hommes du pays nous ont dit que jamais la fontaine de Vaucluse n'avoit été si basse, ce qui provenoit de la sécheresse de l'hiver. De la fontaine, l'eau filtre sous terre pour arriver en A : mais au printemps, après un hiver pluvieux, la caverne est entièrement remplie d'eau. Le figuier placé au dehors et au-dessus de l'ouverture est baigné, alors les eaux se répandent par-dessus la butte et la rivière prend directement son origine dans la fontaine. Comme la butte est extrêmement rapide, la chûte des eaux est encore plus considérable que dans le lit inférieur. L'eau en venant se précipiter sur des rocs d'un grand volume agit sur eux et finit par les percer de part en part : il en est qui sont totalement criblés, d'autres ne sont que profondément creusés. Ce sont tous les rochers exposés à la chûte perpendiculaire des eaux. Toutes les pierres sont bien lavées, bien usées sur toutes leurs faces et d'un blanc éblouissant avec lequel contrastent agréablement leurs parties horizontales tapissées de plantes aquatiques. Ce qui étonne le plus, quand on se trouve arrivé au haut de la petite butte, c'est de se voir tout d'un coup arrêté dans sa course par un rocher G coupé à pic dont la hauteur a été estimée par nous à 600 pieds, et de voir que la base de ce grand et immense rocher est creusée et remplie d'eau. C'est un spectacle très intéressant et qui perd toute son illusion dans la trop longue description que je vous en fais.

Après avoir visité la célèbre fontaine de Vaucluse, nous nous sommes avisés de grimper cette montagne dont je vous ai parlé et sur la petite pente de laquelle demeurent les habitans de Vaucluse. A la partie la plus élevée on voit encore les vestiges du château qu'habitoit l'époux de la belle Laure : de cette éminence, on aperçoit tout le vallon, les prairies qui l'embellissent, les rivières qui serpentent et le couronnement du vallon, c'est-à-dire tout le cintre des montagnes ; de ce même point aussi on plonge sur l'ouverture de la fontaine de Vaucluse, sur le commencement de la Sorgue et les jardins qui la bordent. La maison de Pétrarque [1] étoit située à mi-côte : sa maitresse ne pouvoit descendre dans ses jardins qu'elle ne passât devant ses fenêtres. On nous a fait voir le portrait de ces deux amants que la municipalité de Vaucluse conserve avec beaucoup de respect dans sa salle de réunion [2] : au milieu pendoit assez tristement la liste des émigrés, ce qui faisoit un contraste singulier, quand on songe combien l'émigration a séparé d'époux et de tendres amants.

Entre Vaucluse et Avignon est la petite commune de L'Isle [3]. Nous avons éprouvé beaucoup de difficultés pour la traverser : le commandant de la place est un singulier original, qui, plein d'amour-propre, fait arrêter tous les voyageurs, afin de mettre son visa sur les passeports et de répandre de cette manière son nom par toute la France ! Cette petite commune est en état de siège aussi bien que toutes celles du midi ! Toutes ces villes sont sous la verge militaire, ce qui plait beaucoup aux artisans, amis de la paix.

---

1. Cf. Joanne et Ferrand. *De Lyon à Marseille*, p. 114-115.

2. Ces deux tableaux existent encore dans la *Galerie des portraits des illustrations vauclusiennes*.

3. Cf. Joanne et Ferrand, *op. cit.*, p. 112.

Une des particularités du midi, c'est, pour les auberges, de consacrer tout ce que la maison offre de plus commode et de plus spacieux à des écuries. Tout le rez-de-chaussée a cette destination, les chevaux sont rangés sur les côtés, et le milieu offre assez d'espace pour deux voitures de front. Il y a deux portes cochères aux deux bouts, la voiture entre d'un côté et sort de l'autre. Les écuries des maitres de poste sont ainsi traitées et le changement des chevaux se fait à couvert.

La ville d'Aix [1] ne nous offrit de remarquable que ses eaux chaudes et ses fontaines. On vantoit autrefois son *Cours*, mais depuis qu'on a voulu donner aux arbres une certaine façon, ils sont maigres, rabougris et ne donnent plus d'ombre.

Avant d'arriver à Marseille nous jouîmes d'un spectacle assez agréable, c'est la *viste* [2], c'est-à-dire, la vue d'une plaine où sont répandues çà et là toutes les *Bastides* ou maisons de campagne des négocians. Marseille est une ville très grande, et beaucoup plus agréable que Lyon ; les rues cependant sont toutes dépavées : à chaque pas on rencontre des ornières d'un demi-pied et quelquefois davantage.

Un des inconvéniens que Toulon a de commun avec cette ville, c'est le défaut de latrines dans les maisons [3]. Elles sont prohibées parce que la ville n'a

---

1. *Ibid.*, p. 363.
2. *Ibid.*, p. 170.
3. On trouvera sur ce sujet de curieux détails dans le Journal de De Villiers (*op. cit.*, p. 15).

d'eaux douces qu'amenées par des canaux souterrains dont il faut empêcher la corruption. Ces eaux font le salut de Toulon et de Marseille. L'eau vive coule dans toutes les rues, et de proche en proche on voit des laveuses se contenter des ruisseaux qui coulent devant leurs portes. Tous les environs du port sont bien bâtis, mais l'ancienne ville située sur une colline est composée de maisons et de rues extrêmement étroites et infectes.

Le port de Marseille est fort étroit et très long, de hautes montagnes le cernent de trois côtés, mais il est encore mieux abrité par les hautes et belles maisons dont il est entouré. Les vaisseaux sont très en sûreté, aucuns vents ne peuvent venir les battre.

Le port de Toulon est au contraire très large et court, il n'est point abrité par des maisons, et les montagnes sont assez éloignées : mais en revanche Toulon a une rade magnifique, d'une étendue immense et bien défendue de toutes parts.

Je suis allé chez un négociant de Marseille qui m'a proposé de me faire voir ce qu'il y a de plus remarquable dans sa ville, et l'ayant suivi, il m'a d'abord conduit à la *loge*, c'est-à-dire à la Bourse, selon l'expression parisienne; de là, à la municipalité dont le fronton de la porte est soutenu par deux cariatides, du ciseau de Pujet : dans une des salles de la maison commune se voyent deux grands tableaux représentant la peste de 1720. Deux tableaux sur le même sujet sont à la *Sanitas*, où restent les intendans de la santé pour prévenir la peste, l'un est sculpté en marbre par Pujet[1] et l'autre est du pinceau de David[2].

Je n'ai vu que deux manufactures, celle du savon dont les procédés pour la fabrication sont bien simples, et celle du mélange des vins pour les amener au point de ne jamais s'aigrir à la mer.

Les tonneaux où se font ces mélanges contiennent 10000 pintes ; les douves ont 5 pouces d'épaisseur. On est obligé de se servir d'échelles pour faire le service de ces masses colossales. Le chais que j'ai vu contenoit 180 tonneaux de ce volume placés sur quatre rangs.

Amitié constante,

GEOFFROY.

(*Bibl. Institut.*)

V

A GEORGES CUVIER

Toulon, 20 floréal an VI (mercredi 9 mai 1798).

Mon bon ami,

Vous allez croire que je vous ai oublié ; je vous ai écrit, mais mon frère a laissé mes deux premières lettres dans mon grand portefeuille, ayant cru vous

---

1. La *Peste de Milan*, excellent bas-relief de Puget.
2. Le *Saint Roch priant pour les victimes de la peste*, une des premières œuvres de David (Joanne, *op. cit.*, p. 209).

les avoir expédiées. Vous ne les recevrez donc qu'avec celle-ci qui vous apprendra que je suis arrivé hier à Toulon.

Je suis si bien portant et j'en ai tellement l'apparence que Dufalga[1] vouloit me persuader que j'étois encore au muséum d'histoire naturelle et que je ne m'étois nullement exposé à faire une traversée de 200 lieues.

Je vous dois une lettre intermédiaire entre ma seconde et celle-ci, et je ne vous en fais pas grâce ; je vous dois d'écrire ce qui m'a le plus frappé dans ma route.

Rendu à Toulon, j'ai éprouvé beaucoup de peine à me loger. Desgenettes, médecin en chef[2], et Larrey[3], chirurgien en chef, qui jouissent ici tous deux de beaucoup de crédit, et qui sont assez bien logés,

1. Maximilien Caffarelli du Falga, général du génie de l'armée d'Égypte, était âgé de quarante-deux ans. Il avait été mutilé au passage du Rhône en 1795 et portait une jambe de bois qui le fit surnommer *Bou Khachab, le père du bois* par les Arabes. C'était un savant homme, membre de l'Institut d'Égypte, et ami particulier de Bonaparte. Il a été tué l'année suivante au siège de Saint-Jean-d'Acre.

2. R.-N. Dufriche, baron Desgenettes, né à Alençon en 1762, s'était fait connaître par une thèse consacrée à exposer les travaux de Mascagni sur les lymphatiques. Médecin militaire depuis 1793, il fut nommé médecin en chef de l'armée d'Égypte par Bonaparte qui l'avait connu à Nice en 1795. On sait qu'il a composé dans la suite un ouvrage plusieurs fois réimprimé et traduit en plusieurs langues sous le titre d'*Histoire médicale de l'armée d'Orient.*

3. Le baron J.-D. Larrey, né à Baudéan en 1766, d'abord chirurgien de marine (1787) puis chirurgien-major des hôpitaux de l'armée du Rhin, puis de celle du Midi, créateur des *ambulances volantes* qui ont rendu tant de services, l'un des réorganisateurs de l'enseignement de la chirurgie militaire au Val-de-Grâce, etc., etc. Il avait été placé à la tête des cent huit chirurgiens embarqués à bord de la flotte partant pour l'Égypte.

vouloient me faire partager leurs appartements. Je suis parvenu à n'en pas avoir besoin.

Les savans et les artistes ont cru, en quittant Paris, ne former qu'un tout homogène; on vient de les détromper à cet égard, en leur payant le mois de floréal. Ils sont distribués en cinq classes, on donne 6000 francs à la première, et 1000 francs de moins de classe en classe. Un grand nombre sont mécontens de leur classement, et réclament; pour moi, on m'a évité ce soin qui m'auroit beaucoup coûté à prendre. Je fais partie de la première classe qui jusqu'à présent n'est composée que de dix savans et en cette qualité j'aurai sur le vaisseau rang d'officier supérieur, c'est-à-dire que je mangerai à la table du général et du capitaine de vaisseau. Je m'embarque avec le général Reynier sur la frégate *l'Alceste*[1], je serai le seul de la commission sur ce vaisseau qui aura à bord l'état-major d'une division[2]. C'est une grâce que Reynier a sollicitée de Dufalga, et que celui-ci, à ce titre, lui a accordée en me plaçant sur *l'Alceste*. Le général Reynier s'est autrefois occupé d'histoire naturelle et désire passer ses loisirs pendant la traversée à en causer avec moi[3]. Voilà ce que

---

1. L'*Alceste*, frégate de 40 canons, capitaine Barrey.

2. Après avoir conduit en Égypte Reynier et ses compagnons, l'*Alceste* mouilla dans le vieux port d'Alexandrie et ne prit aucune part à la bataille d'Aboukir. Cette frégate fit partie, en mars 1799, de la division du contre-amiral Perrée qui, après avoir croisé en Syrie, tenta de rentrer à Toulon et se fit prendre par l'amiral anglais, lord Keith, à vingt lieues au sud de ce port.

3. Le général Reynier a continué à s'occuper d'histoire naturelle, lorsque cela lui était possible au cours de la campagne. L'Institut

le général Dufalga, toujours aimable et complaisant,
vient de me dire, en m'annonçant qu'il changeroit
ces dispositions si elles ne me convenoient pas. J'ai
vu le général Reynier, c'est un jeune homme très
aimable et fort instruit. Je suis assuré d'avance d'une
navigation très agréable; mon frère [1] ne me quittera
pas.

L'armée sera composée de 30 000 hommes et par-
tagée en 5 divisions qui ont pour généraux Kléber,
Menou, Desaix, Baraguai-d'Hilliers et Reynier. La
division Reynier s'est embarquée à Marseille sur
60 vaisseaux marchands, celle de Baraguai-d'Hilliers
s'embarque à Gênes, celle de Desaix à Civita-Vecchia, les deux autres l'ont été à Toulon.

Le général en chef est arrivé ce matin à franc
étrier et précédant sa voiture, il portoit une redin-
gote faite en forme d'habit quarré, ce qui a été
très remarqué, parce qu'à Marseille et à Toulon cette
espèce d'habit étoit regardée comme un signe de
contre-révolution. Bonaparte au surplus n'a pas
tardé à quitter cet habit pour revêtir son grand uniforme et passer en revue une demi-brigade prête à
embarquer, il a prononcé un discours dont voici la

d'Égypte, par exemple, recevait de lui le 21 frimaire an VII des
échantillons de roches de Djebel Nebo, et le tome III de la *Décade
égyptienne* renferme un mémoire *sur le palmier-dattier* signé du
général (III, 179).

1. Geoffroy (Marc-Antoine) dit Château, frère cadet d'Étienne, né
à Étampes le 18 août 1774. Entré dans le corps de génie, il avait
fait les campagnes des Ardennes et de Sambre-et-Meuse sous Char-
bonnier et sous Jourdan, et embarquait pour l'Égypte avec le grade
de capitaine.

substance : « Quand j'ai pris le commandement, vous étiez sans souliers et sans pain, je vous ai promis de vous conduire en Italie et de vous nourrir et habiller commodément, je vous ai tenu parole. Aujourd'huy ayez confiance en moi, et continuez à vous montrer les soldats d'Italie, vous ne reviendrez pas dans votre patrie que vous n'ayez tous les moyens d'y acquérir six arpens de terre. Vous me trouverez aussi fidèle à cette parole que je l'ai été à la première. »

Mille amitiés à tous nos camarades de la Société philomatique. Savigny vous présente ses devoirs. On lui avoit donné la quatrième classe, je vais réclamer pour lui.

Je vous embrasse de tout cœur,

GEOFFROY.

(Bibl. Institut.)

VI

A GEORGES CUVIER

Toulon, 24 floréal an VI (dimanche 13 mai 1898).

Mon cher ami,

Je vous écris avec précipitation : la générale bat ; c'est le signal de l'embarquement : 6 coups de canon qui se feront entendre annonceront que l'embarquement est achevé et que toutes les personnes qui ne seront pas à leur bord seront laissées à terre. Toute la garde bourgeoise est sous les armes pour ramasser les militaires et les matelots qui ont déserté leurs vaisseaux : je n'ai point vu la frégate *l'Alceste* à bord de laquelle je serai embarqué avec l'état-major de la 1re division et le général de cette division, Reynier.

Bonaparte monte *l'Orient*, vaisseau de 120 canons[1]. Sa chambre offre un luxe très étonnant, elle est la conversation de tout le monde et tous y applaudissent par la nécessité d'en imposer à la multitude par des dehors remarquables.

Je suis, sur mon vaisseau, considéré comme officier supérieur et en cette qualité je mangerai avec le capitaine et aurai un lit aussi commode qu'un vaisseau peut le fournir.

On construit en ce moment un bâtiment dont toutes les pièces seront placées dans des vaisseaux marchands. Ce squelette se peut diviser en 8 pièces qui seront voiturées sur des chariots construits pour ce but : personne ne se doute de la destination de ce bâtiment, il sera assemblé dans la Mer Rouge et servira de forteresse pour protéger les travaux qu'on y doit exécuter.

Les généraux ne dissimulent plus que l'on va dans les Indes ; Kléber l'a dit hier sérieusement à mon frère qui dinait chez lui. Ainsi tout ce que nous

---

1. *L'Orient*, ancien *Sans-Culotte*, vaisseau de 120 canons commandé par Casabianca, portait le pavillon du contre-amiral Brueys. On verra plus loin que ce beau navire prit feu et sauta à Aboukir.

avions prévu à Paris n'est encore contrarié par aucune version différente.

Savigny s'embarque sur le *Dubois*[1], vaisseau de ligne très solide, mais qui ne marche presque pas et aura pour attelage deux frégates, très bonnes voilières.

Il vous fait ses adieux, ainsi que moi, car je présume que c'est la dernière lettre que je pourrai vous écrire de Toulon. Nous devons aller à Gênes pour prendre le convoi qui s'y trouve et de là à Civita-Vecchia pour un but semblable.

Je vous adresserai de mes nouvelles de ces deux points de l'Europe, puis après je m'irai perdre dans les sables de l'Égypte....

Vous ne m'avez pas écrit; je vous le reproche....

Adieu, mon ami, aimez-moi toujours : ne cessez de me considérer comme un frère : entretenez-vous de moi avec nos camarades, avec mes collègues : faites que je ne sois pas oublié. Je vous embrasse bien tendrement, je salue votre père. Allez faire de nouveaux adieux de ma part à Mons. Daubenton, à la famille Jussieu, au cit. Desfontaines, etc.

GEOFFROY.

(*Bibl. Institut.*)

---

1. Le *Dubois*, vaisseau vénitien, non armé, que commandait le capitaine Lelong.

VII

A GEORGES CUVIER

Toulon, 24 floréal an VI (dimanche 13 mai 1798).

Mon bon ami,

Je vous accable de mes Lettres, mais je ne puis me dispenser de vous faire mes adieux avant de mettre le pied dans la fatale barque : c'est ce soir que je vais coucher à bord de l'*Alceste* et demain ou au plus tard après-demain, nous partons ; nous avons un excellent vent.

Quand vous voudrez me donner de vos nouvelles et de celles de nos amis, veuillez envoyer vos Lettres à l'adresse suivante : *Au Contrôleur de la Marine à Toulon* et une sous-enveloppe : *Au citoyen Geoffroy naturaliste, employé dans l'expédition de la Méditerranée et embarqué à bord de l' « Alceste »*.

Je vous écrirai par la même voye, pour vous éviter tous frais de port. On a pris des arrangements pour faire une poste de bateaux.

Nous avons eu sur les midi un superbe spectacle, le général Bonaparte est allé voir son vaisseau ; au moment où il a mis le pied dans son canot, des décharges de canon l'ont appris à Toulon. Tous les canons de la flotte ont retenti à la fois et tous les vaisseaux ont été pavoisés, c'est-à-dire que tous les

pavillons nécessaires pour les signaux ont été arborés
cela formait un superbe ensemble.

Je vous prierai de vouloir bien vous informer s'il
n'y auroit pas moyen de me faire parvenir les journaux à Toulon, pour m'être ensuite transmis où je
serai. Je vous prierai de le tenter et d'en écrire après
un envoy au citoyen Cavillier, contrôleur de la marine
auquel j'ai été recommandé et qui m'a témoigné
beaucoup de bienveillance.

Un médailliste eût fait grande fortune ici. On y a
apporté le trésor de Berne, au fond duquel il paroit
qu'on n'avoit pas touché depuis plusieurs siècles. On
a commencé par extraire tous les écus de France
pour les donner selon la valeur actuelle ; il n'y avoit
que des écus de Louis XIV, ou des écus de la jeunesse de Louis XV, parce que ces pièces gagnoient à
Gênes cinq sols : le reste de l'argent de Berne est
donné au poids. J'ai vu chez un directeur d'hôpitaux
20 000 francs composés de toutes pièces étrangères ;
un assez grand nombre frappées aux armes de Suisse
ayant pour face un ours ; il s'en trouvoit de Charles-
Quint, du Duc d'Albe, de tous les cantons d'Alle-
magne et de Suisse, de Danemarck, de Russie, de
Suéde, etc.; toutes ces pièces étoient remarquables
par leur antiquité. On a donné cet argent à 49 francs
le marc, et on n'en trouve ici que 47. Il va être donné
aux orfèvres qui le fonderont impitoyablement.

Je vous renouvelle, cher ami, mes adieux, je les
fais de nouveau aussi à tous mes collègues, à nos
amis de la société philomatique, au citoyen Tessier,

et à toutes les personnes dont vous connoissez l'attachement pour moi.

GEOFFROY

Si vous voulez faire dire au citoyen Redouté frère[1] qu'il peut se servir du même couvert que moi pour écrire à son frère, je viens de le décider avec le citoyen Cavillier.

(Bibl. Institut.)

VIII

A GEORGES CUVIER

Toulon, 29 floréal an VI (vendredi 18 mai 1798).

Nous voilà embarqués, mon cher ami, sans espérance de revenir à terre. C'est demain matin que décidément nous appareillons. On a signalé plusieurs vaisseaux qu'on a crus anglois ; actuellement on prétend qu'ils sont espagnols et on augure qu'ils sont dans la Méditerranée de concert avec nous.

Il y a ici beaucoup de disputes et de criailleries dans la commission des savans : tous prétendoient au premier rang, et c'étoit précisément les moins instruits qui avoient le plus de prétentions.

---

1. Redouté (Pierre-Joseph), le célèbre peintre de fleurs, plus âgé de sept ans que Henri-Joseph qui partait pour l'Égypte avec Geoffroy.

Bonaparte, auquel les administrations se sont adressés pour avoir rang d'officier supérieur, fit cesser toutes les plaintes, en décidant que chaque homme de l'état-civil descendroit d'un rang, les membres de l'Institut exceptés. Ceux-ci aussitôt ont demandé que Fourier et moi fussions admis à la même faveur. D'un autre côté Dufalga venoit de m'accorder mon ancien droit fondé sur un passage de la *Décade philosophique* où il vit, faute d'une explication suffisante, que j'étois nommé à l'Institut. Je sais bien que la nomination regarde le vieux Geoffroy[1], je fais pourtant semblant de me laisser persuader sans y mettre beaucoup d'importance, afin de conserver les jouissances qui m'avoient été accordées.

Je n'ai pas eu besoin de toutes ces protections extraordinaires pour conserver mon rang dans le vaisseau, Bonaparte a fini par rapporter son arrêté et confirme au contraire les anciennes dispositions prises par Dufalga.

Ce qui a été cause de l'arrêté de Bonaparte, ce sont Savigny et Delisle[2] que nous avons fait considérer comme officiers supérieurs pour le vaisseau.

1. Étienne-Louis Geoffroy, né à Paris le 2 octobre 1725, et âgé par conséquent de soixante-treize ans. Ce savant docteur, professeur l'ancienne Faculté de médecine, parent éloigné de notre Geoffroy, est mort à Chartreuse, le 2 août 1810.

2. Alize Raffeneau de Lile, né à Versailles en 1778, membre de l'Institut d'Égypte et directeur du Jardin botanique du Caire, mort en 1850 professeur à la Faculté des sciences de Montpellier. Il faut se garder de confondre ce naturaliste avec son frère Adrien Raffeneau de Lile qui fit aussi partie de l'expédition d'Égypte comme ingénieur des ponts et chaussées et mourut en 1843. inspecteur général.

Les généraux et amiraux ont trouvé mauvais qu'on leur donnât pour collègues de si jeunes gens, de peu d'apparence[1], ils ont réclamé, mais Bonaparte a rapporté les décisions qu'il avoit prises.

Tout ceci vous prouvera, mon cher ami, combien il est important pour moi que vous me fassiez votre correspondant[2], je serois le plus sot des hommes qu'avec cette dignité je serois toujours estimé d'hommes pour qui les titres littéraires ne sont rien. Je serai tout fier du titre que Bonaparte affecte ici de porter et que dans ses moindres ordres il prend et met même en avant de sa qualité de général en chef.

Adieu, cher ami, je suis sur le point de perdre la terre de vüe, je n'ai que le temps de vous embrasser et de vous recommander mes intérets.

GEOFFROY.

(*Bibl. Institut.*)

1. De Lile n'avait, en effet, que vingt ans, Savigny en avait vingt et un.
2. Le titre de correspondant de l'Institut, que Geoffroy réclame ici, ne fut pas demandé pour lui; mais il est devenu membre ordinaire de l'Académie des sciences dès le 14 septembre 1807.

IX

A GEOFFROY PÈRE, A ÉTAMPES

Mon cher papa,

Je me propose de vous envoyer par la première occasion la lettre que je vous ai écrite avec la suite des événemens qui nous arriveront ; cette lettre sera le duplicata de celle-ci.

Notre tartane part, et je finis par embrasser toute la famille.

(Non signée.[1])

(Arch. famille Geoffroy Saint-Hilaire.)

X

A GEORGES CUVIER

4 prairial an VI (mercredi 23 mai 1798), une heure de l'après-midi.

J'ai espoir, mon digne ami, que nous irons faire de l'eau en Corse et que je pourrai vous faire tenir cette lettre[2]. Je viens pareillement d'écrire à mon père.

---

1. Ce billet est en post-scriptum à la suite d'une lettre du capitaine de génie Marc-Antoine Geoffroy, datée du 8 prairial « en mer près les îles entre la Corse et la Sardaigne, à neuf heures et demie du matin ».
2. Cette lettre fut sans doute transmise par l'aviso *le Chasseur*.

Je commence par quelques détails sur notre expédition : si j'ai du temps et de la place, je vous entretiendrai de moi après.

Nous sommes partis le 30 floréal : je ne doute pas que les journaux vous ayent déjà porté cette nouvelle. Nous passâmes le premier jour à louvoyer pour attendre l'*Orient* qui ne sortit que la nuit suivante : alors un gros temps venant à se déclarer, le contre-amiral Duchelas[1] montant le *Franklin*[2], ordonna au convoi de mouiller aux isles d'Hyères : le lendemain notre frégate, qui doit servir comme aide de camp du *Franklin*, alla s'informer des raisons qui avoient empêché l'*Orient* de sortir ; nous apprîmes qu'il étoit au milieu du convoi : il fallut attendre que celui-ci sortit du mouillage, ce qui se fit pendant la deuxième journée ; nous employâmes notre temps à courir des bordées, ou bien nous mîmes en panne pour varier nos manœuvres. Quand l'*Orient* fut apperçu, nous fîmes route, parallèlement aux côtes d'Italie, vers Gênes et dans l'ordre suivant :

Le convoi se rangea en ligne, le plus près des côtes : tous les vaisseaux vénitiens armés en flûte firent une deuxième ligne, le *Dubois* que monte un

---

qui rejoignit la flotte le 23 mars et rentra le 26 au soir (Cf. Boulay de la Meurthe. *Le Directoire et l'expédition d'Egypte*. Paris, 1885, in-12, p. 220.)

1. A.-S.-M. de Blanquet du Chayla, né à Marvejols en 1759, avait pris une part active à la guerre d'Amérique. Contre-amiral depuis 1796, il avait été choisi par Bonaparte pour commander en second la flotte de la Méditerranée.

2. Le *Franklin*, capitaine Gillet, vaisseau neuf de 74, portait le pavillon du contre-amiral de Blanquet du Chayla.

contre-amiral (Dumanoir[1]) est leur chef : son instruction est de veiller sur le convoi, de diriger sa marche, et de le conduire d'après les instructions de l'*Orient*, vaisseau amiral que montent l'amiral Brueys[2] et l'amiral suprême Bonaparte.

Les vaisseaux de ligne forment l'armée : ils sont rangés parallèlement aux vaisseaux vénitiens, mais à une très grande distance : les frégates sont à leurs côtés.

En cas d'attaque de l'ennemi, voici les deux manières de le combattre, et qu'on exécutera selon les forces qu'il déployera :

1° Le convoi doit à un signal convenu gagner le port le plus proche, les vaisseaux vénitiens doivent hâter sa marche et se retirer avec lui. Pendant ce mouvement l'armée combattra.

2° Ou bien on doit tenter le coup d'atous. Ceux des bâtimens de transport chargés de troupes et les vaisseaux de guerre iront à l'abordage et fonceront sur les Anglais le sabre à la main.

Le 2 prairial, sur les trois heures de l'après-midi, lorsque nous entrions dans la partie de la Méditerranée, dite la rivière de Gênes, la frégate *la Sérieuse*[3],

1. P.-E.-R.-M. Dumanoir-Le-Pelley, né à Granville en 1770, nommé chef de division à la suite de l'expédition d'Irlande, était chargé de la direction du convoi. Arrivé à Alexandrie, il prit le commandement de la division légère stationnée dans le Port Vieux. Il commandait la frégate *la Carrère* qui, avec la *Muiron*, sous les ordres de Ganteaume, ramena Bonaparte en France. C'est seulement alors qu'il fut nommé contre-amiral.

2. P.-P. Brueys d'Aigalliers, né à Uzès en 1753, capitaine de vaisseau en 1792, nommé contre-amiral par le Directoire.

3. La *Sérieuse*, frégate de 36 canons, capitaine Martin, conduisait le convoi de Gênes.

vint de Gênes annoncer que le convoi de cette ville en étoit sorti et faisoit route vers la Corse : on se dirigea aussitôt vers cette isle et dans la nuit suivante les deux convois se réunirent. Le 3 au matin, nous découvrîmes les côtes de la Corse depuis le cap Corse jusqu'au cap Calvi. Nous fûmes pris alors d'un calme parfait qui dura jusqu'à sept heures du soir : un vent frais commença à se déclarer, mais comme il nous faut toujours attendre le convoi qui marche mal et dont les parties s'embarrassent, on ordonna à l'armée de courir des bordées pour laisser au convoi la faculté de doubler le premier le cap Corse. Il exécuta cette marche : mais vers les dix heures du soir, le ciel fut en feu, le tonnerre ne cessa de gronder, une pluye abondante et un grand vent pouvoient incommoder des vaisseaux aussi frêles et les jetter sur les côtes, dans des parages parsemés d'isles : le convoi retourna sur ses pas et fut porté par les vents fort loin de sa route. L'armée conserva la même position et en ce moment (4 prairial, à 2 heures après-midi) nous ne sommes guère plus avancés que hier matin : notre tempête a dérangé l'ordre de bataille, aussi l'*Orient* vient-il de faire le signal de mécontentement des manœuvres exécutées par l'armée. Toutefois l'ordre se rétablit, le convoi commence à gagner le cap Corse : il le fait avec peine ayant le vent absolument contraire, nous ne nous en plaignons pas, car le cap doublé, ce vent nous poussera bien.

Nous courûmes quelques dangers personnels. La nuit du 1ᵉʳ floréal, un vaisseau de ligne ayant toutes ses voiles déployées arriva sur nous inconsidérément avec une telle rapidité que nous étions brisés si le revirement de bord eût tardé d'une minute et n'eût pas été aussi précipité. Cette manœuvre fit éprouver à tout l'équipage une secousse très violente : la vaisselle fut brisée, des tables cassées. Une de nos vergues toucha la mer par un de ses bouts. Le même accident eut lieu la nuit dernière, mais avec moins de danger pour nous et un très grand pour un Bricq. L'*Alceste* fut prise entre un vaisseau de ligne et ce Bricq. Il ne falloit pas acoster le gros édifice, il falloit user de générosité et de bons procédés pour le petit : nous nous tirâmes parfaitement bien d'affaire, à la satisfaction de tous.

Vous ne pouvez, mon cher ami, vous faire idée d'une navigation de flotte et des dangers et des désagréments que tout cet ensemble fait éprouver : ou bien il faut être attentif à ne pas approcher ni se laisser approcher, ou bien il faut courir des bordées pour attendre les traîneurs. Avec les bons vents dont jusqu'à présent nous avons été favorisés, notre *Alceste* auroit déjà fait plus de cent lieues : nous sommes loin de compte.

Le *Franklin* eut un accident plus grave : son mât de misaine cassa le 1er prairial, un homme qui étoit dans les hunes tomba à la mer, entraîné par la chute de cette pièce[1] ; l'*Orient* qui étoit assez proche détacha rapidement un canot : ses soins furent inu-

---

1. Cf. E. de Villers du Terrage. *Journal et souvenirs sur l'expédition d'Egypte*, p. 21.

tiles. On ne put que réparer le dommage du vaisseau, après deux jours de travaux.

Quant à moi, transporté dans une sphère si étrangère à mes habitudes, je n'éprouve d'autre étonnement que de n'être nullement étonné de tout ce que je vois : je vis avec les marins avec le même sang-froid, je conserve le même calme, la même santé que vous me connoissiez à Paris. Je n'ai nullement ressenti le mal de mer, et j'exécute tout ce qui me plait avec autant de facilité que je le ferois à terre.

Je dors tranquillement, à moins qu'un grand roulis ne vienne faire heurter mon hamac. Mais bientôt je me rendors, sans m'inquiéter de ce qui a troublé mon sommeil. Quand j'ai vu l'orage, je n'ai éprouvé d'autre sensation que celle de jouir d'un spectacle véritablement ravissant. A notre droite, nous avions les montagnes de Corse dont les sommets sont recouverts de neige et dont les bas réfléchissoient en rose les rayons du soleil couchant. Bientôt à ce spectacle succéda celui de la tempête : je veillai trois quarts d'heure pour satisfaire ma curiosité, puis je m'en allai coucher tranquillement, sans m'informer de ce qui alloit arriver. J'appris le lendemain que notre vaisseau fut battu par les vents jusqu'à deux heures du matin et exposé au milieu de deux bâtimens.

De temps en temps nous nous approchons de notre commandant *Franklin*, assez près pour converser avec lui et nous lui témoignons notre considé-

ration par une musique excellente. Nous venons de
saluer de la même manière le vaisseau amiral.

Voici comme je passe mon temps. A mon réveil
je vais sur le pont m'informer de ce qui s'est passé
pendant la nuit et m'instruire des manœuvres de
mer et de toutes les parties du vaisseau. Nous déjeu-
nons, puis vient le moment du recueillement. Je
travaille ou lis : nous dinons à quatre heures ; après
le dîné, je jouis de la plus aimable conversation[1].
Quand le jour a cessé, je fais une partie de reversis
avec le général de division Reynier, le général d'artillerie Manscourt[2] et l'épouse d'un commissaire des
guerres. Tous mes momens sont de cette manière si
bien employés que je n'éprouve aucun ennui. A la
vérité, je jouis de toutes les douceurs de la vie. J'ai

1. « Dans ces longues conversations qu'engendre le loisir du
bord, écrit Isidore-Geoffroy d'après les souvenirs de son père, il se
faisait tour à tour l'élève en tactique des généraux et leur professeur de physique et d'histoire naturelle. Ce fut pour eux, autant
que pour lui-même, qu'il fit sur un requin, pris le vingtième
jour de la navigation, des expériences de galvanisme, qui furent
pour l'équipage tout entier un sujet d'étonnement et de vif intérêt.
Il fit ensuite l'anatomie du requin, et étant parvenu à se procurer
les deux *pilotes* qui l'accompagnaient, et à recueillir sur eux de
curieuses observations, il jeta dès lors les bases d'un mémoire,
publié neuf ans plus tard (*Ann. du Mus.*, t. IX, p. 469, 1807), sur
l'affection mutuelle de certains animaux. » (Isid.-Geoffroy Saint-Hilaire. *Vie, travaux et doctrine d'Étienne-Geoffroy Saint-Hilaire*,
Paris, 1847, 1 vol. in-8°, p. 76.)

2. Deux fois sur trois, Étienne-Geoffroy a donné à cet officier
dans sa correspondance le nom de Marescot, le confondant ainsi
avec un général de division du génie, premier inspecteur général
du corps, qui n'a point été en Égypte.

Manscourt est un des vingt-deux généraux de brigade qui figurent
dans les cadres de l'armée d'Orient. Il rentra en Europe après la
convention d'El Arich avec Dolomieu, dont il partagea dans une
large mesure les infortunes.

pour la nuit un petit réduit de six pieds cubiques : je le partage en deux étages ; j'occupe le supérieur qui consiste dans un hamac à l'angloise, un matelas, traversin, draps et couverture, et mon frère habite le rez-de-chaussée, c'est-à-dire qu'il se fait un lit à terre.

Le jour j'abandonne ma chambre à mon frère et je me retire dans la salle à manger ou dans le salon du capitaine de la frégate. Nous sommes en petit nombre ; il n'y a que les sept personnes qui mangent avec le capitaine qui ayent droit à la jouissance de ses appartemens : néanmoins mon frère m'y vient voir quelquefois, ou bien je le vais joindre.

Je n'ai rien à désirer du côté de la table : elle est toujours abondamment servie et de choses très délicates. Nous ne passons pas de jour sans manger de la pâtisserie ; à plus forte raison, avons-nous du pain frais. Vous savez, mon bon ami, que ce n'est point un penchant décidé pour les festins qui me porte à vous faire cette description : mon objet est de vous mettre parfaitement au courant de tout ce qui m'affecte et de ce dont je suis le témoin.

Le général Reynier est un jeune homme de vingt-sept ans, extrêmement réfléchi, d'une moralité douce, plein d'instruction dans beaucoup de genres[1]. Son adjudant général Julien[2] est tout aussi estimable, il a

1. Voy. la note 3 de la p. 27.
2. Les relations entre Geoffroy et Julien, commencées à bord de l'*Alceste*, se poursuivirent au cours de la campagne. C'est notamment à Geoffroy que Julien s'adressait en vendémiaire an VII pour présenter une note à l'Institut nouvellement fondé (*Déc. Égypt.* I, 64-65).

les formes plus militaires. Le général Reynier porte
un visage si rempli de douceur, qu'un jour au jardin
des Plantes il demanda si on voudroit accorder au
général Reynier l'entrée du Cabinet : le fils du por-
tier qui le conduisit vers le C. Lucas, le présenta
en disant : « Voici un jeune homme qui demande si le
général Reynier peut voir les Galeries, » mais bientôt
il fut reconnu pour ce qu'il étoit par Beurnonville,
alors dans les Galeries et traité avec la considération
qu'il mérite.

Le général d'artillerie Manscourt est un officier de
l'ancien régime, très attaché à la Révolution, fort
estimé de Bonaparte, qui vient de l'avancer ; il est
un peu âgé : il a tout l'esprit et les grâces aimables
de nos ci-devant officiers, mais il a de plus la soli-
dité et le jugement qui leur manquoient assez souvent.

Le quatrième convive est un commissaire des
guerres très estimé et fort doux. Il est parvenu à
emmener son épouse, femme fort peu jolie, mais
d'un caractère agréable.

Enfin le capitaine de frégate[1] qui nous traite est un
homme de beaucoup d'esprit, d'une gaîté singulière,
et qui a toujours à conter. Il a été employé dans la
marine depuis vingt ans ; il a beaucoup vu, mais il
ne se contente pas de ses observations, il sait les

1. Le capitaine de frégate Bassey. C'est cet officier qui fut chargé
de sonder les passes du Port Vieux d'Alexandrie et affirma que la
flotte pouvait entrer tout entière. Si Brueys s'était rendu à cet
avis, le désastre d'Aboukir était évité et l'expédition aurait eu
de tout autres résultats.

rendre encore plus intéressantes par quelques ornements.

Voilà, mon cher ami, ma société habituelle; puis-je éprouver quelqu'ennuy avec de pareils hommes? Ils me traitent avec infiniment de bonté : aussi je vous répète que je suis tout aussi à mon aise qu'au jardin des Plantes. Il ne manque à ma satisfaction que vous, mon cher Cuvier, mes autres amis et mes parens pour être complètement heureux. Veuillez me rappeler au souvenir de tous nos collègues du Muséum et de la Société philomatique et agréez les embrassemens d'un marin.

Votre ami sincère,

GEOFFROY.

(*Bibl. Institut.*)

XI

A GEOFFROY PÈRE, A ÉTAMPES

Malte, le 1er messidor an VI (mardi 19 juin 1798).

Mon cher Papa,

Enfin je commence à faire connaissance avec la ville de Malte, et au moment d'y jouir de quelques agréments, il faut penser à m'embarquer. Je vais profiter des loisirs et des commodités que j'ai, pour vous rendre compte de mes observations et pour vous mettre au courant des nouvelles de ce pays-ci.

Tout a bien changé de face en peu de temps[1].

Un peuple extraordinairement attaché à sa religion, les religieux qui le gouvernoient, qui possédoient d'immenses trésors, et qui commandoient dans la première place du monde, tous actuellement soumis à la république.

Voici comment s'est effectuée la descente.

La division du général Reynier distribuée sur tous les bâtiments de Marseille et sur l'*Alceste*, attaqua Goze, la moyenne des trois iles[2]. Les bâtiments n'étoient pas encore à la portée du canon que tous les militaires, à qui mieux mieux, remplirent les canots et allèrent à terre sous le feu des deux forts, et ayant en face une troupe de fusiliers.

Un seul coup de canon bien ajusté cassa un gouvernail; la fusillade, qui dura un demi quart d'heure presque à bout portant et sans que les nôtres pussent riposter, nous tua un sergent-major placé entre le général Reynier et mon frère, car il voulut, et arracha par importunité d'être du premier débarquement.

Nos soldats, à peine arrivés à la crête de la mon-

1. Voir sur la prise de Malte, *Notice sur l'ile de Malte* (*Courier de l'Égypte* n° 6 à 9, vendémiaire an VII, — *Correspondance secrète d'un chevalier de Malte sur les causes qui ont rendu les Français maîtres de cette ile et sur les événements arrivés à l'occasion du débarquement de Bonaparte dans le port de La Vallette*, Paris, 1802, 1 vol in-8°. — *Relation* (anonyme) *de la prise de Malte en* 1798, Grenoble, 1820, br. in-8°, et les ouvrages plus connus de Doublet, Lattil et de Meyer.

2. Reynier prit terre, en effet, à Redoum Kebir, marcha vers les forts et occupa tour à tour le château de Gozo, le fort Chambray et la tour de Formio.

tagne, ne rencontrèrent plus d'obstacles. Il y avoit deux forts considérables, le général Reynier d'un côté, mon frère de l'autre, s'en emparèrent sans coup férir.

Le commandant du fort et six autres chevaliers nous furent amenés le lendemain et dinèrent amicalement avec le général, mon frère et moi ; ils étoient tous françois et dans le nombre se trouvoient les deux Megrigny et leur neveu, habitans de Troyes, et connus du citoyen Barrey. Megrigny l'aîné[1] commandoit en chef. Mon frère fut chargé de faire le relevé des côtes de Goze. Je visitai l'île avec lui monté sur un grand âne noir, d'une taille et d'un volume si considérables que je doute qu'il appartienne à l'espèce de l'âne de France.

Voici quelques détails sur Goze et qui appartiennent également à Malte.

Les maisons n'y ont d'autre toiture qu'une terrasse plate faite en pierre. Le bois manquant, on a été forcé à cet expédient ; au contraire, la pierre est excessivement commune. Les deux iles sont d'immenses rochers ; aussi les plus chétives maisons de particuliers sont-elles faites en belles pierres de taille. Les maisons sont peu percées et sans corniches. Figurez-vous un mur assez élevé, quelques petites ouvertures ; c'est là toute la façade des bâtimens.

Au contraire, il y a à Malte nombre d'édifices remarquables, beaucoup de magnifiques églises.

_____

1. Le commandeur Mesgrigny.

Dans ce pays, on *forme* véritablement un territoire, et voici le procédé : une surface concédée, on cherche le filon de terre, on fouille toujours en coupant le rocher de manière à arriver à l'épuisement du filon. Les pierres sorties de l'excavation servent à former un cintre très solide par dessus cette excavation. Cette immense cave forme une citerne qui recevra toutes les eaux pluviales et qui les rendra pour les arrosements. Par dessus le rocher, on pique la roche pour retenir l'eau, on place d'abord la pierraille, puis un lit de fumier, puis un lit de poussière de pierre, encore un lit de fumier et enfin on étale la terre. Le rocher est taillé à plan incliné pour la conduite des eaux. Tous les huit ans on fume à fond, c'est-à-dire qu'on enlève toute la terre ; le fumier est étendu, on le recouvre de la terre enlevée.

Vous vous étonnerez sans doute de l'immensité de ce travail, mais tout ceci n'est rien en comparaison des travaux de la ville de Malte. A la vérité, la nature a beaucoup fait pour sa défense.

Le rocher a été coupé à des profondeurs et à des largeurs très considérables, les pierres qui en ont été retirées ont servi à bâtir les forts. Je regrette que mon frère ne puisse voir ces fortifications effrayantes ; il est encore à Goze, il n'arrivera que ce soir devant Malte et il ne pourra débarquer, le départ devant avoir lieu demain.

Les rues de Malte sont toutes larges, tirées au cordeau ; toutes ont des trottoirs, et, comme la ville est sur une pointe de roche, on monte toujours ou on descend. Les trottoirs sont en escaliers et pavés en belle pierre de taille. Le milieu de la rue est en gros cailloux inscrits dans un losange formé de grandes pierres blanches. Chaque maison est fournie de deux ou trois grands balcons où les femmes viennent respirer l'air frais. Toute la ville offre une magnificence de bâtiments dont rien n'approche, sans excepter Paris, car, dans cette dernière, une bicoque fait souvent le pendant d'un édifice; à Malte, toutes les maisons sont également bâties en pierres de taille. Les édifices publics ne se distinguent que par un peu plus de hauteur, de largeur et quelques colonnes. Mais tous ces travaux ne sont encore rien en comparaison de ceux qu'on a pratiqués sous terre. Chaque maison a sa citerne où l'eau se conserve très pure; mais, de plus, il y a quatre grandes citernes principales alimentées par une source abondante. Par des canaux souterrains, on a fait communiquer toutes les citernes des particuliers aux citernes publiques. Si quelqu'un vient à manquer d'eau, on s'adresse au magistrat, qui remplit la citerne du particulier au moyen d'une rétribution. Le produit de cette recette suffit à l'entretien des canaux. Il y a encore d'autres canaux, la plupart creusés dans le roc, tous placés parallèlement aux premiers, et qui sont employés à conduire les matières fécales à la mer. Ils reçoivent des premiers canaux un petit filet d'eau qui nettoie les seconds. Par ce moyen, la ville est toujours entretenue avec beaucoup de propreté. Une multitude de fontaines publiques, décorées d'ornements, sont répandues dans presque toutes les rues; chacune a un petit jet d'eau pour désaltérer les passants.

L'argenterie des églises fournira 900 000 francs.

Les édifices publics sont estimés 200 000 000 de francs. Les deux îles renfermoient 12 000 canons: plusieurs vaisseaux maltais nous suivront en Égypte[1].

. . . .

Quoi qu'en dise Saint-Hilaire, mon cher papa, je suis arrivé hier soir ici. Il est vrai que je n'y ai rien vu et que je n'y verrai rien, mais j'aurai au moins le plaisir de faire marcher la poste pour vous donner de nos nouvelles. Comme nous sommes près de partir, je finis la lettre en vous disant que nous nous portons parfaitement bien, que j'ai déjà la figure d'un maure, et que si cela continue, bientôt j'aurai la mine d'un Africain d'Afrique. Quant à Saint-Hilaire, sa figure n'est nullement changée. Les climats ne lui font rien du tout, et il reviendra à Paris tel qu'il est parti.

Nous mangeons des figues, nous buvons de la limonade, nous portons des éventails, nous nous habillons en carmagnoles, nous sommes presque toujours nus, et par ce moyen nous supportons bien la chaleur.

Je vous préviens que mon journal se fait ponctuellement, il sera très curieux; je vous réserve cet envoi quand nous serons arrivés sous les murs de Memphis. Mes réflexions sur l'ancienne, la nouvelle

1. Étienne Geoffroy cesse ici d'écrire et son frère Marc-Antoine prend la plume à sa place.

et la future Égypte couronneront le premier tome de mes voyages. Vous voyez que je me donne bien de l'importance, et peut-être y en aura-t-il moins que je ne le dis, mais je me fie à ce proverbe : « A beau mentir qui vient de loin » et je me crois déjà assez éloigné pour acquérir le titre de narrateur et parfois d'exagéré menteur.

Enfin vous verrez et vous discernerez la vérité d'avec ce que mon imagination ou mon enthousiasme aura mêlé de faux éclat.

Adieu, mon cher papa et ma chère maman, embrassez bien pour nous toute la famille, et dites que nous sommes heureux et contents. Les chaleurs ne nous ont nullement incommodés.

Votre fils très soumis,

GEOFFROY.

(Arch. famille Geoffroy Saint-Hilaire.)

XII

A REDOUTÉ JEUNE, PEINTRE D'HISTOIRE NATURELLE [1]

De Rosette, le 7 thermidor an VI (mercredi 25 juillet 1798).

Nous nous occupons, cher concitoyen, à Rosette de l'objet de notre mission [2]. Le général Menou, qui y

1. Maison du consul anglais à Alexandrie.

2. La commission des sciences et arts avait débarqué le 16 messidor (4 juillet), c'est-à-dire le surlendemain de la prise d'Alexandrie, et une partie des membres, parmi lesquels se trouvait Geoffroy,

commande en chef[1], s'intéresse beaucoup à nos
succès. Il veut que tous les oiseaux non encore dessinés soient peints pour l'ouvrage projeté par le gouvernement. Il a su, par une toute autre voie que celle
de vos camarades, que vous étiez destiné à peindre
les grandes choses de la nature, et il m'a, hier, lorsque
j'ai été lui porter un paquet de lettres à l'adresse de
notre ami Dutertre, témoigné sa surprise de ce que
vous n'ayez point accompagné ici les naturalistes
pour vous employer avec eux. A votre défaut, il a
affecté un peintre, qui l'accompagne sans cesse, pour
les travaux de zoologie.

J'ai cru devoir, mon cher camarade, vous donner
cet avis. Vous vous déciderez d'après ce que vous
jugerez le plus convenable à vos intérêts et à
vos goûts. L'observation du général Menou a été faite
sans humeur, vous êtes conséquemment le maitre de
votre conduite.

Nous sommes pour la vie beaucoup mieux qu'à
Alexandrie. Nous sommes établis, vingt personnes de
la commission des sciences, dans une maison. Nous
y vivons tous en commun, à peu de frais et avec nos
rations. Notre service est fait par trois esclaves maltais et un Français, que plusieurs d'entre nous ont

avaient peu après gagné Rosette, 20-22 messidor (8-10 juillet) ou
le général Dugua les avait devancés.

1. Menou commandait la quatrième division de l'armée qui
débarqua la première à l'Anse du Marabout. A peine rétabli d'une
blessure reçue sur la brèche d'Alexandrie, il s'était rendu, non sans
péril, vers les derniers jours de messidor à Rosette, qu'occupait
avec 200 hommes le commandant Saint-Faust, un des lieutenants
de Dugua.

attachés à leurs personnes. Je vous promets de plus abondance de lait, de raisin et de gibier.

Si vous vous décidez à venir nous joindre, faites tous vos efforts pour apporter notre esprit-de-vin et notre poudre à giboyer ; nous ne pouvons rien tenter à l'égard des quadrupèdes, ovipares et poissons, sans ce secours.

J'ai rencontré ici un naturaliste qui m'a informé qu'on trouvoit beaucoup de gerboises et de rats fauves aux environs d'Alexandrie. Priez le citoyen Dolomieu[1], en lui présentant mes hommages, de me les mettre à part, si lui ou ses compagnons de route venoient à en rencontrer dans leur course ; priez de plus le naturaliste demeurant chez le consul vénitien de se mettre en chasse pour me procurer ces espèces. Il m'obligera, s'il en trouve, de les conserver dans de l'eau-de-vie et de me les adresser ici, maison de M. Varsy, négociant français[2].

Adieu, je vous salue de tout mon cœur.

GEOFFROY SAINT-HILAIRE.

(*Arch. famille Geoffroy Saint-Hilaire.*)

1. D.-G.-S.-T. de Gratet de Dolomieu, né à Dolomieu, près La Tour du Pin, le 24 juin 1750, l'un des fondateurs de la géologie, membre de l'Institut d'Égypte, et plus tard professeur au Muséum de Paris et membre de l'Institut.

2. Varsy est ce négociant français de Rosette, qui servit d'intermédiaire entre les habitants et le général Dugua pour la reddition de la ville. Lorsque Dugua, parti d'Alexandrie le 17 messidor (5 juillet) se présenta devant Rosette, ce fut Varsy qui lui en remit les clefs.

XIII

A MARC-ANTOINE GEOFFROY [1]

[Thermidor an VI (août 1798).]

. . . . Brueys avoit pleine sécurité [2]. C'est à la faute de cet amiral que nous devons notre défaite. Il étoit difficile de se plus mal embosser. La rade d'Aboukir est à peu près comme dans le plan que je te vais grossièrement tracer.

Les vaisseaux étoient embossés à près de trois lieues de terre ; or il est démontré que, quoique la pente du rivage soit très douce, l'amiral pouvoit se rapprocher des côtes d'une lieue. Il n'avoit songé qu'à se tenir derrière l'ile afin de s'en abriter contre le vent ; imaginant que, du côté du fort, il n'y avoit pas à présumer que les Anglois songeassent à attaquer, l'amiral y avoit mis son vaisseau le plus mauvais et le plus mal armé. Il s'étoit placé au centre de la ligne courbe, de manière à battre des deux côtés l'ennemi. C'est la seule disposition militaire de l'embossage.

1. Il manque le premier feuillet (2 pages) de cette lettre, écrite de Rosette à Marc-Antoine Geoffroy.

2. On comparera ce récit avec ceux de Poussielgue et de Ganteaume, qui portent les n°s XXX à XXXII du livre intitulé *Correspondance de l'armée française en Égypte, interceptée par l'escadre de Nelson, publiée à Londres, avec une introduction et des notes de la chancellerie anglaise,* traduite en français, suivie d'observations par E.-T. Simon avec une carte de la Basse-Égypte, pour l'intelligence de cette correspondance, Paris, an VII, in-8°. — Voy. aussi E. de Villiers du Terrage, *op. cit.,* p. 58-62.

D'ailleurs tous les vaisseaux étoient très écartés parce qu'il vouloit remplir toute la rade [1].

Les Anglois ont échoué deux de leurs bâtiments sur la côte, proche le *Conquérant* et ayant cette balise [2], ils ont passé, au grand étonnement de l'amiral, entre leurs vaisseaux et le *Conquérant*, tandis que d'autres de leurs bâtiments restoient en deçà, et ils battirent par cette manœuvre le *Conquérant* à babord et à tribord et tous nos autres bâtiments l'un après l'autre. Ils n'employèrent pendant plusieurs heures que quatre vaisseaux qui réunissoient leurs feux sur un seul. Vers les neuf heures, nous aperçûmes une flamme très vive et très étendue, trois quarts d'heure après le bâtiment qui brûlait vint à sauter. Son explosion, que l'on entendit d'au moins six lieues, nous parut semblable au bruit d'un canon de 18 qu'on auroit tiré sous nos yeux.

Ce qui décida notre perte, c'est que ce bâtiment sauté étoit l'*Orient* où le feu s'étoit mis par accident. Soixante hommes s'échappèrent dont fut Gantheaume ; les autres sautèrent avec l'*Orient*, et parmi ces derniers, un aspirant n'eut d'autre accident que sa jambe droite cassée. Tous nos vaisseaux, au moment de l'explosion, coupèrent leurs câbles de crainte des éclaboussures de l'*Orient*. Aucun ne s'étoit préparé à appareiller. Le vent étoit fort et le courant qui le secondoit jeta plusieurs de nos bâtiments à la côte.

---

1. Ils étaient espacés de quatre cents toises.
2. C'est le *Culloden* (C du plan) qui s'échoua involontairement et servit de balise aux autres navires anglais.

Dès lors, le tumulte régna dans notre armée navale ; chaque vaisseau fut réduit à sa propre force ; le combat cessa pendant trois quarts d'heure jusqu'à ce que les Anglois ayant observé la situation des nôtres, revinrent les attaquer. Le feu dura jusqu'à cinq heures du matin, il cessa pour reprendre à sept heures, mais il fut bien moins vif ; j'imagine que ce repos fut

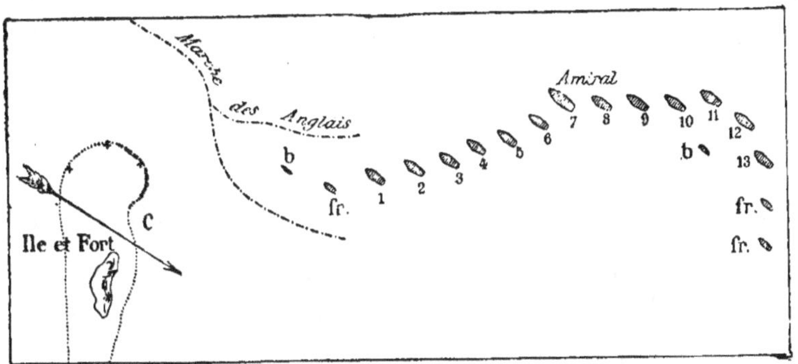

Plan de l'embossage de la flotte de Brueys.

bb. galiotes à bombes *fr. fr. fr.* frégates : l'*Arthémise*, à g.: la *Diane* et la *Justice*, à dr. — Vaisseaux de ligne : 1, *Conquérant*; 2. *Guerrier*; Spartiate; 4, *Aquilon*; 5, *Peuple Souverain*: 6, *Franklin*: 7, *Océan* amiral); 8, *Tonnant*; 9, *Heureux*; 10, *Mercure*; 11, *Guillaume Tell*; 12, *Gé-néreux*; 13, *Timoléon*.

causé par la reddition de quelques-uns de nos bâti-ments. Enfin le feu continua jusqu'à onze heures et demie, que le combat fut terminé. Je ne com-prends pas pourquoi les bâtiments fuyards ne parti-rent qu'à quatre heures du soir.

Ces bâtiments, les seuls qui nous restent, sont le *Guillaume Tell* et le *Genéreux*[1], les derniers en ligne

1. Le *Guillaume Tell*, vaisseau de 80 canons, capitaine Saunier ; le *Généreux* de 74, capitaine Lejoille. (Cf. *Histoire scientifique et militaire de l'expédition française en Égypte*, etc., t. VII, p. 355-356. Paris 1834, in-8°.)

et les moins maltraités, et les deux frégates la *Diane*
et la *Justice*[1]. Les Anglois n'ont fait aucune tentative
pour les poursuivre.

J'oublie de te dire que le deuxième jour du combat,
à sept heures du matin, l'*Arthémise* sauta sans
répandre auparavant de flammes et de fumée. On dit
qu'à l'arrivée des Anglois, tous les équipages des frégates furent placés sur les vaisseaux de ligne. Un
vaisseau anglois brûloit, il se retira de la ligne, mais
chemin faisant le capitaine de ce bâtiment voulut
s'emparer de l'*Arthémise*. Il n'y avoit que quinze
hommes à bord ; ils descendirent dans leur chaloupe
et firent sauter leur frégate. Quant au vaisseau anglois
qui brûloit, il réussit à éteindre son feu.

Les Anglois nous traitent actuellement en vainqueurs superbes ; ils font quelques mauvaises plaisanteries, et il faut malheureusement avouer qu'ils en
ont quelque sujet. Leurs bâtiments ne sont nullement
maltraités ; plusieurs ont eu leurs mâts cassés, mais

1. La *Diane*, frégate de 40 canons, capitaine Soleil ; la *Justice*,
frégate de 40 canons, capitaine Villeneuve. Il restait cinq autres
frégates dans le Port Vieux d'Alexandrie et tout le convoi. (Cf.
Norry, *Relation de l'expédition d'Égypte suivie de la Description
de plusieurs des monumens de cette contrée et ornée de figures*.
Paris, an VII de la République, in-8°). Les frégates sauvées étaient
la *Muiron* et la *Carrère*, conduites par Ganteaume et Dumanoir
qui devaient, le 23 août 1799, ramener Bonaparte en France, l'*Alceste*, la *Courageuse* et la *Junon* dont on devait composer la
division du contre-amiral Perrée, qui après avoir croisé sur la côte
de Syrie, vint se faire prendre à vingt lieues au sud de Toulon,
par lord Keith, le 18 juin 1799. D'après un accord entre l'amiral
anglais et le consul Belville, Perrée et les 1200 hommes faits
prisonniers avec lui furent conduits à Toulon, après avoir juré
de ne pas servir avant qu'ils aient été échangés. (*Courier de l'Égypte*,
9 brumaire an VIII, n° 42.)

ce dommage a été bientôt réparé, tandis que tous nos vaisseaux sont criblés de boulets, ce qui se juge maintenant par le nombre des pièces qui bouchent les trous.

Le *Conquérant* et le *Mercure* ont été coulés bas et le *Guerrier*[1] a été si maléficié que les Anglois, après en avoir pris les agrès, l'ont brûlé il y a quelques jours. Un jeune aspirant de ce bord s'est battu avec tant de vaillance que les ennemis l'ont eux-mêmes renvoyé avec une lettre honorable.

Quant aux personnes remarquables de nos équipages, on sait que l'amiral Brueys a été tué[2], et à ses côtés l'ordonnateur général Joubert et le capitaine de l'*Orient*, Casabianca[3]. Duchelas a le nez emporté[4], on

1. Le *Conquérant*, vaisseau de 74, capitaine Dalbrade, le *Mercure* vaisseau de 74, capitaine Lalande; le *Guerrier*, vaisseau de 74, capitaine Trullet aîné.

2. « L'amiral Brueys est mort, dit le *Courier de l'Égypte* du 16 fructidor an VI (n° 2), d'une manière touchante et qui fait oublier dans le cœur de tous les marins les fautes graves qu'il a commises. Il n'y a aucune espèce de doute que si nous nous étions battus à la voile, nous n'eussions eu la victoire. Au commencement du combat l'amiral Brueys fut blessé à la main, une heure après il fut blessé à la tête; en vain on voulut l'engager à descendre au poste, il continua toujours à donner ses ordres. Le boulet de canon dont il est mort quelques minutes après en avoir été frappé, ne lui a donné que le temps de serrer la main du contre-amiral Ganteaume. Ayant entendu l'ordre que celui-ci donnait pour le conduire au poste, il eut encore le temps de lui dire : *Non, un amiral français doit mourir sur son banc de quart.* Cela a été son dernier sentiment et son dernier mot. »

3. « Casabianca, capitaine de l'*Orient* avait été blessé dangereusement à la cuisse, » dit le même *Courier de l'Égypte*. Transporté dans le poste, il y périt dans les flammes avec son jeune fils de neuf ans, qui ne voulut pas se séparer de lui.

4. Le *Franklin*, entouré de cinq navires ennemis, ne s'était rendu qu'après une des plus belles défenses dont s'honore la

ne sait rien de positif à l'égard de Decresse[1]. Pour Dupetitoir[2], commandant le *Tonnant*, il est mort en héros. Un boulet lui a enlevé les deux jambes, il a refusé du secours, s'est fait asseoir sur le banc de quart et a commandé la manœuvre jusqu'à extinction. Pendant plus de la moitié du combat les Anglois n'ont pu tenir par le travers du *Tonnant*.

A tous ces malheurs il faut ajouter la perte de l'artillerie de siège qui n'avoit pas été débarquée, celle de 1 200 000 cartouches, du fer, des munitions de tous genres et enfin de 40 000 rations que Rosette avait fournies[3].

C'en est assez de ce récit déplorable.

Je finis en t'embrassant bien tendrement, en t'engageant à présenter mes respectueux hommages au général Reynier, et tous mes sentiments tendres et affectueux à tous nos camarades de l'*Alceste* ; je re-

marine française. Atteint d'un coup de feu qui lui avait horriblement fracturé la cloison nasale, Blanquet demande, en reprenant connaissance, pourquoi on ne tire plus. Sur la réponse qu'il ne restait plus qu'un canon en état : « Tirez toujours, cria-t-il, le dernier coup est peut-être celui qui nous rendra victorieux. » (Michaud, v° *Blanquet du Cheyla*.)

1. Decrès, qui commandait la division légère, avait échappé au désastre, avec Villeneuve. Il se défendit bravement dans Malte. Il a été plus tard ministre de la marine.

2. « Dupetithouars, commandant le *Tonnant*, a eu les deux cuisses emportées par un boulet; il est resté assis sur son banc de quart, un autre boulet est venu lui enlever un bras; il a demandé une pipe, et après avoir fumé quelques minutes, son âme s'est exhalée en criant : « *Équipage du* Tonnant, *ne vous rendez jamais.* » Ce vaisseau est resté 36 heures faisant feu contre toute l'escadre anglaise. » (*Courier de l'Égypte* du 16 fructidor an VI.)

3. Les pertes en hommes, dont l'auteur ne parle pas, s'élevèrent suivant le *Courier de l'Égypte*, à 600 hommes tués ou noyés, et 800 blessés, dont 150 seulement grièvement (n° du 24 fructidor an VI).

garde comme une famille en Égypte les hommes avec lesquels j'ai eu le bonheur de faire la traversée.

(Non signée.)

(Arch. famille Geoffroy Saint-Hilaire.)

XIV

A GEOFFROY PÈRE, A ÉTAMPES

Boulak à un quart de lieue du Caire. Le 24 thermidor an VI
(Samedi 11 Août 1798).

Mon cher papa,

Je suis arrivé hier soir au Caire. Je comptois y embrasser mon frère, il en est parti il y a quatre jours pour aller avec l'armée au devant d'une riche caravane qui arrive de La Mecque, et qu'on veut escorter, de crainte qu'elle soit pillée par les Arabes ou par les mameloucks fuyards[1]. Mon frère doit être de retour dans quatre ou cinq jours.

On dispose tout pour la formation de l'Institut national du Caire; deux vastes maisons contiguës seront employées au service auquel le Louvre est

1. C'était la division Reynier dont faisait partie Marc-Antoine, qui était chargée de chasser Ibrahim de la province de Charkieh et de sauver la caravane de Constantinople revenant de la Mecque. Celle-ci avait été déjà pillée à Carin par les Arabes auxquels elle s'était confiée par crainte des Français. Desvernois en reprit une partie, qui fut rendue intacte aux marchands, on en retrouva une autre dans les maisons du village. (Cf. *Mémoires du général baron Duvernois*. publiés par A. Dufourcq. Paris, 1898. p. 130 et n. 1. etc.)

affecté à Paris. On décore la salle d'assemblée, on dispose nos logements, dans peu nous serons parfaitement organisés.

La ville du Caire est immense, il est impossible, surtout à cause de la chaleur, d'y faire une course, qu'on ne soit grimpé sur un âne. Il est plaisant de voir tous les François de tout grade se rencontrer sur cette monture.

Les François sont solidement établis en Égypte; une prophétie, écrite dit-on dans un livre sacré, porte que dans l'hégire 1305, des chrétiens viendront s'emparer de l'Égypte et puniront le gouvernement de son impiété envers la divinité. Tous les Turcs croient que nous sommes envoyés par Dieu et nous respectent pour cet objet, au surplus ce sont des hommes fort indifférents, peu leur importe qui les gouverne.

Les femmes sont beaucoup plus craintives. Elles ne cessent de pleurer et de crier qu'on veut les forcer de changer de religion. Cependant elles commencent à s'apprivoiser et à oser regarder de leurs jalousies un François qui passe dans la rue.

Les mameloucks ont dit de l'armée françoise qui marchoit en carré bien serré, que tous les François étoient liés les uns avec les autres, et qu'ils marchoient comme les pyramides.

Moran-bey[1] qui a fui vers le sud et qui se trouve enfermé entre l'armée françoise au-dessous du fleuve,

1. C'est Mourad-Bey l'un des chefs des mamelucks que Geoffroy nomme ainsi Moran-Bey.

et trois beys, ses ennemis, réfugiés au-dessus, dans la haute Égypte, demande à composer avec Bonaparte ; il lui a écrit : « Ton armée est la première de l'Univers, et la mienne la seconde ; accordons-nous et marchons contre le grand Turc. »

Bonaparte lui a répondu qu'il n'avoit aucun besoin de ses mameloucks, lui a demandé tous les chevaux qu'il a emmenés, et surtout lui a défendu de lui envoyer à l'avenir le consul impérial Rosetti, homme connu par sa haine contre les François.

Ibrahim-bey dont la troupe n'a pas donné s'est retiré vers Suez. Il se tient à six lieues du Caire, attendant une armée du Grand-Seigneur. On lui va donner la chasse. Sa femme s'est distinguée par sa générosité envers les négociants françois résidents au Caire[1]. Les mameloucks les avoient enfermés. Elle a voulu, et a enfin obtenu, qu'ils seroient retenus dans sa maison, et de temps en temps elle les envoyoit rassurer sur leur sort, et leur faisoit parvenir des vivres de sa table.

« Vainqueurs ou vaincus, j'aimerai, disait-elle, j'aimerai toujours les François, et leur accorderai secours. »

1. La femme de Mourad, dit Norry, « avoit pris sous sa garde vingt-sept François qu'on avoit arrêtés au Caire à la nouvelle de l'invasion ; elle les avoit placés dans sa maison : au moment qu'elle partit pour se réunir à son époux, elle leur laissa des vivres et des armes, leur recommandant d'être en garde même contre ses propres domestiques. Cette femme vertueuse et humaine partit avec son mari. Il n'arriva rien aux vingt-sept François, qui sortirent après le succès de la bataille. » (Ch. Norry. *Relation de l'expédition d'Égypte, suivie de la Description de plusieurs des monumens de cette contrée et ornée de figures*. Paris, an VII, in-8°, p. 9.)

Bonaparte a fait publier qu'elle étoit, à son tour, sous la protection de la République françoise[1], mais elle a fui avec son époux.

Adieu, mon cher papa; je vous écris tous les huit jours[2], certain que vous ne recevrez pas un dixième de mes lettres. Je souhaite que quelqu'une vous parvienne pour vous rendre tous mes sentiments tendres et affectueux.

Mille et tendres embrassements à toute la famille.

GEOFFROY.

Le respect filial est ici au plus haut degré. J'ai été témoin que les enfants refusent de s'asseoir et de manger devant leur père.

(*Arch. famille Geoffroy Saint-Hilaire.*)

1. Le général en chef lui conservait en même temps son palais et ses biens. Cette femme, dont la vertu était célèbre dans toute l'Égypte s'appelait Sitteh-Fattymeh. C'était la veuve d'Aly-Bey. Elle contribua plus tard à amener Mourad à signer un traité d'alliance avec Kléber.

2. Il écrit en outre ses lettres en plusieurs exemplaires, à cause de la croisière. Cette lettre-ci est arrivée en double expédition à Étampes.

XV

AU CITOYEN JUSSIEU, DIRECTEUR DU MUSÉUM
D'HISTOIRE NATURELLE

Le Caire, 25 thermidor an VI (Dimanche 12 août 1798).

Cher directeur,

Veuillez recevoir les témoignages de dévouement et d'affection d'un de vos collègues placé à une distance immense de vous, et faire agréer les mêmes sentiments à l'assemblée des professeurs du Muséum. Je ne cesse de regretter leur agréable société ; néanmoins, la maladie du pays, cette soif de me réunir à vous, ne prennent pas sur mon caractère et mon tempérament, autant que cela arrive pour beaucoup d'autres de mes camarades.

Rien de ce que j'ai vu et souffert ne m'a étonné ; je m'y étois fort bien attendu avant de quitter Paris. Mais cependant combien sont obligés de décompter tous ceux qui ont cru trouver ici les délices de la capitale de la France ! Ils ne cessent de jurer après Savary[1], pour avoir peint l'Égypte comme un pa-

---

1. Il est ici question du livre de Savary intitulé *Lettres sur l'Égypte*, etc., dont j'ai sous les yeux une seconde édition en 3 vol. in-8° datée de 1785-86.

L'éditeur anglais de la *Correspondance de l'armée française en Égypte interceptée par Nelson* donnait à croire dans sa *Préface* que ce voyage était « le seul *vade mecum*, tant des savans que des chefs de l'expédition » et « qu'ils accordent aux récits de Savary une confiance sans bornes... » Le pamphlétaire E.-T. Simon qui a publié une traduction française de la même correspondance s'est alors amusé

radis enchanteur; ils trouvent Volney[1] véridique en tout; ils ont raison à cet égard[2].

La commission des sciences est restée un mois à Rosette, jusqu'à ce que l'Égypte fût entièrement soumise. Je m'y suis occupé utilement pour la partie dont je suis chargé. J'avois le bonheur d'être encouragé et protégé par le général Menou qui commandoit dans la province de Rosette[3]; il m'a donné une escorte pour m'enfoncer dans le Delta et y chasser avec sûreté. J'ai trouvé nombre d'oiseaux intéressants; les observer vivants, les décrire zoologiquement et anatomiquement, les faire préparer en peau et en squelette, ont été les soins dont je me suis occupé dans le port le plus agréable de l'Égypte.

J'ai fait beaucoup d'observations neuves, je les rédigerai pour l'Institut du Caire et je vous les ferai parvenir, si les Anglois le permettent.

Je me nourris toujours, citoyen directeur, de l'idée, pour moi enchanteresse, que je ne suis pas oublié de mes chers collègues; qu'ils veulent bien ne pas me traiter en absent, et que quelquefois on souhaite de

à faire dire à Guillaume III s'adressant à master Wright Jones : « Persuadez aux sableurs de porter que le livre de Savary, qui mourut de chagrin, lorsque ses compatriotes l'eurent élevé parmi les romans, a été dans l'expédition d'Égypte le seul guide de l'armée et surtout que les Français préfèrent sa carte à celle de D'Anville. » (P. 19 et 63, Paris, an VII, in-8°.)

1. Volney. *Voyage en Syrie et en Égypte pendant les années* 1783, 1784 et 1785. Paris 1787, 2 vol. in-8", Carte et pl.

2. Cf. *Courier de l'Égypte* du 3 thermidor an VII (n° 33, p. 3).

3. Geoffroy se loue constamment de Menou, que Reynier considère comme contrariant plutôt les recherches des membres de l'Institut et de la Commission des arts; il « affectait toujours d'en parler avec intérêt, dit-il, mais il ne se déterminait à rien. » (P. 140.)

mes nouvelles. Je vous en fais passer aussi souvent que j'en trouve les moyens.

Je vous demande en grâce, mon estimable collègue, de me confirmer dans cette opinion. Le jour où je recevrai une lettre de vous qui m'apprenne comment vont les affaires au Muséum, comment se portent mes collègues ; le jour où seulement je saurai de vos nouvelles indirectement, sera le plus beau de tous ceux que j'aurai passés en Égypte.

Mon éloignement, à mesure qu'il est devenu plus grand, m'a fait sentir et apprécier davantage toute la force, toute l'étendue de mes sentiments pour ma famille et mes collègues. Voilà ceux que je désire revoir incessamment et qui rendront mon séjour en Égypte, s'il dure longtemps, insupportable. C'est pour acquérir davantage dans leur estime, que j'ai entrepris un voyage semé de difficultés et de dangers, heureux si j'obtiens ce qui fait si ardemment l'objet de mon ambition, leur amitié et leur estime.

Agréez, citoyen collègue, et veuillez présenter à l'assemblée des professeurs, l'assurance de mon respect et de mon inviolable dévouement.

GEOFFROY.

P.-S. Les botanistes sont ici fort malheureux sous le rapport de la science : l'Égypte leur a fourni à peine vingt espèces différentes. De plus, ils ont perdu tout le papier qu'ils avoient embarqué. Mon esprit-de-vin et ma poudre à giboyer ont également été perdus. Ces effets étoient sur le transport le *Patriote,* échoué dans le port d'Alexandrie ; sur le même bâtiment étoient les effets des aérostiers.

L'arbre le plus étonnant que nous ayons vu est le figuier sicomore. Un seul de ces arbres suffit pour ombrager plusieurs huttes de paysans et les bœufs qui élèvent l'eau pour l'arrosement des rizières par le moyen de roues à chapelet.

Toutes les personnes de la commission des sciences que vous pouvez connaître ou qui sont connues de vos amis sont bien portants.

Je pleure une perte à laquelle je suis bien sensible, c'est celle d'un jeune parent du citoyen Lacépède. Il a été surpris dans le désert par un parti de Bédouins, lorsqu'il alloit porter des ordres d'une division à une autre.

Il y a un mois que ce funeste événement est arrivé.

Si ce jeune homme n'a pas été alors conduit au Caire, il est à présumer qu'il n'est que réduit à la condition d'esclave[1].

(Arch. famille Geoffroy Saint-Hilaire.)

1. « Durant la marche du 18 (juillet) l'adjudant De Nanots, neveu du savant Lacépède, tomba entre les mains des Arabes et fut emmené dans leur camp. Le général en chef envoya aussitôt au chef de la tribu un messager avec cent piastres pour le rachat du jeune homme. Mais le partage de cette somme excita bientôt une vive querelle entre ceux qui prétendaient y avoir droit ; ils allaient en venir aux mains, quand le chef, pour terminer la dispute, tira un pistolet de sa ceinture, fit sauter le crâne du malheureux officier et rendit les cent piastres au messager, pour les reporter au général en chef. » (*Mémoires du général baron Desvernois* publiés par Albert Dufourcq. Paris 1898, p. 121.)

XVI

A REDOUTÉ JEUNE

Du Caire, le 7 fructidor an VI (Vendredi 24 août 1798).

Mon cher Redouté,

Je ne sais vraiment quel attrait enchanteur vous retient à Alexandrie; combien de plaisirs champêtres et délicieux vous n'avez pas connus et que vous auriez pu partager avec nous à Rosette !

Il y a déjà dix jours[1] que je me suis transporté au Caire où notre sort s'est encore amélioré. Logements magnifiques ; jardins immenses et merveilleusement dessinés ; eaux abondantes et coulant de tous côtés avec un doux murmure ; une multitude d'arbres d'espèces différentes sous lesquels on trouve un ombrage voluptueux ; la société de tous les généraux et particulièrement celle du général en chef; voilà ce qu'avec beaucoup trop d'opiniâtreté vous refusez, vous et tous vos camarades, par votre séjour prolongé à Alexandrie.

Je vous engage d'autant plus à nous joindre, mon bon ami, qu'un fauteuil académique vous tend ici les bras.

Le Caire est une immense ville. Le quartier Saint-Honoré est tout à un des bouts, le faubourg Saint-Victor est aussi au côté opposé. Mais dans ce fau-

---

1. Plus exactement, quatorze jours, c'est le 10 août que Geoffroy est arrivé au Caire. (V. plus haut Lettre n° XIV.)

bourg se trouvent quatre palais de beys contigus et quatre immenses jardins. Tel est le local qui nous fut destiné.

Tous les Français, comme vous vous en doutez, habitent auprès du général dans le quartier Saint-Honoré, mais ils sont obligés de nous venir visiter pour avoir part à nos promenades et à nos délices. Car c'est dans cet endroit seul qu'on trouve véritablement des Champs-Élysées.

Le général en chef a nommé pour l'organisation de l'Institut[1] les citoyens Monge, Berthollet, Caffarelli, Andréossi, Desgenettes, Costaz et moi.

Il est complètement organisé. Le président est Monge, le secrétaire Fourier, et nous travaillons activement.

Les uns s'ingénient pour faire de la bière sans houblon ; les autres pour avoir des moyens simples de clarifier les eaux du Nil ; ceux-ci s'occupent de la construction des fours ; ceux-là de la législation du pays, des roues mues par le vent pour l'élévation des eaux, etc., etc.

Voici les noms des membres[2] :

1re section. — *Mathématiques.* — Andréossi, Bonaparte, Costaz, Fourier, Girard, Leroy, Malus, officier du génie, Monge,

1. L'arrêté créant l'Institut égyptien est du 3 fructidor an VI (20 août 1798). Il ordonne qu'il sera établi au Kaire un Institut pour les Sciences et les Arts. « Cet établissement doit principalement s'occuper : 1° du progrès et de la propagation des lumières en Égypte. 2° De la recherche, de l'étude et de la publication des faits naturels, industriels et historiques de l'Égypte. »

2. Cette liste provisoire a été considérablement modifiée dans la

Nouet, astronome, Peyre, ingénieur géographe, Quénot, astronome, Say, officier du génie.

2ᵉ section. — *Physique.* — Berthollet, Champy, Conté, Delille, Descotils, Desgenettes, Dolomieu, Dubois, Geoffroy, Savigny.

3ᵉ section. — *Littérature et arts.* — Denon, Dutertre, Norry, Parceval, Redouté, Rigel, Rigo, Venture, un prêtre grec[1].

4ᵉ section. — *Économie politique.* — Caffarelli, Gloutier, Poussielgue, Tallien, Sucy, Zullkousky.

Envoyez-nous les quinze membres qui sont à Alexandrie, de manière que nous parvenions à nous compléter. Si vous tardez, vous ne trouverez plus de meubles; les premiers arrivés se partagent les dépouilles des pauvres beys. Vos logements vous sont déjà désignés.

Une chose manque ici et c'est un point que je recommande fort à votre amitié, ce sont les domestiques français. Le désastre de la flotte a réduit à l'inaction beaucoup de marins[2], voyez, mon bon

suite, par la mort de Caffarelli, tué à Saint-Jean d'Acre, remplacé par le géomètre Corancey, d'Horace Say, remplacé par l'ingénieur Lancret, de Venture remplacé par Ripault, antiquaire, de Sucy remplacé par Fauvelet-Bourienne, de Zulkowsky, de Peyre. A Dubois qui s'était retiré succéda Larrey, puis ce furent les nominations de Beauchamp, de Boudet pharmacien en chef, du général Dugua, de Jacotin, directeur des ingénieurs géographes, du général Reynier et de Protain, tué à côté de Kléber par Soleyman el Halepi. (Cf. *Annuaire de l'an IX* au Kaire, Impr. Nat. in-4°, p. 39-40.)

1. Don Raphaël, premier interprète près le Divan d'Égypte.

2. « La ville (d'Alexandrie), dit le *Courier d'Égypte* du 12 fructidor an VI (n° 1), est encombrée de matelots et d'équipages de nos vaisseaux provenant de l'escadre. » Convaincu que les Français étaient à court de vivres et de ressources de toute nature, Nelson avait cru embarrasser beaucoup Kléber et Gantheaume en leur rendant ses prisonniers d'Aboukir et du 17 thermidor au 5 fructidor 3500 marins, dont 800 blessés,

ami, à me choisir un homme intelligent qui sache panser un cheval (car j'en ai un joli au possible) et qui puisse aussi faire la cuisine. Passez cependant un peu sur ce dernier article en appuyant principalement sur la probité et l'intelligence. J'ai, en fait de cuisine, des ressources par devers moi.

J'ai une lettre de France pour vous; je la crois du citoyen Guérin, de Marseille, et sans l'avoir décachetée, j'en connois le contenu. J'en ai reçu une pareille par la même occasion, elle est insignifiante. Cependant comme elle pourroit vous intéresser beaucoup plus que je ne pense, je ne l'insère point ici, ne voulant pas lui faire courir les risques de tomber dans les griffes des Anglois. Ces messieurs les ont bonnes.

Adieu, mille et tendres amitiés à tous nos bons et bien chers camarades Dutertre, Norry, Peyre, Protain, Balzac, Dolomieu[1], etc., etc.

GEOFFROY.

Mon adresse : Geoffroy, à l'Institut, maison de Cassin-Bey, quartier de Nasrié, au Caire.

(Archiv. famille Geoffroy Saint-Hilaire.)

avaient été remis aux mains des autorités françaises. Gantheaume organisa une légion spéciale dite *légion nautique* à l'aide des débris des équipages ainsi débarqués par les Anglais (*loc. cit. Correspondance de l'Armée française*, etc. N° XXXI. *Le contre-amiral Gantheaume au général Bruix*, p. 240).

1. Tous membres de la Commission des Sciences et Arts. Il a déjà été question dans l'une ou l'autre des notes précédentes de Dutertre, de Peyre, de Protain, de Dolomieu; Norry et Balzac étaient architectes.

XVII

A GEORGES CUVIER

Kaire, palais de l'Institut, 6 fructidor an VI (mardi 3 août 1798).

ci devant ⟨ Boït el Cassin-Bey, abou sefre, a rad el Nazari.
traduction ⟨ Maison de Cassin-Bey, père des sabres, quartier du Nazari.

Mon bon ami,

Je vous écris pour recommencer les plaintes que je vous ai fait entendre dans mes dernières ; je ne cesserai de vous reprocher de ne m'avoir pas encore écrit. Cependant je vous excuse, parce que je suis informé que les Anglois ont intercepté les dépêches qui furent envoyées par cinq avisos[1]. Je me plains alors au destin du malheur réel que j'éprouve de la privation de toute communication avec ce que j'ai de plus cher. Faites comme moi le calcul que les Anglois, actuellement maîtres de la Méditerranée, ne laisseront tout au plus passer que le dixième des avisos chargés de nous transmettre des lettres, écrivez-moi donc en conséquence de ce calcul beaucoup plus souvent, et ne craignez pas de me répéter ce que vous aviez pu m'avoir écrit déjà.

Je me conforme aux mœurs des Turcs. Nous portons tous des moustaches, parce que le menton nu est

---

1. Cf. Boulay de la Meurthe, *op. cit.*, p. 217, 250, 252. — C'est l'un de ces avisos qui portait la correspondance en partie publiée à Londres dans le recueil intitulé : *Copies of original Letters*, etc., et réédité à Paris, par E. Simon en l'an VII. (Voir plus haut p. 65, n. 1.)

le signe de l'esclave et que, malgré que nous soyons les maîtres, la force des préjugés persuade aux Turcs que les François, à menton sans moustache, sont esclaves des autres.

J'arrive de l'Institut du Caire. Deux palais de Beys[1] et deux autres maisons de riches particuliers, toutes contiguës, logeront tous les savans et artistes. Ces maisons nous fournissent peut-être plus de commodités et au moins autant de magnificence qu'on en trouve au Louvre. Un jardin immense dont la superficie équivaut à peu près à 35 arpents de France, bien planté, avec nombre de terrasses élevées où jamais l'eau du Nil ne parvient dans les inondations, est destiné à la culture et à la botanique.

La salle d'assemblée est déjà garnie des plus riches meubles trouvés chez les Mameloucs : dans le nombre on distingue l'une des plus grandes et des plus belles pendules de Berthout et un vase du Japon d'un très grand volume.

Je suis occupé à rassembler tous les animaux curieux qu'on m'indique qui existent dans les maisons des Mameloucks.

Notre volière est déjà toute faite; bientôt nous serons, sous ce rapport, mieux établis que dans le Jardin des Plantes : nous aurons du moins du définitif. Mais ce qui fait surtout l'ambition des membres de l'Institut, c'est de vous envoyer le premier volume de nos mémoires avant que celui de l'Institut de

---

1. Le palais de Kacim-Bey, où Geoffroy est logé et celui de Hassan-Bey.

France ait paru. Nous travaillons pour y réussir avec constance. Vous trouverez de moi deux mémoires dont j'espère que vous serez satisfaits.

Je voudrois, mon bon ami, vous donner quelques détails sur tout ce que j'ai déjà observé en ce pays; mais il s'est passé trop d'événements, et je vois tant de choses d'un très grand intérêt pour le philosophe observateur, qu'en vérité je ne sais que vous dire et par où commencer. Je vous parlerai seulement d'un déjeuner et d'un dîner que j'ai faits. Ils peignent les mœurs des Égyptiens.

Le général Menou, commandant provisoirement la province de Rosette, a voulu la parcourir, et comme il n'y a nulle part d'auberges, et que d'ailleurs on le prévint que l'ordinaire pour le commandant étoit d'accepter le dîner d'un Cheik ou commandant de canton, le général Menou se conforma à cet usage. Nous l'avons accompagné au nombre de quinze, et nous avions une escorte de vingt soldats. On nous servit sur le carreau, recouvert de paillasses et de tapis, 96 plats, se touchant tous, et disposés en ellypse. On nous traitoit grandement, cependant nous n'avions pas un repas à plusieurs services, mais ce qui équivaut à plusieurs étages. Les pièces d'un grand volume étoient dans des plats proportionnés, tous ces plats occupoient la région la plus inférieure, ces plats étoient d'étain et de forme circulaire comme en France. Trois plats rapprochés laissoient au centre un vuide, ce vuide étoit effacé par un plat plus petit qui le recouvroit entièrement. Ce sont ceux qui renferment les friandises et qui sont faits par les propres femmes des Égyptiens. On se jette d'abord dessus, pour s'en débarrasser, et arriver au rang inférieur. Les plats de friandises étoient de 7 ou 8 espèces. Fromages, mellose cuite avec de l'amidon, fricassées de riz de mouton cuit avec des raisins, pruneaux, figues de sycomore et grenades, etc.

Les plats de résistance étoient des poules au riz, du riz arrangé d'autres façons, etc. L'ellipse formant l'ensemble du service étoit bordée d'un demi-pied cube de pain de douze espèces et formes différentes; il se trouvoit des galettes plates, des galettes épaisses, des crêpes, des pains elliptiques, circulaires, des flûtes grandes et petites.

Le Cheik nous a invités à nous accroupir autour, et bientôt nous avons vu les Turcs de la compagnie mettre leur main dans tous les plats, et prendre avec la paume les liquides, avec les doigts les solides, et porter à la bouche; nous avons été forcés d'en faire autant, n'ayant ni fourchette, ni cuiller.

Le diner que nous avons pris dans un village voisin ne différoit de notre déjeuner que par l'absence du laitage et par un nombre de pains d'espèces différentes. Les plats nouveaux étoient : 1° un mouton entier au milieu; 2° différentes autres viandes autour, ou rôties ou fricassées d'une manière assez bisarre. Le domestique le plus important traverse le service au moyen d'un chemin qu'il se pratique en enlevant des plats : lorsqu'il s'agit de découper le mouton, il le dépèce avec ses mains et son couteau, on casse ou on déchire sans trop y prendre garde, et on distribue à chacun.

Le Cheik qui nous donnoit à déjeuner avoit un fils de trente-quatre ans, riche fermier, le plus considérable du village après son père. Nous avons voulu déjeuner avec cet homme et son fils. Nous avons d'abord invité l'enfant à se mettre à table; il a rougi comme si on lui proposoit un crime. Son père nous a dit que son enfant ne se résoudroit jamais à s'asseoir devant son grand père assis, et surtout à manger devant lui, que le profond respect qu'il avoit pour son grand père lui en faisoit une loi. On a invité à son tour le fils à s'asseoir, il a fait pour son compte les mêmes observations, avec un recueillement religieux qui nous a surpris. Le général Menou a supplié le grand père d'ordonner à ses enfants et petits enfants de prendre part au festin, et après avoir hésité, il l'a accordé, en ajoutant que c'étoit contre l'usage, mais que cela faisoit plaisir à son cœur de père. Les enfants ont obéi, mais ils ont eu un air de recueillement et de timidité pendant le peu de temps qu'ils ont mangé. Ils se sont hâtés de le faire et se sont promptement retirés, suivant l'usage du pays, qui prescrit à ceux qui n'ont plus d'appétit de s'en aller.

Après que le général Menou et sa compagnie eurent pris le repas, les 20 soldats vinrent à leur tour se nourrir de ce que nous avions laissé; la première compagnie et la deuxième, composée de gaillards de bon appetit, purent manger les deux tiers au plus de ce qui étoit servi; alors tous les pauvres du village furent introduits, qui se nourrirent de ce qui restoit; ils vuidèrent entièrement les plats qu'ils se disputoient et s'arrachoient d'une manière très plaisante.

Nos Cheiks ont été si libéraux, parce que la loi du pays les autorise, lorsque le commandant en chef fait sa tournée et prend repas, de se rembourser de tous ses frais par un impôt qu'ils prélèvent sur-le-champ, et comme c'est le village qui traite, le village prend part à la fête et se nourrit de ce qui reste de la table du seigneur. De là, il arrive que ceux qui payent ne participent pourtant point à la fête; les pauvres en tout pays ne payent pas d'impôt, et les gens un peu aisés dédaignent par orgueil d'aller manger des restes.

Je vous donnerois bien, mon bon ami, d'autres détails de cette espèce, si je savois qu'ils dussent vous parvenir. Mais je suis, au contraire, assuré d'avance que vous ne recevrez pas ma lettre, d'où la négligence de mon style et le peu d'encouragement que j'ai à vous entretenir.

Au total, les Égyptiens des campagnes sont misérables, à un point que l'imagination ne peut concevoir. Croiriez-vous que le plus grand nombre des villages sont presque entièrement composés de huttes de terre qui n'ont pas trois pieds d'élévation; que l'ouverture par où ces malheureuses créatures pénètrent dans leur tanière est un trou circulaire d'un pied et demi de diamètre et que ce trou reste toujours ouvert; qu'il n'y a de superficie que de quoi coucher le mari, la femme et les enfants, tous rapprochés, et que pour se glisser dans leur réduit, ils se mettent à plat ventre? Quelque chose en terre sur quoi ils cuisent le pain, remplit le tiers du logis. Deux pierres pour broyer le bled, une cafetière pour faire du caffé, et un sac qui renferme du tabac, tels sont les meubles des pauvres paysans; jamais ils ne mangent de viande, mais tous prennent du caffé le matin. Les Turcs ne peuvent se passer de caffé et de tabac. Hors cela, ils ne paroissent pas avoir de besoins. Ils prennent ce caffé sans sucre et avec le marc ; plus celui-ci est abondant, et plus aussi on trouve de goût au caffé.

Je vous le répète : faites-moi parvenir tous les *Bulletins de la Société philomatique* publiés depuis mon départ: envoyez-moi six fois et à diverses reprises cette collection afin de me mettre dans le cas d'en recevoir au moins une. Nous sommes plusieurs ici qui recevons le *Magasin encyclopédique*. Il faudroit envoyer un exemplaire un jour pour Dolomieu, une autre fois un exemplaire pour moi, afin d'éviter la privation par le pillage des Anglois.

Si vous pouviez faire organiser un service de manière à nous faire parvenir les journaux scientifiques par la voie de bâtiments neutres, vous rendriez service à notre Institut.

Mille et tendres amitiés.

GEOFFROY.

(*Bibl. Institut.*)

XVIII

AU CITOYEN GEORGES CUVIER

Le Caire, 11 fructidor an VII (mardi 28 août 1798).

J'ai bien peu de temps, mon bon ami, pour vous écrire : je ne pourrai être long, quoique j'ai beaucoup à vous dire. Quelle expérience j'ai acquise ! Quel peuple que celui de l'Égypte ! Toutes les mœurs en usage contraires aux nôtres ! Je désire que deux paquets des dernières expédiées vous parviennent. Je vous ai esquissé une partie du tableau que l'Égypte m'a présenté[1].

Tous les membres de la commission ne sont pas encore rendus au Caire. Bonaparte, il y a trois jours, nous envoya un arrêté portant que les CC. Monge et Bertholet, Costas, Desgenettes, Andreossi, Cafarelli, et moi étions nommés pour lui désigner les personnes qui devroient faire partie de l'Institut. J'ai employé mon influence pour faire admettre mes bons amis Savigny et Redouté. Ce travail a été porté chez le général en chef le lendemain de la signification des ordres, et sur le champ sans perdre de temps, il a ordonné une première séance pour aujourd'huy, où il a assisté avec le général Berthier.

L'Institut est placé dans le Caire, à une lieue du centre des affaires ; mais, en dédommagement de la

---

1. Voyez notamment la lettre n° XVII.

distance, il y a contigus 3 palais magnifiques et deux maisons, un jardin équivalent à 30 arpents de France, etc.

La ménagerie commence à se peupler de beaucoup d'animaux ; si j'avois ici nos amis, je me croirois en France, me trouvant occupé des mêmes soins.

Adieu, je vous embrasse et tous nos autres camarades.

GEOFFROY.

(Bibl. Institut.)

XIX

A ANTOINE-LAURENT DE JUSSIEU

Le Caire, 6 fructidor an VI[1] (mardi 23 août 1798).

Citoyen directeur,

Je vous ai écrit déjà plusieurs fois, je ne suis sans doute pas assez heureux pour qu'aucune de mes lettres vous soit parvenue.

Je suis cependant empressé de recevoir de vos nouvelles et de celles de mes collègues, je suis aussi un peu curieux de vous en donner des miennes, j'ai lieu d'espérer de l'amitié que vous me portiez que vous pensez quelquefois à moi. Croyez que de mon

---

1. Cette date est fournie, comme celle de la lettre n° XVIII, par la mention de la première séance de l'Institut d'Égypte. Elle a été lue à l'Assemblée des professeurs du Muséum du 15 frimaire an VII.

6

côté je n'oublie pas tous mes collègues : leur souvenir, la privation où je suis de tout ce qui faisoit à Paris tout mon bonheur, me rendroient ce lieu-ci insupportable, si je ne m'étois appris à ne jamais regarder derrière moi. Beaucoup de mes camarades se repentent d'avoir entrepris ce voyage : ils voyent avec effroy toutes les communications avec la France supprimées. Loin de m'affliger comme eux, je remonte leur courage, j'espère dans l'énergie de la nature françoise et la sagesse du Directoire. Notre Gouvernement saura forcer l'Anglois à la paix.

Une chose que je vous demande au nom de l'Institut des Sciences et Arts établis en Égypte, c'est de nous envoyer tous les journaux de sciences et d'arts et même les journaux politiques, par des occasions sûres. Si vous pouvez obtenir du Gouvernement quelques moyens, vous ferez grand plaisir au Général Bonaparte. Notre Institut est encore bien jeune, il a tenu sa première séance aujourd'huy.

Je présente mes respects à tous mes collègues et je les sollicite de vouloir bien toujours penser à moi et de ne pas me traiter dans leur cœur en absent.

GEOFFROY.

Mes respects, je vous prie, à Madame de Jussieu et à Mesdemoiselles vos filles.

(*Arch. du Mus. d'Hist. Nat.*)

XX

A MARC-ANTOINE GEOFFROY [1]

Du Caire, 17 fructidor an VI (lundi 3 septembre 1798).

[Les Anglois ont] rendu l'amiral Duchelas [2] et beaucoup d'autres officiers supérieurs. Ils ont eu la politesse de les inviter à venir à bord, en leur promettant de les débarquer à Gênes. Duchelas est ainsi retourné en France avec deux de leurs bâtiments.

L'aviso [3] qui a apporté le citoyen Reynier étoit chargé d'immenses ballots de lettres dont les Anglois sont en possession; on espère qu'ils en rendront un grand nombre.

Ils ont imprimé à l'ordre, et ont fait ainsi circuler dans leurs bâtiments, une lettre d'un adjoint nommé Simon, qu'ils ont interceptée. Ce François écrivoit à sa sœur qu'il avoit volé pour plus de 30 000 francs d'objets, etc. Les Anglois ont ensuite renvoyé la lettre, et Simon est en arrestation ici. Ils ont aussi arrêté un entrepreneur de convois d'artillerie [4] qui retournoit en

1. Les premières pages de cette lettre manquent.
2. Le contre-amiral Blanquet du Chayla avait été blessé et fait prisonnier à bord du *Franklin*. Embarqué sur l'*Alexandre*, le 15 août, au moment du départ de Nelson, il fut débarqué, non à Gênes, mais à Naples, le 20 septembre suivant.
3. Il s'agit probablement ici de l'aviso le *Léger* pris en vue d'Alexandrie par la frégate anglaise l'*Alcmène*. Les dépêches jetées à la mer avaient été repêchées par les marins anglais. (Cf. Boulay de la Meurthe, *Le Directoire et l'expédition d'Égypte*, Paris 1885, in-12, p. 223.)
4. Ce personnage douteux s'appelait Delisle.

France avec deux caisses d'argenterie; ils avoient déjà nommé une commission pour le pendre comme voleur. Celui-ci a réclamé le droit des gens, ils l'ont laissé passer en France, où Bonaparte a demandé qu'il fût arrêté. Le Général en chef commence à poursuivre les fripons; ils sont ici en grand nombre!

Hier, le Général en chef a réussi à faire accepter au kiaya du pacha[1], homme qui jouit ici de la plus grande considération, la place de *prince de pèlerins,* ou chef de la future caravane. Cette nomination a été annoncée au son du canon, et le divan s'est empressé de la faire connoître à toutes les nations arabes en les exhortant à venir comme de coutume à la Mecque et en leur promettant de rencontrer dans Bonaparte un plus grand protecteur des musulmans que dans les Mameloucks.

L'Institut marche bien; nous avons eu trois séances à chacune desquelles Bonaparte a assisté. Les mémoires arrivent en foule.

Monge a expliqué un phénomène d'optique qu'on voit dans les déserts. A une certaine distance, des villages ou des mosquées ont l'apparence d'être soutenus en l'air, ou environnés d'eau. L'aide de

1. Mustapha-Bey, Kiaya du Pacha d'Égypte, fut en effet nommé *Emir hadji* à la place de Saleh-Bey par Bonaparte qui lui fit don, en présence du divan et des cheiks, d'une pelisse verte, d'une aigrette en diamant et d'un cheval richement harnaché, qu'il trouva à la sortie du palais. Le nouvel emir-hadji fut reconduit par plusieurs aides de camp et salué de six coups de canon que répétaient les batteries de la citadelle. (*Mém. du général baron Desvernois,* p. 135.)

camp Sulkousky a donné la description géographique de la route de Salahié[1], etc., etc.

Je t'ai prié de m'envoyer ton petit cheval, parce que j'ai su par le citoyen Dugua que tu n'en faisois aucun usage. J'ai un domestique turc qui n'a rien à faire et qui sait panser les chevaux, il le soignera et je le monterai quelquefois. Il vivra avec les animaux de notre ménagerie.

Adieu, je t'embrasse bien tendrement, et salue tous nos camarades que j'ai connus à l'*Alceste*.

GEOFFROY.

Mandes-moi si tu ne dois pas bientôt quitter Salahié ou du moins si tu ne comptes pas faire des démarches pour t'en retirer.

(Arch. famille Geoffroy Saint-Hilaire.)

---

1. Cf. Sulkouski *Description de la route du Kaire à Salchhych*, 16 fructidor an VI (2 septembre 1798). (*Décad. Egyptienne*, n° 1, 1er brumaire an VII, p. 19.)

Le Polonais Sulkowski s'était signalé à l'assaut d'Alexandrie où il avait été deux fois culbuté du haut de la brèche, et il avait été nommé chef d'escadron. Après le combat de Salahieh, d'où il était revenu blessé, il était chef de brigade. Il fut tué le 16 brumaire (6 novembre) dans l'insurrection du Caire. (Voy. plus loin, p. 108.)

XXI

AU CITOYEN GEOFFROY PÈRE, A ÉTAMPES[1]

Caire, 24 fructidor an VI (lundi 10 septembre 1798).
Maison de Cassim-bey, à l'Institut d'Égypte.

Mon cher papa,

Votre première lettre, je viens de la recevoir en ce moment[2]; avec quelle joie je l'ai lue! Après avoir été si longtemps privé du plaisir de communiquer avec une famille qui m'est si chère, combien il est agréable d'en recevoir des nouvelles! Il faut être dans ma situation pour en concevoir tout le ravissement.

Croyez, mon cher papa, que cette lettre si chère n'auroit pas excité chez mon frère des transports moins vifs, lui qui m'écrivoit, il y a quelques jours. « Je suis au milieu des déserts, mais envoie-moi des nouvelles de notre père, et les sables brûlants sur lesquels je repose me paroîtront un lit délicieux de roses. »

Depuis notre arrivée à Alexandrie je n'ai pas eu le plaisir de voir et d'embrasser le seul parent que j'aie

1. Cette lettre porte le n° 16.
2. La lettre de Geoffroy père faisait partie certainement des dépêches apportées la veille (7 septembre) au Caire par le courrier Lesimple, à la suite de l'échouement de l'aviso l'*Anémone*, capitaine Garibou. (Cf. Boulay de la Meurthe. *Le Directoire et l'expédition d'Égypte*, Paris. 1885, in-12, p. 224-225.)

près de moi ; mais nous nous écrivons tous les six jours et dans chacune de nos lettres nous nous entretenons de vous, de maman, de nos frères et sœurs.

J'ai compris à la tournure de votre lettre qu'il me manque des intermédiaires. Vous me dites que le nouveau bureau de Maison Rouge[1] lui rapporte davantage[2].

. . . .

Je réserverai pour maman une pièce d'étoffe, dont m'a fait cadeau le général en chef ; c'est la seule manière d'utiliser ce don, dont je suis si fier. Cette étoffe faite de soie et de coton est d'un tissu très fin, elle formera une robe magnifique.

Je dois à la Providence de grandes actions de grâces pour tous les biens dont je suis comblé. Je serois peut-être le plus heureux des hommes si j'avois ma famille et le Jardin des plantes en ce pays.

Je jouis de plus d'aisance que je n'avois à Paris ; je suis placé dans un foyer de lumières, dont je tâche de profiter ; entouré d'amis, j'ai le bonheur d'approcher notre illustre chef et de manger assez fréquemment avec lui. Ses actions l'ont fait proclamer, à juste titre, l'homme de ce siècle ; sa conversation intime m'a appris qu'il était le meilleur des hommes.

J'ai mis du temps et de l'argent à me faire un appartement agréable. J'habite la maison d'un bey[3],

1. Un des frères d'Étienne Geoffroy,
2. Renseignements intimes réservés par M. Albert Geoffroy Saint-Hilaire.
3. Nous avons déjà vu que cette habitation était celle de Kacim-Bey.

et ses meubles, qui par droit de conquête sont devenus les miens, ont reçu un travestissement. Vous vous étonneriez du mélange des usages orientaux et français, et vous applaudiriez sans doute à mon goût, si vous pouviez venir me visiter. Il s'en faut que mon frère soit aussi agréablement établi. Il est à vingt-cinq lieues du Caire, sur la route de Damas. Il habite Salahié[1], le dernier point habitable de l'Égypte de ce côté. Il fait exécuter, avec de grandes difficultés, des travaux considérables pour changer une mosquée en une place forte. J'espère qu'il aura fini dans un mois, et qu'après ce temps il quittera ces affaires sérieuses pour se rendre au Caire et y venir jouir auprès de moi du repos qu'il aura bien mérité.

Oh ! si vous pouviez vous faire une idée de ce qu'il a souffert en traversant une étendue immense de déserts avec l'armée ! Il n'étoit pas encore monté, et lui qui marche si difficilement a cependant fait la route avec le plus de constance. Ses pieds étoient blessés. C'étoient les moindres de ses souffrances. Il ne pouvoit prendre de repos, il a connu le supplice horrible de la faim, et surtout il sait apprécier les terribles tourments que subissent ceux qui sont privés d'eau[2]. Il étoit, comme les autres militaires, exténué

---

1. Salahieh ou Salihieh, petite ville de la province de Charkieh, sur la rive droite d'un canal du même nom, qui débouche dans le lac Menzaleh. Le 11 août précédent, une colonne, commandée par Bonaparte, y avait défait complètement les mameloucks d'Ibrahim Bey, à la suite d'une marche fort pénible dans le désert. C'est à ce combat que fait allusion la suite de la lettre.

2. « Le capitaine de génie Geoffroy, qui dirige nos travaux, écrit au *Courier de l'Égypte* un correspondant de Salahich, a fait, il y

de fatigue. Ils ont cependant trouvé des forces quand il a fallu se battre.

Pendant le combat, mon frère a été chargé de mesures importantes qui exigeoient beaucoup d'intelligence et surtout un grand courage. Il en a justifié, et pour récompense il est confiné dans le désert[1] ; mais il a une résignation philosophique que tous ses camarades sont bien loin de partager. Il me mande que, quoique privé de tout, obligé à chaque instant de se battre avec les Arabes, il est heureux et satisfait. Il met son bonheur à faire son devoir. Il se compare à un fameux solitaire de la Grèce, jeté dans une ile déserte, qui, grâce à son imagination, se croyoit dans un lieu de délices.

Las de voir mon frère me demander si peu de choses pour se rendre la vie un peu plus agréable, je

'a quelques jours, une marche dans le désert dont l'objet étoit de reconnoître la route de *Tineh*, il étoit accompagné de deux compagnies de grenadiers. Ils furent égarés par leurs guides et firent 9 lieues sans trouver de l'eau, ils en furent privés depuis deux heures du matin jusqu'au lendemain à la même heure ; désespérant d'en rencontrer, ils revinrent sur leurs pas horriblement harassés et malades de fatigue. Dans leurs routes ils ont donné la chasse à quelques troupes de Bédouins, à qui ils ont pris deux chameaux. » (*Courier de l'Egypte*, n° 16, 24 brumaire an VIII.)

1. A la suite de la prise de Salahieh, Marc-Antoine Geoffroy avait été chargé de fortifier ce poste, et à la date du 20 frimaire le *Courier* annonçait que l'on travaillait avec la plus grande activité à établir des retranchements pour mettre les magasins, l'hôpital et les forts à l'abri de toute insulte (*Courier de l'Egypte*, n° 3).

« Les travaux entrepris pour fortifier Salahieh, dit encore le n° 16 du même recueil (24 brumaire) continuent avec activité et avancent beaucoup ; plusieurs pièces de canon sont déjà en batterie dans les redoutes, le magasin à poudre est achevé et rempli de munitions, la place est dès aujourd'hui en état de résister à tous les Arabes... Nous sommes abondamment pourvus de munitions de guerre et de bouche. »

viens de lui faire l'envoi d'un chameau chargé de tout ce que j'ai cru pouvoir lui servir, matelas, draps de lit, sucre, café, eau-de-vie, etc., etc.

Je crois que, ses travaux achevés, il sera récompensé de son zèle et de l'emploi de ses lumières. Le Général du génie a demandé au Général en chef que mon frère soit promu au grade de chef de bataillon[1].

J'ai tâté le général en chef pour savoir quel cas il fesoit de mon frère, j'ai appris avec plaisir qu'il partageoit l'opinion du corps, et le regardoit comme l'un des plus braves et des plus instruits officiers du génie en activité dans l'armée.

Soyez donc, mon cher papa, totalement rassuré sur l'état de vos deux enfants. Ils sont tous deux contents.

Vous connoissez à quel point ils s'aiment ; fussent-ils seuls ici, ils sauroient trouver dans l'amitié des ressources contre l'ennemi et le chagrin : mais nous sommes loin d'en être réduits là, entourés d'amis aimables qui nous comblent d'amitiés.

Combien de fois, je me suis empressé de vous l'écrire, mais avez-vous reçu une seule de mes quinze lettres que je vous ai adressées[2]? Recevrez-vous celle-ci? J'en doute, mais le seul espoir que j'en ai me la fait écrire avec délices. Vous parler par lettre est une communication avec vous, c'est un moyen de nourrir

1. Cette promotion eut lieu, en effet, le 4 brumaire.

2. Cette lettre du 10 septembre porte en effet en tête le nº 16. De ces seize premières lettres de Geoffroy à la famille, quatre seulement sont parvenues à destination. Dès le lendemain d'Aboukir Anglais, Portugais, Russes, Turcs, Barbaresques, ont presque complètement intercepté les communications entre l'armée d'Égypte et la France.

mon esprit de votre souvenir, de le fixer sur ce que j'ai au monde de plus cher.

Vous savez qu'on a formé un Institut au Caire. J'ai été, moi, du noyau électif. Nous fesons un journal littéraire et j'espère que chaque numéro vous portera de mes nouvelles.

Adieu, chers parents, aimez-moi ou plutôt aimez-nous toujours bien tendrement, mais cependant que votre affection pour nous ne soit pas pour vous une cause d'inquiétudes pénibles et douloureuses. Je vous le répète, nous vivons tranquillement et agréablement et nous sommes satisfaits de toutes les jouissances que le pays nous fournit.

Les nouvelles qui nous sont parvenues hier m'ont appris que vous vous attendiez à un combat naval qui pouvoit devenir funeste à l'expédition et être un sujet de deuil pour la famille.

Ce combat a eu lieu, mais jusqu'à ce que vous ayez appris les nouvelles[1], quelles transes cruelles pour vous, père tendre; j'ai frémi à cette idée !

C'est à quatre lieues de distance que j'ai vu ce combat[2]. . . . .

Mais adieu de nouveau, ma chère famille, recevez mes embrassements.

GEOFFROY.

(Arch. famille Geoffroy Saint-Hilaire.)

1. Le désastre d'Aboukir a été connu à Paris le 4 septembre.
2. Le récit de la bataille navale déjà adressé par Étienne Geoffroy à son frère Marc-Antoine devait se répéter ici (voir plus haut, p. 54 et suiv.).

XXII

AU CITOYEN GEOFFROY PÈRE, A ÉTAMPES

Maison de Cassim-bey, **13** vendémiaire an VII
(jeudi 4 octobre 1798).

Mon cher papa, voici ma vingt-deuxième lettre[1] ; toutes celles que je vous ai écrites n'ont qu'un but, c'est de vous faire connoître les agréments dont nous jouissons ici. Nous n'éprouvons qu'un chagrin, et il est bien amer, c'est de ne pouvoir communiquer librement avec nos parents.

D'ailleurs rien ne nous manque ici et je suis satisfait de m'y trouver.

On a choisi trente-six personnes[2] parmi les membres de la Commission des sciences, dont on a composé un Institut pour s'occuper de l'avancement des sciences, et répondre aux consultations du gouvernement. Sept personnes, du nombre desquelles je me suis trouvé par le choix et l'ordre du général en chef, ont été chargées de l'organisation de ce corps. Il est maintenant occupé de travaux, les mémoires abondent, et les séances sont au moins aussi intéressantes que celles de l'Institut de Paris.

Je trouve ici un jardin vaste, une ménagerie, des cabinets de physique et d'histoire naturelle. Tous les

1. Cette lettre est numérotée 22. Les lettres qui portaient les n⁰ˢ 17 à 21 manquent à la collection.
2. Voir plus haut. p. 70-71.

membres de la commission habitent au Caire un quartier isolé. Je me crois à Paris. Je retrouve des hommes qui ne pensent qu'aux sciences, je vis au centre d'un foyer ardent de lumières ; nous sommes tous plus occupés qu'à Paris, et nous travaillons plus utilement, étant libres de tout le tumulte des affaires et de mouvement général qui entraîne malgré soi dans la métropole.

Il est cependant beaucoup de militaires qui regrettent les délices de la France. Ce dégoût de l'Égypte s'explique par leur oisiveté et les privations, auxquelles dans les temps de repos ils sont plus sensibles que nous-mêmes. Ils sont a l'eau pour toute boisson ; il leur est impossible d'aborder les femmes qui se cachent sous leurs voiles avec plus d'affectation qu'auparavant. Jusqu'à ce que l'on ait organisé un spectacle où les rôles de femmes seront joués par les hommes, ils ne songeront qu'à Paris où les plaisirs leur étoient prodigués[1].

Pour mon frère, il est bien loin de ce découragement. Chargé en chef de la fortification de Salahieh[2], il n'a cessé d'avoir une activité extrème.

Salahieh est le point le plus éloigné du Caire sur la route de Damas, c'est là que de ce côté l'Égypte est terminée ; au-delà commence l'isthme de Suez[3].

---

1. On rapprochera ce passage des incidents relatifs à la destitution de l'adjudant général Beauvais. (Cf. Baron Desvernois, *Mém. cit.* p. 141.)

2. Voy. plus haut p. 88.

3. Cf. Sulkouski. *Description de la route du Kaire à Salehhyeh.* (*Déc. Égypt.*, I, 19-28). Savaresi. *Notice sur la topographie physique*

Je n'ai point vu mon frère depuis notre débarquement d'Alexandrie, mais j'en reçois des nouvelles tous les six jours. Il pense à vous et me charge de vous rendre tous ses sentiments d'attachement et d'amour filial. Il est perpétuellement occupé de moi, et moi de lui. Nous nous soutenons mutuellement. Le général en chef le considère comme l'un des plus habiles et des plus distingués officiers de l'armée et je ne doute pas que, la place de Salahieh achevée, mon frère ne soit récompensé de son activité et de ses talents par le grade de chef de bataillon du génie.

J'ai déjà beaucoup vu de choses intéressantes. La multitude de faits à recueillir m'empêche de songer à vous en écrire quelques-uns. Je l'ai fait dans beaucoup de mes précédentes lettres; mais n'aurois-je fait ces relations que pour les Anglois? Je le crains fort.

J'embrasse tous mes parents avec la tendresse d'un parent placé au Caire, dont les sentiments s'accroissent en proportion des difficultés de communication.

(Non signée.)

Je vous adresse un journal de sciences que je vous prie de faire circuler dans le Jardin des Plantes[1].

---

de Salahieh (*Déc. Égypt.*, III, 96-100). — Reynier. *De l'Égypte après la bataille d'Héliopolis*. Paris, an X (1802), Introduction, p. 24.

1. C'était certainement le premier numéro de la *Décade Égyptienne*

Une des dernières fois que j'ai vu le général en chef, il m'a fait cadeau d'une magnifique étoffe que je réserve pour ma bonne maman.

(Archiv. famille Geoffroy Saint-Hilaire.)

XXIII

AU CITOYEN GEORGES CUVIER

Caire, 29 vendémiaire an VII (samedi 20 octobre 1798).

Mon bon ami,

Je compte sur l'amitié de notre camarade Norry [1], de la Société philomatique, pour vous remettre cette lettre et vous donner de nos nouvelles.

Vous verrez dans le deuxième numéro de notre journal littéraire un article que j'y ai mis sur l'aile de l'autruche [2]. Vous remarquerez qu'il est écrit pour

que le citoyen Marc Aurel, imprimeur de l'Armée, venait de mettre en vente le 10 vendémiaire an VII.

1. Charles Norry, l'un des architectes attachés à l'expédition, partait malade du Caire, le 29 vendémiaire (20 octobre 1798) veille de l'insurrection, pour Rosette et Alexandrie, où il arrivait le 5 brumaire (26 octobre). Il franchit le blocus le 18 sur une petite tartane (8 novembre) qui portait un courrier au gouvernement et arriva à Ancône le 14 frimaire (4 décembre). Norry a publié, en rentrant à Paris, un petit volume intitulé *Relation de l'expédition d'Égypte, suivie de la description de plusieurs des monumens de cette contrée et ornée de figures*, Paris, an VII de la République, in-8°.

2. Cf. Geoffroy. *Observations sur l'aile de l'autruche. (Décade Égyptienne*, t. I, p. 46.) Ce travail a été lu à la séance du 21 fructidor (7 septembre 1798).

l'armée; que je ne pouvois pas m'appesantir sur les détails d'anatomie; que, pour faire saillir le peu de faits que j'ai publiés, j'ai été forcé de présenter un tableau général; ainsi prévenez les objections qu'on pourroit faire contre ma rédaction, et veuillez apprendre aux savans que ce n'est pas pour eux que j'ai écrit.

Vous êtes ici, ainsi que Brongniart jeune, l'objet de ma critique, sous le rapport des sciences. J'ai trouvé le *vrai cynocéphale*, précisément l'espèce d'après laquelle Linné a basé son *simia cyno-cephalus*[1]. Brongniart a donc eu tort de rapporter le papion à cette espèce, et vous, mon très habile maitre, de la supprimer tout à fait.

Notre Institut va retentir des noms de deux de mes meilleurs amis, que je ne rappellerai que pour les critiquer. Vous me direz que c'est un mauvais procédé, et que je pouvois aussi bien chercher un autre sujet d'observations. A cela je vous répondrai que j'exercerai envers mes amis une si douce critique qu'ils seront, j'espère, contents de moi....

Croiriez-vous, mon cher Cuvier, que j'ai appris ici que vous aviez parmi vos élèves la réputation d'aimer les femmes du Palais-Royal? Ce préjugé, qui s'est accrédité parce que nous y avons été souvent rire, m'a paru plaisant à vous faire savoir d'Égypte, tout comme j'ai été très surpris de l'y avoir appris.

---

[1]. A la séance du 6 brumaire suivant (27 octobre 1798), Geoffroy lisait une *Note critique sur l'espèce de singe appelée par les anciens Cynocéphale. (Décade Égyptienne*, t. I, p. 160.)

Savigny fait une ample collection d'insectes, il ne reviendra pas qu'il ne vous apporte des vers en grand nombre. Il a publié un magnifique *nymphæa* bleu[1]; son mémoire étoit écrit d'un style très piquant et lui a donné parmi nous une réputation de savoir qu'on refusoit d'abord à son jeune âge.

L'Institut d'Égypte est en pleine activité : je vous assure que ses séances sont au moins aussi intéressantes que celles de l'Institut de France. Nous avons, sur la motion de notre collègue Bonaparte, arrêté qu'on enverroit à votre Institut nos procès-verbaux : puissiez-vous prendre à notre égard la même mesure et nous mettre par ce moyen au courant des sciences cultivées en Europe!

Le général en chef a dû demander au directeur qu'il fit parvenir ici six exemplaires du bulletin des sciences. Veuillez suivre cet envoi et le faire faire à diverses époques. Envoyez-nous la collection entière.

Adieu, je vous embrasse de tout mon cœur,

Geoffroy.

(*Bibl. Institut.*)

1. Cf. *Description d'une nouvelle espèce de* Nymphæa, lue à l'Institut par le citoyen Savigny, dans la séance du 6 vendémiaire an VII. (*Décad. Égypt.* T. I, P. 00-74.) C'est le *nymphæa cærulea.*

XXIV

AU CITOYEN JUSSIEU, DIRECTEUR DU MUSÉUM[1]

Citoyen directeur,

J'ose espérer que cette lettre vous parviendra, que je serai plus heureux que je ne l'ai été jusqu'à présent et que je pourrai enfin vous convaincre que si ma famille adoptive n'a peut-être pas encore reçu de mes nouvelles, ce n'est pas faute d'efforts pour vous en adresser. J'ai profité, je crois, de toutes les occasions qui se sont offertes, et j'ai écrit par chacune de ces occasions soit à vous, soit à Cuvier, soit aux citoyens Daubenton, Lacépède, etc.

Je n'ai pas été assez heureux pour recevoir en échange une lettre d'un seul de mes collègues, d'un seul de mes amis; mon père est le seul qui m'ait procuré cette enivrante satisfaction.

Je ne prétends pas, mes estimables collègues, faire entendre des plaintes; j'ai été témoin du fatal combat dont le résultat nous prive de l'avantage des communications avec notre patrie[2].

Je me plais à penser que, pour être absent, je ne suis pas totalement oublié, et que mes collègues

1. Cette lettre, présentée à l'Assemblée des professeurs le 14 ventôse an VII (4 mars 1799), fut supposée par Lamark avoir été écrite le même jour que la lettre à Cuvier (n° XXIII) c'est-à-dire le 29 vendémiaire précédent (samedi 20 octobre 1798).
2. Voy. plus haut, p. 56.

m'ont quelquefois, mais en vain, écrit. Oh ! si vous pouviez apprécier le prix d'une lettre reçue de personnes chères à une distance aussi grande, que vous me plaindriez d'être privé d'une aussi douce satisfaction ! Et si vous pouviez connaître toute l'étendue des sentiments qui m'attachent à vous, comme j'ai su l'apprécier, à mesure que je m'éloignais des objets de mon affection, vous auriez pitié de moi.

Toutefois, ce sont mes seules peines ; les dangers, les fatigues, les déserts à traverser, les Arabes à combattre, ne m'ont jamais étonné. Heureux d'avoir un caractère qui me donne au milieu du danger la tranquillité d'âme et le sang-froid que j'apporte en faisant toutes les choses les plus indifférentes ! C'est à mon caractère que je dois mon salut ; c'est lui qui m'a donné le courage de me sauver de la mer où j'étois tombé quatre jours avant Malte[1].

Je pourrai vous rejoindre, mes chers collègues....

1. Cet accident qui aurait pu avoir les suites les plus graves, et auquel Étienne Geoffroy n'avait fait aucune allusion dans les lettres précédentes, est ainsi raconté par Isidore, dans le livre déjà cité, *Vie, travaux et doctrine scientifique d'Étienne Geoffroy Saint-Hilaire* (p. 77). « Une autre fois, en vue des côtes de la Sardaigne, Geoffroy Saint-Hilaire lui-même devenait pour tous un sujet d'alarme. Il se rendait à bord d'une autre frégate pour visiter trois de ses collègues, lorsque la frêle embarcation qui le portait fut renversée par une fausse manœuvre. Les marins qui le conduisaient reparurent seuls ; il ne savait pas nager et tous le crurent perdu. Mais lui-même ne désespéra pas de son salut : luttant avec énergie contre les flots, il remonta à leur surface, et un heureux hasard lui ayant fait rencontrer l'extrémité d'une échelle de corde, il parvint, quoique légèrement blessé, à atteindre l'une des ouvertures de la frégate. »

Mais à peine sommes-nous installés au Caire. Ce n'est que d'hier que nous sommes en possession de la bibliothèque et des laboratoires. Mes manuscrits ne m'offrent pas encore assez de faits intéressants. Je dois aller visiter la haute Égypte avec mes collègues de l'Institut ; je dois voir un pays un peu plus neuf que celui que j'ai déjà parcouru.

La plupart des productions du Delta, du moins presque tous les oiseaux, sont les mêmes qu'en France. J'ai pourtant disséqué un assez grand nombre de sujets et si je ne vous rapporte pas de nouvelles espèces, du moins j'ai recueilli des faits nouveaux à l'égard des animaux connus.

La partie dans laquelle je m'enrichis le plus est celle qui fait l'objet des recherches de notre collègue Lacépède. Il a décrit un grand nombre de serpents et de quadrupèdes ovipares, il s'en faut qu'il ait épuisé l'Égypte, et quand je m'obstine à chercher les espèces qu'il a décrites, j'en obtiens d'autres !

Malheureusement les courses sont très difficiles au Caire. Les Arabes Bédouins viennent nous attaquer jusqu'aux portes de la ville, ils se tiennent en embuscade derrière de petits monticules de sable, assassinent et pillent impitoyablement ; ce n'est point pourtant le plus grand obstacle que j'éprouve. Je m'adresse à vous pour le lever.

Vous savez, mes respectables collègues, que j'emmenai avec moi le citoyen Gérard, frère du peintre de ce nom[1], afin de dépouiller les animaux, et chas-

____

1. Alexandre Gérard.

ser de concert avec moi. Ce jeune homme, entraîné
par un esprit d'enfantillage, ne m'a été d'aucun
secours. Je me trouve réduit à mes seuls moyens. Je
perds un temps considérable à faire des squelettes et
je ne puis conserver d'animaux empaillés. Envoyez-
moi, je vous prie, le citoyen [Riedlé], arrivé nouvellement avec le citoyen Baudin, et que je vous ai
indiqué il y a deux ans pour accompagner ce naturaliste. Je connois son zèle ardent pour les sciences
naturelles, son aptitude au travail, nous réunirons
nos efforts et nous élèverons un monument à la gloire.
Qu'il ne vienne pas sans se munir de cages, de boites
faites de fil de fer et de toutes les choses que le
citoyen Dufresne m'a fournies[1]. S'il ne lui est fait à
Paris aucune avance, je lui promets de le rembourser.
Il remplacera ici Gérard qui retourne à Paris.

Je soupçonne que si nos collections ne sont pas
aussi considérables que je l'aurois désiré, elles le
seront bientôt, car j'entrevois que nous irons faire
quelques excursions au loin.

L'entomologie, dont le citoyen Savigny s'occupe
avec beaucoup de succès, lui rend beaucoup ; les vers
peu ; les botanistes n'ont pas fait jusqu'à présent une
bonne moisson, mais ils assurent que les plantes qui
lèvent en ce moment leur offriront un plus grand
nombre d'espèces.

Les minéralogistes n'ont rien ou presque rien
amassé. On ne trouve ici que des sables ou du limon

---

1. Dufresne, aide naturaliste au Muséum.

du Nil ; et, si l'on se porte un peu au loin, on rencontre la montagne dite Mokattam. C'est une chaine très étendue, toute calcaire et toute composée de coquilles numismales[1].

Les célèbres pyramides, sur la sommité desquelles je suis monté avec beaucoup d'autres François[2], sont faites avec la même pierre. J'ai trouvé deux ou trois autres coquillages.

Je me dispose à aller à Saccara[3] ces jours-ci ; j'y dois bivouaquer tout le temps nécessaire pour examiner tous les puits qui contiennent des momies. Déjà des fouilles que nous avons fait faire nous ont procuré cinquante pots de momies d'ibis[4]. L'Institut m'a chargé, avec le citoyen Bonaparte, de lui présenter un rapport sur Saccara et les animaux qui y sont conservés.

Je suis déjà parvenu à retirer d'un de ces pots, après un certain nombre de vaines tentatives, un squelette complet d'ibis. Je dois me procurer l'oiseau vivant et je vous donnerai la comparaison des deux squelettes[5].

---

1. Calcaire nummulitique.

2. J'ai reproduit en appendice à la fin de ce volume la *Relation* de cette ascension, rédigée par Geoffroy bien après son retour, pour Saintine et Marcel.

3. Voy. plus loin, p. 149, 243.

4. Il existait encore au Muséum, il y a quelques années, plusieurs de ces vases présentés à l'Institut d'Égypte par le général Belliard. L'un d'eux fut vidé vers 1870 au laboratoire d'anthropologie, il contenait les restes fort décomposés d'un ibis sacré.

5. Cf. Cuvier. *Mémoire sur l'Ibis des anciens Égyptiens.* (*Mém. du Mus.* t. IX, p. 116-1804.) — Savigny. *Histoire naturelle et mythologique de l'Ibis*, Paris, 1806, 1 vol. in-8°.

Agréez l'assurance de mon respectueux dévouement.

GEOFFROY.

Ce m'est une douceur trop grande de me rappeler au souvenir de tous mes collègues individuellement, pour que je ne me procure pas cette satisfaction. Veuillez donc assurer, je vous prie, les citoyens Daubenton, Lacépède, Fourcroy, Thouin, Van Spandonck, Faujas, Lamarck, Brongniart, Portal, Desfontaines et Mertrud que je ne les oublie pas et que je compte au retour sur leur affection et leur souvenir.

Veuillez aussi me rappeler au souvenir de Mmes Jussieu et Daubenton.

GEOFFROY.

(*Archiv. famille Geoffroy Saint-Hilaire*).

————

XXV

A MONSIEUR NORRY, ARCHITECTE, MEMBRE DE L'INSTITUT
DU CAIRE, A ALEXANDRIE[1]

Au Caire, le 2 brumaire an VII (mardi 23 octobre 1798).
10 heures du matin.

Je m'empresse, mon excellent ami, de faire cesser toutes les inquiétudes que le bruit d'une insurrection

1. Une note de l'auteur nous apprend que cette lettre fut expédiée du Caire à Alexandrie où Charles Norry était sur le point de

au Caire vous aura données au sujet de vos camarades.

L'insurrection a éclaté dans la partie de la ville où est située la maison du général Caffarelli. La rue Dupetit-Thouars limitoit de notre côté les insurgés. Pendant la journée du 30, ils ont occupé trois mosquées fort vastes et assez éloignées les unes des autres[1]. Ils se sont portés sur la place Barkel-el-fis. C'est sur cette place, presque sous les yeux du commandant, qu'ils ont égorgé les officiers de santé qui sortoient de l'hôpital. Le citoyen Roussel, fils du chirurgien en chef de Toulon, et un autre officier de première classe[2] ont été criblés de coups de hallebarde. Vous aurez appris la mort du général Dupuis[3], frappé par une arme pareille[4].

s'embarquer pour la France. On a vu plus haut (p. 95) que Norry fut en outre chargé de porter des lettres de Geoffroy, et notamment celle pour Cuvier (n° XXIII).

1. La mosquée d'El Azhar (la fleurie), centre d'enseignement très fréquenté, fut le foyer principal de l'insurrection.

2. Il s'appelait Mangin.

3. Voici comment le général en chef rend compte de la mort de ce brave officier, dans son message au Directoire, imprimé au n° 14 du *Courier de l'Égypte* (6 brumaire an VII, 27 octobre 1798) :

Après avoir exposé brièvement comment l'émeute avait commencé devant la maison du cadi Ibrahim Lhotem effendi, il continue en ces termes « Le général Dupuy, commandant la place, arriva sur ces entrefaites ; toutes les rues étoient obstruées. Un chef de bataillon turc, attaché à la police, qui venoit deux cents pas derrière, voyant le tumulte et l'impossibilité de le faire cesser par la douceur, tira un coup de tromblon. La populace devint furieuse, le général Dupuy la chargea avec son escorte, culbuta tout ce qui étoit devant lui, s'ouvrit un passage. Mais il reçut sur l'aisselle un coup de lance qui lui coupa l'artère. Il ne vécut que huit minutes... L'armée sent vivement la perte du général Dupuy que les hasards de la guerre avoient respecté dans cent occasions.... »

4. La version arabe est quelque peu différente : « Comme il

Ce même jour 30, la maison du général Caffarelli a été assiégée, le général ne s'y trouvoit pas alors. Ses officiers ont tenu bon. Ils tiroient par les fenêtres quand, tout à coup, ils se sont vus surpris et pressés par une foule considérable arrivée par les toits et descendue dans la maison.

Le général avoit ce jour mandé chez lui le respectable vieillard citoyen Tête-vuide[1], chef des ingénieurs géographes, et de plus le jeune dessinateur Duperret, échappé du combat naval, votre propre adjoint Caristie[2], et deux ingénieurs des ponts et chaussées, les citoyens Thévenot et Duval[3]. Ces trois derniers n'étoient déjà plus dans la maison quand on en commença le siège ; tous ceux qui s'y trouvoient, n'ayant plus d'autre ressource que de fendre la foule, l'ont essayé. Le citoyen Tête-vuide tenoit l'officier Daupoul[4] par le bras, lorsque, dès en sortant de la maison, il fut renversé par une pierre qui lui avoit été lancée des toits. Il eut bientôt la tête

passait dans le marché des Chaudronniers, dit Nakoula, un Turc s'avança vers lui, le frappa d'un morceau de bois sur les reins et le renversa de cheval, sans connaissance. Ceux qui l'accompagnaient l'emportèrent dans l'ancien jardin des Européens, mais à peine il fut-il arrivé qu'il but dans la coupe de la mort. » (Nakoula el Turk, *Histoire de l'expédition des Français en Égypte*, trad. Desgranges. Paris, 1829, in-8°, p. 78.)

1. Testevuide, ingénieur en chef, directeur des ingénieurs géographes, membre de la Commission des sciences et arts.

2. Caristie, ingénieur civil, membre de la Commission des sciences et arts.

3. Duval et Thévenot, ingénieurs civils, aussi membres de la même commission. Ces trois jeunes hommes sortaient de l'École Polytechnique.

4. D'Hautpoul, alors chef de brigade du génie.

écrasée par les furieux dont il se trouvoit entouré. Le jeune Duperret eut le même sort. Cependant tous les officiers parvinrent à s'échapper.

Dès lors, la maison du général fut pillée. Le cabinet de physique qui y étoit arrivé de la veille, tous les instruments du papa Champi[1], cent bons de poudre de chasse qui m'étoient destinés; un grand nombre d'outils amassés à grands frais à Paris, etc., etc., sont devenus la proie des insurgés.

Le général en chef eut pour nous une attention toute paternelle. Il nous envoya, à différentes époques, un aide de camp pour s'informer de notre position et nous rassurer. Nous réclamâmes des armes et, dès le soir, nous reçûmes quarante fusils et douze cents cartouches.

La journée du lendemain fut pour nous-mêmes assez critique.

Les insurgés, poussés par nos troupes, furent refoulés et arrivèrent précisément vers le pont qui nous avoisine. Devoient-ils le franchir, ils inondoient notre quartier de Cassim-bey; et, à l'autre issue un autre flot d'insurgés occupoit l'extrémité de la rue de la Victoire. Nous entendions des cris féroces dont nous n'étions séparés que par le petit jardin de la maison de l'Institut. Nous nous sommes vus sur le point d'être assaillis de trois côtés à la fois, et c'est alors qu'un moment nous avons hésité si nous ne

---

1. Champy père, administrateur des poudres et salpêtres, dont on a lu le nom plus haut dans la liste des membres de la section de physique de l'Institut d'Égypte.

nous retirerions pas sur le quartier général en présentant à la multitude en fureur un front de quarante hommes assez bien armés.

Mais la crainte de livrer au pillage la bibliothèque et les laboratoires de chimie nous a retenus et déterminés à disposer nos maisons en une petite forteresse; nous nous sommes assignés des postes.

Heureusement que nous avons été joints par une patrouille qui, voyant arriver les insurgés par la route du Château, a tenu ferme sur le pont même, l'une de nos limites, quand une autre patrouille qu'avoit dirigée spécialement sur nous le général en chef se porta sur la rue de la Victoire, qui étoit un autre front d'attaque.

La faiblesse de cette patrouille et ses mouvements furent aperçus du dehors de la ville, et du haut de la montagne de poteries brisées, sur le sommet de laquelle on se propose de construire un fort dit de l'Institut[1], furent, dis-je, aperçus du général Lasnes[2] qui, avec une troupe nombreuse, stationnoit et observoit en ce lieu. Le général arriva fort à propos. Notre siège cessa et nous fûmes délivrés. Mais, jusque-là, nous avons eu un triste quart d'heure à passer.

Deux des nôtres se sont signalés par un grand

1. Ce fort de l'Institut, et deux autres qui reçurent les noms des victimes de l'insurrection, Dupuy et Sulkowsky, ont été construits aussitôt après la pacification (*Courier de l'Égypte*, n° 14, 12 brumaire an VII).

2. Lannes, alors général de brigade, et qui devait quitter peu après l'Égypte avec Bonaparte, en même temps que Berthier, Murat, Marmont, Andréossy, etc.

courage, les citoyens Favier et La Roche[1]. Ils sont montés à cheval et n'ont cessé, pendant les deux jours qu'a duré l'insurrection, en ce qui concernoit Cassim-bey, d'aller de l'Institut au quartier général. Le citoyen La Roche a été blessé d'une balle à la tête, mais heureusement il ne l'auroit été que légèrement.

Caristie, qui avoit été poussé par les insurgés dans de fausses routes, est parvenu à se sauver chez le citoyen Estève[2]. Mais depuis deux jours nous n'avons pas entendu parler des citoyens Duval et Thévenot[3].

D'ailleurs, nous ne savons d'autres détails de l'affaire, si ce n'est que le brave Sulkowski[4], membre de l'Institut et le premier aide de camp du général en chef, vient d'être tué à la tête de quinze guides. Le chef de brigade des guides à pied a éprouvé le même sort.

---

1. Favier, ingénieur civil, et Laroche, ingénieur géographe, tous deux membres de la Commission des sciences et arts.

2. Estève, alors payeur général, et plus tard, sous Kléber, directeur général et comptable des Revenus publics de l'Égypte.

3. Ils avaient été tous deux assassinés.

4. « Mon aide de camp Sulkowsky, dit dans son rapport au Directoire le général en chef, allant à la pointe du jour, le 1ᵉʳ brumaire reconnoître les mouvements qui se manifestoient hors la ville, a été à son retour attaqué par toute la populace d'un faubourg ; son cheval ayant glissé, il a été assommé. Les blessures qu'il avoit reçues au combat de Salahieh n'étoient pas encore cicatricées. C'étoit un officier des plus grandes espérances. »

Ces nouvelles avaient été rapportées par le seul survivant des quinze guides qui accompagnaient le vaillant officier. Desvernois assure que le corps de Sulkowsky fut donné en pâture aux chiens. (Cf. Bourienne, *Mém.*, t. II, p. 182. Desvernois, *Mém.*, p. 145, etc.)

Les insurgés avoient fini par se concentrer dans la plus grande et la plus belle des mosquées de la ville, les rues adjacentes étoient barricadées. Le général en chef leur a fait demander de livrer leurs chefs, annonçant qu'il pardonneroit à tous les autres ; ils n'ont pas voulu souscrire à cette proposition. Dès lors, on a dirigé le feu de toutes les batteries de la citadelle sur ce point isolé. Cette mosquée et les maisons qui l'environnoient ont été renversées par un bombardement très vif, criblées principalement par les éclats des obus[1].

Quand le moment pour nos troupes fut venu de donner un assaut, les insurgés se sont mis à fuir au nombre de deux mille, s'engageant dans une rue étroite, la seule qu'ils eussent laissée ouverte pour leurs communications ou leur fuite. Mais, au bout de cette rue étoit la 18ᵉ demi-brigade qui les a passés au fil de l'épée. Quelques-uns ont essayé de gagner l'autre côté de cette rue, mais ils s'étoient eux-mêmes fermé cette retraite par les palissades et autres barricades qu'ils y avoient accumulées[2].

Adieu, donnez-moi, excellent ami, des nouvelles de votre route, rappelez-moi au souvenir du citoyen

---

1. Il suffit de vingt minutes de bombardement, avec les batteries de mortiers de la citadelle et les batteries d'obusiers tirées à bout portant par le général Dammartin d'une butte dominant de quinze toises la grande mosquée, pour rendre les Français entièrement maîtres de la place (Voir le rapport déjà cité du général en chef).

2. La répression fit plus de 2,000 victimes. L'esprit des indigènes fut frappé d'une salutaire terreur et le calme fut rétabli pour quelque temps dans la capitale.

Jullien et présentez mes devoirs au général Manscourt.

Je vous salue et vous embrasse.

Nos camarades vous font leurs compliments.

GEOFFROY.

(Copie dans les Archives de la famille Geoffroy Saint-Hilaire).

XXVI

AU CITOYEN GEOFFROY PÈRE, A ÉTAMPES

Au Caire, le 4 brumaire an VII (jeudi 25 octobre 1798).

Voici, mon cher papa, la première lettre de mon frère, c'est la vingt-huitième que je vous écris en son nom et au mien. J'ai été à la source de tous les moyens de vous faire parvenir de mes nouvelles. J'ai profité de toutes les occasions qui m'ont présenté quelque sûreté, je doute que vous ayez pourtant reçu toutes les expressions de tendresse et d'amitié que je vous adressois de l'immense distance qui nous sépare.

Nous sommes établis au mieux actuellement, et le Caire offre autant de sûreté et, pour les personnes occupées de sciences, autant d'agrément, que Paris. Mais pour arriver à ce Caire tant souhaité, il a fallu traverser les eaux, les sables, les Arabes, les mameloucks. Beaucoup de nos camarades ont couru des dangers. Je n'ai eu mon lot qu'en mer, quatre jours avant d'arriver à Malte, et hors ce cas où je manquai de rester englouti dans le vaste océan[1], je n'ai plus jamais été personnellement exposé. J'ai toujours joui, au contraire, d'infiniment d'agréments. Jamais nous n'avons connu nos dangers que quand ils étoient passés, et nous ne nous les rappelions que pour en rire. Je suis peut-être celui des membres de la commission qui ai le plus hésité à quitter Paris, et à abandonner les amis que j'y confondois avec mes parents pour lesquels j'ai le plus de prédilection. Ce sacrifice fait, je n'ai plus éprouvé d'incertitude. Mon courage a toujours été au-dessus de mes forces. J'ai remonté les esprits de quelques-uns de nos camarades chez lesquels on voyoit un peu de faiblesse et ma tranquillité d'âme est même remarquée des militaires.

Avec de telles dispositions, pouvois-je être malheureux, lorsqu'au contraire tout concourt à ma félicité? Je vis au milieu de camarades estimables. Nous nous occupons avec ardeur de toutes les questions économiques qui intéressent le gouvernement et des sciences auxquelles nous nous sommes volontairement dévoués.

Notre Institut, aux séances duquel le général en chef ne manque jamais d'assister[2], en est protégé au

---

1. Voy. plus haut, p. 99, n. 1.

2. Dès la première séance, Bonaparte, nommé vice-président (c'est Monge qui préside), propose une série de six questions à étudier sur *l'amélioration des fours de l'armée*; *les moyens de remplacer le houblon dans la bière*; *la clarification et le rafraîchisse-*

point d'exciter la jalousie des militaires. Ils appellent notre corporation *la maîtresse favorite* du général, pour laquelle il prodigue tous ses trésors et toute son affection.

Les militaires se vengent de ces préférences par des plaisanteries, et les ânes, qui remplacent au Caire les fiacres de Paris et dont tous les François font un usage immodéré, ne sont plus connus que sous le nom de *demi-savants* [1].

Le François est ici ce qu'il est à Paris, gai et tout occupé de plaisanteries.

Je croyois joindre dans ce paquet la lettre de mon frère; je l'ai remise au citoyen Norry, architecte, mon ami, que je vous engage à voir à son arrivée à Paris; il demeure au Louvre. Je lui ai aussi confié la pièce d'étoffe qui m'a été donnée en présent par le général en chef, et que j'envoie à maman. Puissent les lettres et mon cadeau, dont Norry s'est chargé, vous parvenir. Dans la crainte que vous ne les puissiez recevoir, je vous rappellerai ce que j'ai déjà bien souvent dit.

Je vous ai mandé que mon frère est dans une situation très agréable, qu'il bâtit un fort aux confins de l'Égypte sur la route de Gaza, ou plutôt qu'il

---

ment des eaux du Nil; la *construction des moulins*; la *fabrication de la poudre*; enfin sur *l'état de l'ordre judiciaire et sur l'enseignement*.

1. On rapprochera de cette épigramme une anecdote que j'ai plusieurs fois entendu conter dans ma jeunesse. Une troupe est chargée par les Mameluks et le chef de commander : « Formez le carré, les savants et les ânes au centre. »

jette les fondements d'une ville qui porte le nom de Salahié. Vous trouverez ce point dans la carte de Danville. On comprenoit sous ce nom une contrée composée de sept misérables villages remplis de huttes de terre....

Une insurrection a éclaté le 30 vendémiaire et s'est prolongée jusqu'au lendemain soir. Les misé-rables habitants du Caire ignoroient que les François sont les précepteurs du monde pour organiser ou combattre des insurgés. C'est ce qu'ils ont appris à leurs dépens. La leçon leur a coûté à peu près deux mille hommes. Ils se sont bêtement retranchés dans leurs trois plus grandes mosquées, ont barricadé les rues qui y conduisoient, et là, en vrais croyants, se sont mis à crier : *Allah Mahomed!* comme ayant foi dans Mahomet. Ils ont eu beau implorer, leurs lamentations n'ont pas détourné les bombes qui ont crevé leurs édifices. Je suis allé voir le champ de bataille, et j'ai eu, pour ma part de prise, un alcoran commenté par un des plus habiles théologiens et un gros volume contenant la science des lois et usages musulmans.

GEOFFROY.

(Archiv. famille Geoffroy Saint-Hilaire.)

———

XXVII

AU GÉNÉRAL DE DIVISION DUGUA

Salahié, 17 frimaire an VII (vendredi 7 décembre 1798).

Citoyen Général,

Le convoi avec lequel je devois me rendre à Belbeis arrive en ce moment. Il m'apporte la nouvelle que le général Reynier viendra à Salahié le 23 du courant et que le général en chef a promu mon frère au grade de chef de bataillon du génie.

Dès lors, rien ne me porte plus à faire la grande tournée que j'avois projetée. Je n'aspire plus qu'à rejoindre mes collègues et à réunir mes efforts aux leurs.

Je les aurois été trouver si je n'apprenois qu'ils se dirigent sur Salahié. Je les attendrai donc pour ne plus les quitter. Probablement nous aurons pour compagnon le général Reynier lui-même. Il ne vient à Salahié que pour faire une tournée dans sa province et une reconnaissance du canal du Moïs[1].

Agréez, citoyen général, l'hommage de mon dévouement.

GEOFFROY.

(*Collection d'autographes de M. Bailly.* Copie faite par M. Albert Geoffroy Saint-Hilaire.)

---

1. Canal de Moez, qui part de la branche de Damiette à Banha et descend au N.-E. par Thieh et les ruines de Sàn au lac Menzaleh,

XXVIII

AU CITOYEN MONGE, DE L'INSTITUT D'ÉGYPTE, AU CAIRE

Salahieh, **26** frimaire an VII (16 décembre 1798).

Citoyen Collègue,

Je n'ai pas pu vous faire suivre plus souvent les voyageurs dans la route qu'ils parcourent; aucune occasion ne s'étant offerte.

Ce matin sont ici arrivés les citoyens Nouet, Méchain, Peyre, Corabœuf, Dupuy et Le Noir[1]. Ils ont fait une traversée extrêmement pénible[2], ils ont surtout cruellement souffert par la traversée du canal de Péluse qu'ils ont effectuée la nuit et dans un endroit encore moins guéable que celui où j'ai passé.

(Cf. *Carte de la Basse-Égypte, dressée d'après les observations astronomiques du C. Nouet et les reconnaissances des ingénieurs et officiers employés à l'armée d'Orient*, gravée par Blondeau. Paris, an 10, f°.)

1. Nouet et Méchain, astronomes, Corabœuf et Peyre, ingénieurs géographes, Le Noir, ingénieur en instruments de mathématiques, tous les cinq membres de la Commission des sciences et arts, et deux d'entre eux (Nouet et Peyre) membres de l'Institut d'Égypte.

2. Le correspondant du *Courier de l'Égypte*, à Salahieh, transmet à ce journal sous la date du 24 frimaire (par erreur au lieu de 26) l'information suivante : « Nous avons ici les citoyens Geoffroy, Dupuis (Victor), Nouet, Méchain, membres de la Commission des arts. En remontant le canal de Moïs (*Moez*) ils ont passé à San où ils ont vu sept obélisques couverts de hiéroglyphes, une colonne très considérable et un trône de statue colossale. Deux obélisques sont entiers, quoique en partie recouverts par la terre; on en voit une face. Des fragments de lapis-lazuli, dont quelques-uns étaient travaillés, leur ont fait penser qu'à une époque peu ancienne les Arabes avoient trouvé et brisé une statue de cette substance. » (*Courier de l'Égypte*, n° 23, 4 nivose an VII (24 décembre 1798).

Ils ont trouvé ici mon frère qui leur a procuré d'excellents lits; quelques heures de repos ont dissipé les inquiétudes qu'ils avoient relativement à leurs maux d'yeux.

Le général Reynier qui est venu sur ces entrefaites leur a offert de le suivre dans une tournée qu'il va faire dans la province, de les conduire sur les branches pélusiaque et tanitique et par le plus long chemin à Belbeis. Le général Reynier les a encore invités à pénétrer dans le désert pour y reconnaître les traces du grand canal de Suès. Ils ont accepté ses offres obligeantes, avec d'autant plus de raison qu'on leur a dit à Damiette qu'on ne leur pouvoit donner d'escorte pour eux seuls; on leur a fait suivre des convois de biscuit, en sorte que les routes étant réglées pour d'autres objets, ils ne peuvent remplir que par échappées les instructions qu'ils ont reçües. Malheureusement pour la commission le général Dugua étoit absent. De retour de Belbeis, la commission doit se porter à Péluse et peut-être plus loin encore; elle accompagnera le général Lagrange et mon frère chargés de faire une reconnoissance dans le désert.

Je vois mes camarades dans le cas de séjourner ici au moins un mois : j'ai vu et au delà ces lieux-ci, j'y mène actuellement une vie oisive qui m'est à charge; j'ai donc résolu de me rendre à Damiette par le prochain convoi de biscuit.

J'ai fait connoissance avec le capitaine Hébert, auteur d'une allégorie qui a été présentée à l'Institut: je paye ici pour le corps, le capitaine Hébert me rend responsable du silence du secrétaire : chaque jour il me demande si j'ai reçu des nouvelles [1].

Tout est tranquille dans nos environs : les Bédoins sont frappés de terreur ; ils fuyent au loin, quelques autres achetent leur sécurité avec des chevaux et des bestiaux. Les Fellahs du bey de Nalahio sont familiers avec tous nos soldats qui leur apprennent à parler françois et surtout à le prononcer à la hussarde. Les campagnes plus éloignées et qui n'ont pas été visitées par les François, les redoutent, tentent de refuser les impositions et finissent par les payer sans trop d'humeur.

Agréez, citoyen collègue, mes salutations et présentez mille estendus compliments à la société dont j'eus l'avantage de faire partie lors de ma résidence au Caire.

GEOFFROY.

(Bibl. publ. de Nantes.)

———

XXIX

A MARC-ANTOINE GEOFFROY

(Sans date, probablement de germinal an VII) (fin mars 1799).

Je viens, mon cher ami, de recevoir ta lettre du 20 ventôse [2], et je m'étonne que tu ne me parles ni des

1. L'allégorie du pauvre capitaine n'avait pas été jugée digne de la moindre mention. Il n'en est question nulle part dans la *Décade* ni dans le *Courier*.

2. 10 mars 1799. Cette lettre est perdue.

mouvements de la province de Belbeis, ni de ta promotion [1].

J'ai reçu hier une lettre de mon père et un mot de Cuvier. Je vais te copier ces dépêches de peur qu'elles soient perdues, cette lettre devant être portée par un Arabe.

GEOFFROY.

(Archiv. famille Geoffroy Saint-Hilaire.)

———

XXX

A MONSIEUR GEOFFROY PÈRE, A ÉTAMPES

Du 5 messidor an VII (dimanche, 23 juin 1799).

Mon cher papa,

Il y a longtemps que je n'ai pas eu le plaisir de vous écrire. Aucune occasion ne s'est jusqu'ici offerte depuis ma dernière.

Je vous répète qu'il y a deux ou trois mois, j'ai été assez heureux pour recevoir de vos nouvelles. Le courrier étoit chargé de deux de vos lettres, une en date du 8 thermidor [2], l'autre en date du 12 frimaire [3]. Combien vos lettres ont flatté vos enfants ! Quelle joie pour eux d'apprendre que tous les membres de la famille étoient bien portants !

---

1. Elle avait eu lieu le 4 brumaire précédent (25 octobre 1798).
2. 26 juillet 1798.
3. 2 novembre 1798.

Les événements de Syrie ont sans doute alarmé votre tendresse paternelle. Vous aurez appris les pertes considérables que l'arme du génie a éprouvées.

Fort heureusement, mon frère n'eut pas cette occasion de signaler son courage ; il fut laissé en Égypte, où on lui confia le poste important du général Reynier sous les ordres duquel il servoit. Il commanda la province de Charkié dont Belbeis est la capitale.

Pendant l'absence de l'armée, cette province fût soulevée tant par l'ancien bey qui gouvernoit autrefois et qui s'y étoit jeté, que par la révolte du principal Turc (le prince des pèlerins) qui feignant d'aller combattre en Syrie s'arrêta à Belbeis et souleva le pays.

Mon frère à la tête de trois cents hommes marcha contre le bey et le prince des pèlerins, les attaqua séparément, les dissipa et réussit à pacifier sa province.

Le bataillon des dromadaires[1] (c'est un corps de François vêtus à la turque, montés sur des chameaux dressés à la course) apporta de Syrie la peste à Belbeis. Quelque précaution que prit mon frère, son palais en fut infesté. Bouilly (un soldat du génie venu à sa suite) et lui-même en furent attaqués. Bouilly

1. Le régiment des Dromadaires avait été constitué par Bonaparte en pluviôse an VII. « Il y a eu parmi les militaires, dit le *Courier de l'Égypte* du 22 pluviôse (n° 27), un grand empressement à entrer dans ce corps, nous en avons vu dernièrement une compagnie qui s'exerçoit ; les dromadaires marchoient fort bien ensemble et celui qui les monte les fait facilement obéir. » (Cf. baron Desvernois, *Mém. cit.*, p. 146-148.)

succomba et mon frère, après avoir résisté à la première crise, recouvrit sa santé. Il plaisante, ainsi que
le reste de l'armée, sur ce fléau. On le connoît sous le
nom de *maladie de la glande* et on n'en a plus peur.

Mon frère eut encore la gloire d'avoir pacifié les
tribus arabes qui de tout temps vexoient les habitants
de Belbeis par leurs rapines. Il sut se faire des amis
et même des soldats auxiliaires de ces Arabes que le
général Reynier, avec des troupes considérables,
n'avoit pu réduire.

Pendant l'absence de l'armée, mon frère eut le
traitement d'un commandant de province. Il étoit payé
à raison de quatre mille cinq cents livres pour ses
appointements de chef de bataillon (car vous devez
savoir par mes précédentes qu'il a eu ce grade le
quatre brumaire dernier) et de dix-huit mille francs
pour ses frais de table en qualité de commandant de
province.

Aujourd'hui il est allé prendre le commandement du
génie à El-Arisch, déjà fortifié, mais où l'on veut faire
une place à l'européenne. On lui offre la plus belle
occasion de signaler son zèle et ses moyens [1].

1. « Ce fort (El Arych) dit le *Courier d'Égypte* du 19 messidor
an VII, n° 31, a toujours fait partie de l'Égypte; il est nécessaire
à sa sûreté, il est nécessaire pour agir offensivement contre la
Syrie, toutes les fois que l'ennemi y organisera contre nous des
moyens d'attaque; loin de le comprendre dans le plan de démo-
lition qui a été exécuté sur les fortifications tombées en notre
pouvoir pendant l'incursion en Syrie, le général Bonaparte ordonna
d'en augmenter la force. On n'a pas cessé d'y travailler depuis
quatre mois que nous l'occupons; on vient encore d'y envoyer des
ingénieurs avec de nouvelles compagnies d'ouvriers pour perfec-
tionner les ouvrages et augmenter de plus en plus sa force. »

Pour moi, je suis aussi resté en Égypte pendant l'absence de l'armée. J'arrivai de Damiette, convalescent, au moment de son départ, ce qui engagea le général en chef à ne point insister sur l'offre qu'il m'avoit faite de le suivre. Mon collègue Savigny fit ce voyage à ma place.

Je n'ai point quitté le Caire pendant le voyage de Syrie. Nous avons été assez heureux pour que les précautions prises contre la peste l'aient empêché de pénétrer dans la capitale.

J'étois à Damiette à l'époque où elle faisoit les plus grands ravages ; mais sans que j'y donnasse d'attention ; je n'en fus pas atteint. En général, cette maladie fut cette année très bénigne et ne nous fit pas tant de mal qu'on pourroit le croire en Europe.

Les officiers de santé auxquels une action intrépide du général en chef (il pressa un bubon et en fit sortir le pus), communiqua un véritable enthousiasme soignèrent les pestiférés avec dévouement. Beaucoup de ces officiers furent victimes de leur zèle. Ceux qui sont restés (et de ce nombre sont le médecin et le chirurgien en chef) ont des notions très justes sur ce fléau contre lequel on peut efficacement se servir de moyens curatifs.

Je vis ici fort paisiblement, m'occupant tour à tour d'histoire naturelle, de mes chevaux et de ma petite famille noire à laquelle j'ai momentanément transporté ma tendresse inutile à ma famille européenne.

J'ai acheté pour deux cent cinquante francs un

enfant de onze ans que j'ai dressé à soigner mes collections et à empailler des animaux.

Depuis, on m'a donné une vieille négresse très habile pour les soins du ménage.

J'ai deux chevaux qui m'ont été offerts par mon frère, lequel les a reçus lui-même en cadeau de ses amis les Arabes, un âne pour mon fidèle Tendelti, le nègre de onze ans.

Je garde tous ces animaux parce qu'on nous donne encore les fourrages pour leur subsistance.

L'esclavage est ici autre qu'en Amérique. C'est une véritable adoption. Mes deux esclaves ne m'appellent jamais que leur père et je suis si satisfait de leurs services, que je leur voue la même amitié. Autrefois, il n'y avoit d'honorés que les gens achetés. Cette opinion étoit tellement dominante que les beys envoyoient au loin leurs enfants, les faisoient vendre par des étrangers et les achetoient dans la vue de leur donner plus de considération et de pouvoir les élever aux dignités.

Je suis obligé de finir. On m'appelle chez le général Dugua. Je n'ai que le temps de recommander mon souvenir à tous mes parents, de leur dire que je pense toujours à eux, que je les aime dans l'éloignement où je suis, autant que lorsque je jouissois de leur présence, que toutes mes habitudes africaines ne m'ont pas changé à cet égard, et que, quand je ne saurai plus le français pour les entretenir, j'aurai soin de me servir des plus douces expressions de la langue arabe que j'ai apprise et dans la connoissance de laquelle je suis un de ceux qui excellent.

Je vous embrasse, père, mère, tantes, frères et sœurs, je vous embrasse mille et mille fois.

GEOFFROY.

(Arch. famille Geoffroy Saint-Hilaire.)

XXXI

A MONSIEUR GEOFFROY PÈRE

Au Caire, 28 thermidor an VII (jeudi 15 août 1799).

Mon cher papa,

Quand je vous écris, je suppose que vous n'avez reçu aucune de mes lettres ; en conséquence, je vous répète ce que je vous ai déjà dit plusieurs fois.

Mon frère a été fait chef de bataillon le 4 brumaire [1].

Pendant l'absence de l'armée, il a été nommé commandant en chef de l'une des plus considérables provinces de l'Égypte et joignoit à ses appointements ordinaires un traitement de quinze cents francs par mois pour frais de table.

Je suis toujours resté au Caire pendant les mouvements de l'armée. Aujourd'hui, je suis sur mon

1. Voy. plus haut, p. 90 et 114.

départ pour voir la haute Égypte. Nous allons profiter des vents pour arriver promptement aux cataractes, puis nous descendrons tranquillement et nous nous livrerons aux recherches dont le pays est susceptible[1].

Déjà, je suis enthousiasmé de ma collection : ce que je ne prévoyois pas en sortant de Paris, je rapporterai les matériaux d'un ouvrage dont j'espère quelque succès. Non seulement je reviendrai vous voir avec mes matériaux, mais encore avec des parties de l'ouvrage faites. Je me suis extrêmement instruit dans une branche dont je ne connoissais que les éléments (l'anatomie). De plus, je connois les poissons, les lézards, les serpents, comme les autres parties de l'histoire naturelle qui me sont familières.

Les poissons m'ont fourni nombre d'observations physiologiques d'une importance si majeure que je serois tenté de rester encore longtemps pour compléter ce travail[2], si le plaisir de me retrouver au sein d'une famille aussi chère ne venoit borner mon ambition.

J'espère vous aller trouver dans trois ou quatre mois, aussitôt que je serai de retour du grand voyage que j'entreprends.

1. La commission a quitté Boulaq pour remonter le fleuve en deux groupes en thermidor et fructidor an VII. Geoffroy faisait partie du second groupe avec Fourier, Parseval, Villoteau, Delile, Le Père, Redouté, Lacypierre, Chabrol, Arnolet et Vincent (*Courrier de l'Égypte* du 29 fructidor an VII, n° 37).

2. Allusion à ses découvertes récentes sur le *bichir*, le *fachhaca*, etc.

Mon frère ne connoissant pas l'occasion qui s'offre de vous écrire ne m'a donné aucune lettre pour vous ; il est à une si grande distance qu'il n'y a aucun moyen de l'en informer.

Il commande en chef, aujourd'hui, la forteresse d'El-Arich, à deux journées de Syrie, et il y a sept journées de marche du Caire. Comme le poste d'El-Arich, très honorable par la confiance, est désagréable en ce que cette forteresse est située au milieu du désert, il a été réglé qu'il n'y feroit que trois mois de séjour et qu'un autre le relèveroit[1] ; il y a déjà deux mois qu'il s'y trouve et dans sa dernière lettre il me mande qu'il est tellement accablé de travaux qu'il voit le temps s'écouler avec une extrême rapidité[2].

Quelques nouvelles de l'Europe nous sont parvenues aujourd'hui par les Anglois. J'ai cherché en quoi elles pouvoient vous concerner.

.   .   .   .

.   .   .   .

P.-S. — Cette lettre de mon frère[3] (voir la lettre ci-dessous) m'arrive en ce moment, 30 thermidor, je vous l'envoie comme une preuve qu'il vit et vous aime toujours. Il ne savoit pas encore, le 14 thermidor, la victoire éclatante remportée le 7 sur les troupes débarquées à Aboukir.

1. Ce fut son collègue Cazals qui le remplaça le 21 vendémiaire an VIII (13 octobre 1799) un peu moins de deux mois avant le désastre final.

2. Voy. plus loin la lettre de Marc-Antoine Geoffroy datée d'El Arisch, 14 thermidor an VII (*App*. IV, n° 2).

3. Voy. *Appendice* III, n° 2.

Pendant qu'il s'inquiétoit de mon sort, j'avois sur le sien des inquiétudes beaucoup plus réelles.

On présumoit que la Syrie arriveroit par terre, tandis que la Turquie nous attaqueroit par mer. De cette présomption nos exagérations avoient passé à l'attaque d'El-Arich et d'autres penseurs, enchérissant sur ces bruits ridicules, annonçoient savoir de bonne source que El-Arich avoit été pris d'assaut et la garnison passée au fil de l'épée. Jugez de mes mortelles inquiétudes pendant trois jours!

Aujourd'hui que nous sommes vainqueurs ici, le peu de moyens organisés en Syrie ne seroit que funeste à l'ennemi.

Maîtres de toutes nos forces, de quelque côté qu'il paroisse par terre, il seroit battu.

E. GEOFFROY.

(Arch. famille Geoffroy Saint-Hilaire.)

XXXII

AUX PROFESSEURS DU MUSÉUM

Au Caire, 29 thermidor an VII[1] (16 août 1799).

Mes respectables collègues,

Une occasion s'offre de vous donner des nouvelles du voyageur et je m'empresse de le faire. Je vous

---

1. Séance du 24 vendémiaire an VIII (16 octobre 1799).

répéterai les mêmes choses si mes lettres ont passé, mais dans les circonstances où nous nous trouvons, je suppose qu'elles ont été interceptées....

Il n'y a eu qu'un naturaliste, le C. Savigny, qui ait fait le voyage de la Syrie. Au moment du départ, j'étois malade à Damiette et quand je fus informé que l'intention du général étoit que je l'accompagnasse, je me trouvai dans l'impossibilité d'y satisfaire. Le C. Savigny me remplaça. Il employa un zèle et surtout un désintéressement très grand à remplir son objet, il ne fut ni arrêté par les dépenses qu'il falloit faire, ni attiédi par les pertes de chameaux et de chevaux qu'il éprouva; et quand tous les militaires pouvoient à peine suffire aux fatigues énormes de la traversée du désert, il employa son temps à ramasser les insectes qui s'y trouvent. La collection faite en Syrie est d'un très grand intérêt. Il a bien voulu me remettre les lézards, serpens et quadrupèdes qu'il a rapportés.

Aujourd'hui nous préparons une grande expédition : nous nous disposons à parcourir toute la Haute-Égypte. Mille contrariétés nous ont empêchés de l'entreprendre jusqu'à présent; mais le général en chef, qui n'a jamais perdu de vue les membres de la Commission des Arts, vient de prévenir tous leurs désirs. Il est toujours rempli pour nous des manières les plus bienveillantes, et il est entré dans une multitude de détails qui assureront le succès de notre entreprise et qui nous épargneront beaucoup de tracasseries et de fatigues.

Je compte aller à Cosseir ramasser les animaux de la mer Rouge ; je ne l'ai point fait jusqu'à présent, parce que j'étois assuré d'avance, si je me rendois à Suès, que j'y perdrois inutilement mon temps. Suès n'offre aucune espèce de ressources et les hommes y sont si indolens qu'on n'en peut déterminer aucuns à se livrer à la pêche. D'ailleurs pendant le temps que je pouvois consacrer à cette course, les Anglois bloquoient le port. Je faisois néanmoins mes préparatifs pour m'y rendre, j'avois acheté les animaux qui m'étoient nécessaires pour traverser le désert, lorsque le voyage de la Haute-Égypte a été organisé. Je compte sur une pêche plus considérable à Cosseir, où nous trouverons des commerçans industrieux.

J'ai songé pendant longtemps à faire le voyage de Djedda ; c'est là qu'on trouve un marché de poissons très approvisionné et qu'arrivent les nombreuses espèces que Forskal a décrites. Quoiqu'on ne puisse pas trop compter sur l'amitié du schérif de la Mecque, je ferai mes efforts pour m'y rendre. Je recevrai sur cela les avis du général Desaix que je trouverai dans la Haute-Égypte et qui a avec le schérif de la Mecque des rapports plus directs. C'est le général Desaix qui nourrit ce pays en lui expédiant les blés dont regorge l'Égypte supérieure.

Alors je songerai à rentrer parmi vous, mes respectables collègues ; j'espère enrichir votre Muséum d'objets nouveaux et précieux. Mes collections sont faites avec luxe : j'ai pris les plus gros individus et jusqu'à 6, ou 8 ou même 12 individus de la même espèce. Je conserve tous ces animaux dans la liqueur; j'ai fait des squelettes, enfin je n'ai épargné ni peine ni argent, pour vous rapporter des objets que vous puissiez vous applaudir de posséder. J'ai prodigué les primes d'encouragement afin d'exciter les Turcs à me pourvoir de tous les animaux qu'ils sont à même de ramasser et ce moyen, dispendieux à la vérité, m'a procuré tout ce que j'ai désiré. Je reçois un gros Revenu, dépense peu et employe mes économies à des recherches d'histoire naturelle.

J'ai l'honneur de vous saluer, mes chers collègues, et de vous prier d'agréer l'hommage de mes respects.

GEOFFROY.

(Arch. Mus. d'Hist. Nat.)

XXXIII

A GEORGES CUVIER

Caire, 29 thermidor an VII (vendredi 16 août 1799).

Mon cher Cuvier,

Apprêtez-vous à me faire le plus grand sacrifice. Je n'exige rien moins que le trône anatomique. Si vous hésitez, je vous réplique : avez-vous trouvé dans un seul poisson l'organisation des quadrupèdes et de la seiche? Avez-vous expliqué comment agissent les organes si admirables des *tetrodons*? Non, me direz-vous, j'ai fait d'autres découvertes qui méritent le premier rang;... si cela est, accordez-moi au moins la deuxième place[1].....

Mais c'est beaucoup trop de se prévaloir de deux dissections, parlons sérieusement.

J'ai partagé les Silures en cinq familles; les organes internes et externes s'accordent d'une manière admirable.

Les Bayads, silures doc-mac, *Silurus Bayad*. Vous aurez une idée des formes extérieures de ce genre dans le *Silurus Clarias*[2] figuré dans les planches de l'Encyclopédie. Il n'y a que le nom de *Scheilan* de ce poisson qui appartienne au Nil. On connoit ici sous ce nom cinq espèces, qu'on distingue ensuite par des noms spécifiques. Elles sont toutes nouvelles et formeront un deuxième genre bien naturel avec les *Silurus cataphractus, Silurus galeatus*[3], etc.

Les *Schilbe* forment le troisième genre : il est composé du *Silurus mystus*[4], d'une deuxième espèce nouvelle, d'une troisième publiée dans les mémoires de l'Académie des sciences, et du *Silurus glanis*. Voyez la figure de ce dernier.

---

1. Lorsque l'élection du 14 septembre 1807 fit d'Étienne Geoffroy le confrère de Georges Cuvier à l'Académie des sciences, celui-ci félicitant son ami de sa nomination, s'exprima en ces termes : « Je suis d'autant plus heureux, que je me reprochais d'occuper une place qui vous était due. » Et Geoffroy, qui se plaisait à rappeler cette phrase, ajoutait qu'il n'avait jamais pensé qu'il pût arriver le premier des deux. (Cf. Isidore Geoffroy Saint-Hilaire, *Vie, travaux,* etc.)

2. *Pimelodus clarias* Geoff.; *Synodontes schall* Bloch, Schneider.

3. *Dorcas cataphractus* Gr.; *Auchenipterus galeatus* Linn.

4. *Silurus mystus* Linn.; *Schilbe mystus* Vaill.

Le *Silurus electricus*[1], quoique seul dans son genre, me paroît assez différent pour être séparé des autres silures. Je soupçonne à deux espèces qui n'appartiennent point au Nil une organisation analogue, mais il faudra les voir de près pour s'en assurer.

Je vous dirai en passant que ce poisson se nourrit uniquement d'anguilles, il leur donne la commotion électrique et profite du moment où elles sont étonnées et même engourdies pour s'en saisir. Il est recouvert d'une couche de lard comme les cétacés. Seroit-ce là le siège ou la cause de l'électricité?

La cinquième famille est composée du *Silurus anguillaris*[2] et d'une nouvelle espèce.

Voilà mes poissons à bronches et à trois cœurs, je vais vous en parler plus au long. Derrière les branchies est une cavité qui communique uniquement avec la cavité bronchique, mais qui est susceptible d'être fermée, et dans cette nouvelle cavité on voit adossés aux branchies et appuyés sur leurs cercles osseux deux arbres bronchiques. Ils sont d'inégale grandeur. C'est tout simplement un cartilage plat, qui se divise en troncs principaux, en branches plus petites, enfin de la même manière que les arbres ou que les bronches des quadrupèdes. Une multitude très considérable de vaisseaux sanguins se ramifient à la surface de ce bronche. Ils sont visibles pendant la vie de l'animal, mais après sa mort le sang se retire dans les gros vais-

1. *Silurus electricus. Malapterus electricus* Linn., Gmelin.
2. *Clarias anguillaris* Linn.

seaux, et on n'apperçoit plus qu'un cartilage blanc[1].

Vous ne pouvez méconnoître dans cet organe un véritable bronche, mais qui existe en sens contraire des quadrupèdes. Dans ceux-ci c'est un sac qui se ramifie à l'infini et dans lequel l'air pénètre pour être en contact avec les vaisseaux sanguins. Dans les silures anguillaires, l'air entoure le bronche et les vaisseaux sanguins, l'absorbant à la manière des branchies. Ce sont en effet des branchies surajoutées, mais faites sur un modèle qui rappelle les poumons des quadrupèdes.

Si la figure de l'encyclopédie étoit faite avec quelque correction, vous verriez que la tête du silure anguillaire est très large, plate et fournie d'un casque si prolongé en arrière que presque tous les organes abdominaux sont renfermés dessous et conséquemment se trouvent sous la tête, les 4/5 du poisson en forment la queue ; le vaisseau dorsal se trouve placé dans un canal formé par les vertèbres, semblable et opposé au canal de la moelle allongée. Aucun muscle ne pourroit opérer la pulsation du sang dans ce canal ; il y a l'équivalent des muscles dorsaux à l'extrémité de l'artère branchiale, un muscle épais entoure le vaisseau et chasse le sang à travers le long canal.

Vous devez encore ici reconnoître trois cœurs, cette organisation est semblable à celle de la

1. « Je ne vois pas, m'écrit à ce sujet mon collègue M. Léon Vaillant, que cette remarque, assez intéressante, ait été reproduite ailleurs et Geoffroy ne la relève point dans sa communication à la Société philomatique de floréal an X. »

Seiche, néanmoins elle est inverse, en ce que dans la Seiche, suivant ce que vous nous avez appris, les deux cœurs pairs fournissent aux branchies et le cœur impair fait fonction de ventricule gauche; dans les silures anguillaires le cœur impair fait fonction de ventricule droit et pousse le sang dans les branchies et les deux cœurs pairs font fonction de ventricule gauche.

Je n'ai pas encore disséqué mes silures anguillaires avec tout le soin que j'y mettrai lorsque je rédigerai cette partie de mes observations, mais un poisson à l'étude duquel j'ai apporté toute l'application dont je suis susceptible est le tétrodon du Nil, *T. lineatus*[1]. Je me suis d'abord assuré que sous cette dénomination latine on comprenoit deux espèces dont les moindres différences sont que le tétrodon du Nil est rayé sur le dos et particulièrement sur les flancs et que l'espèce publiée par Bloch, et dont on trouve la figure dans l'encyclopédie, est rayée sur le ventre[2].

---

1. Geoffroy avait lu à la séance du 1er thermidor précédent (19 juillet 1799) la première partie d'un mémoire contenant une description zoologique et anatomique d'un poisson connu en Égypte sous le nom de *fachhaca* et que les naturalistes ont appelé *Tetrodon rayé* (*Tetrodon fahaka* Hasselq). « Après avoir fait voir, dit le compte rendu, que sous cette dernière dénomination on a confondu deux espèces, le citoyen Geoffroy décrit les organes singuliers qui caractérisent la famille des *tetrodons*. Ces poissons ont la propriété de pouvoir gonfler la partie inférieure de leur corps. Le citoyen Geoffroy pense que tout l'air qui produit cet effet est contenu dans l'estomac, et que la vessie natatoire s'oppose seulement sur le muscle à la sortie de l'air, en fermant la sortie de l'œsophage. » (*Décad. Égypt.* III, 294.)

2. M. L. Vaillant veut bien me faire observer que dans la *Des-*

Mais j'ai de plus découvert tout le mécanisme au moyen duquel la peau du ventre s'enfle excessivement. Le tétrodon reçoit de l'air par les ouïes : alors la langue est tirée en arrière par les muscles qui s'attachent aux os claviculaires, de plus par une organisation particulière son extrémité est amenée en bas : les téguments intérieurs ne tiennent par aucun tissu cellulaire aux téguments extérieurs au-dessous de la mâchoire inférieure. Lorsque le poisson est soufflé et que la langue est dans sa situation naturelle, il y a déjà à la gorge une cavité destinée à recevoir la partie antérieure de la langue; lorsqu'elle est ramenée en bas, les téguments intérieurs se collent aux extérieurs par la pression de la langue; quand la cavité de la bouche est remplie, elle se rétrécit et devient nulle au moyen des muscles qui portent la langue en avant et qui ferment les branchies. Alors les membranes branchiostèges, pour ne pas laisser passer l'air, s'appliquent sur l'ouverture branchiale; de plus l'air ne trouve pas d'issue vers la bouche, qui se distend au point de s'arrondir et de s'appliquer sur la peau et est portée sur les dents supérieures : elle fait alors fonction de soupape, qui s'ouvre quand la langue est descendue en bas, ce qui ferme toute communication avec la bouche lorsque la langue se dirige en avant. L'air comprimé, lorsque la cavité de la bouche se rétrécit, presse sur cette soupape et contribue à l'appliquer sur les dents.

cript. de l'Égypte on trouve en effet deux espèces décrites, mais que la seconde est de la mer Rouge : c'est le *Tetrodon hispidus.*

Il ne trouve d'autre issue que l'ouverture de l'œsophage et il passe dans l'estomac. Je ne crois pas me
tromper : quelque étendue qu'aye la poche aérienne,
quoique composée de membranes aussi fines que
celles du péritoine, on doit la reconnoître pour
l'estomac. C'est dans cette poche qu'ouvre la cavité
de la bouche au moyen de l'œsophage et c'est de
cette poche que naissent les intestins. Je l'ai trouvée
en partie remplie d'aliments. Il n'est pas étonnant
que ses membranes soient si minces, cela provient
de l'extrême étendue que l'estomac acquiert dans
cette espèce : au surplus, je suis parvenu à disséquer
une petite quantité des deux membranes dont je l'ai
trouvé composé, il est fixé à la peau au moyen d'un
tissu cellulaire peu serré, et j'ai parfaitement séparé
l'estomac de la peau ; il s'étend sur tout l'abdomen
comme une espèce de sac qui recouvre tous les
intestins. Vers le milieu est l'ouverture de l'intestin :
il n'y a pas d'œsophage proprement dit. Quand la
poche est gonflée on trouve une autre soupape bien
plus singulière que la première. Elle est formée aux
dépens des branchies. Le citoyen Lacépède a remarqué avec raison qu'il n'y en avoit que trois, mais la
quatrième existe en rudiment, du moins on trouve
tous ses osselets, qui composent la soupape. L'osselet
branchique forme le col œsophagique et le petit os
triangulaire qui termine ordinairement les branchies
soutient une membrane qui s'abaisse à volonté sur
l'ouverture œsophagique. Pour que le col œsophagique qui est très grand soit fermé, il faut que tout ce

que contient l'abdomen sous l'estomac et particulièrement la vessie natatoire soit refoulée vers cette
ouverture. Aucun sphincter ne rétrécit l'ouverture
de l'intestin, de sorte qu'une partie de l'air qui passe
dans l'estomac passe aussi dans les intestins, ce qui
commence la pression ; mais le refoulement est opéré
par un organe qui agit directement. C'est le bras
modifié d'une manière toute particulière.

Il est composé d'un os claviculaire fort large qui
à son milieu fournit une arête. C'est sur cette arête
que s'articulent deux os formant par leur ensemble
une figure triangulaire : la nageoire termine ces deux
pièces, tandis que du point où se réunissent la clavi-
cule et l'omoplate naît un os long, droit, auquel
s'attachent en arrière les muscles abdominaux, et un
muscle quarré long qui s'articule à des osselets appartenant à la nageoire dorsale : en avant deux autres
muscles quarrés longs ; l'un est employé à tendre la
membrane qui renferme les osselets branchiostèges
et à opérer conséquemment une grande capacité de
la cavité de la bouche ; l'autre se porte de côté
vers l'os de l'opercule et le colle sur l'ouverture
branchiale.

Quand les muscles abdominaux se contractent,
alors le poisson est courbé sur lui-même, les intestins
portés en avant, et il pousse sa vessie natatoire qui,
comprimée encore par les organes du mouvement
(les bras), s'applique sur les parois extérieures de
l'ouverture œsophagique et la ferme par le dehors.
La forme de la vessie natatoire est celle d'un fer à

cheval dont les deux branches seroient trop courtes.

Le foye est très volumineux, il occupe le costé droit de l'abdomen. Au dessus de la vessie, sont deux petits reins de forme lenticulaire. Les ovaires ou les testicules ressemblent pour la forme et la couleur aux mêmes organes considérés dans les oiseaux, ils sont seulement proportionnellement plus volumineux.

Les intestins sont à peu près du même diamètre et forment quatre circonvolutions. La rate est placée dans les branches de la vessie natatoire.

Je suis bien fâché d'être privé du mémoire que j'ai rédigé avec soin : il est dans les papiers du secrétariat enfermé à cause du départ. Vous n'auriez pas un extrait aussi verbeux et aussi peu suivi. Mais si vous faites un usage de ces divers faits, arrangez-les différemment.

Je suis si accablé d'affaires dans ce moment qu'en vérité je ne sais ni ce que je fais, ni ce que je dis, ayez-moi donc en indulgence.

Comment se portent tous nos amis? Est-il quelquefois question du Geoffroy Égyptien dans vos conversations? L'aime-t-on encore un peu? On reçoit si peu de ses nouvelles qu'on doit le taxer de paresse. Ce seroit bien injuste; car il ne se passe pas quinze jours que je ne vous écrive.

Adieu, mon bon ami, je ne suis pas sans espérance de vous revoir, je vais entreprendre un voyage fort pénible afin de mériter de rentrer dans votre société d'une manière digne de vous. Oh! pour le coup si on me reproche encore de n'être pas naturaliste parce que je n'ai pas voyagé, on aura bien grand [tort] !

Je suis naturaliste à ce titre.

Je vous embrasse.

GEOFFROY.

Ainsi que nos camarades Brongniart, Ventenat, Adet, Coquebert, Lacroix, Silvestre, etc., dont j'ai appris les chagrins à l'égard de sa sœur, vous tous nos amis de la société philomatique qui avez conservé quelque souvenir de moi.

Coquebert fils est de notre voyage : il arrive de Suès ; Larrey travaille comme un mercenaire.

(Bibl. Institut.)

XXXIV

A M. LACÉPÈDE

Le Caire, le 29 thermidor an VII (vendredi 16 août 1799).

Je me suis plu à vous adresser mes observations sur les poissons[1]. Il convient que l'écolier consulte son maître.

Aujourd'hui je m'étendrai un peu davantage sur une famille uniquement propre au Nil, et dont je vous entretiendrai pourtant de simple souvenir et

1. Cette première lettre à Lacépède n'a pas été retrouvée.

sans que les objets soient sous mes yeux. Je veux parler de la famille des Mormyres[1]. Les Arabes en ont fait comme nous un genre, quoique les espèces soient si différentes par la forme de la tête : ils le connoissent sous le nom de Kachoué, d'où Hasselquist a fait Caschive[2]; ils distinguent ensuite les espèces par des noms différents.

Vous déciderez si vous laisserez les Mormyres dans les branchiostèges. Je vous préviens que ces poissons sont osseux et qu'ils ont des côtes, que de plus ils ont aussi cinq osselets branchiostèges, ils diffèrent uniquement des poissons abdominaux en ce qu'ils manquent d'opercules et que les osselets branchiostèges, au lieu de servir à la membrane branchiostège, sont placés parallèlement vers le milieu de la gorge et servent d'attache à plusieurs muscles dont l'objet est de baisser la mâchoire inférieure.

Vous savez que les Mormyres sont surtout remarquables par un museau allongé, lequel est enveloppé de tégumens. Quand on voit le crâne, on lui trouve un air de ressemblance avec celui des fourmiliers, la bouche n'est de même ouverte qu'à l'extrémité, en sorte qu'elle est fort étroite et qu'il n'y a que la partie avancée des os maxillaires qui paroissent :

---

1. C'est d'après les notes qui suivent sur les Mormyres, envoyées ainsi d'Égypte par Étienne Geoffroy que Lacépède a rédigé (il le dit expressément T. V, p. 621) ce qui concerne ces poissons dans le cinquième volume de son ouvrage publié en 1802. (Cf. *Poissons du Nil*, VII. *Descript. de l'Égypte. Hist. Nat. Zool.*, t. XX, p. 245.)

2. Cf. Hasselquist. *Voyages dans le Levant dans les années* 1749, 1750, 1751 et 1752. Trad. fr. Paris, 1769, in-18, t. II, p. 53.

or, comme il étoit question d'abaisser la mâchoire
inférieure dont les tranches postérieures sont enga-
gées dans les téguments communs, il falloit une force
considérable et elle est produite par les muscles qui
sont placés au-dessous de la langue et dont les atta-
ches sont multipliées en raison du nombre des
rayons branchiostèges. Je vous préviens que, quand
on a dit que les Mormyres avoient un seul osselet
branchiostège, on a pris pour lui une petite pièce
détachée de l'opercule. L'extrémité des os maxillaires est munie de petites dents plus ou moins
nombreuses suivant les espèces ; mais ce qui compense leur peu d'utilité c'est une bande longue au
palais, osseuse et couverte d'aspérités à laquelle en
répond une autre (de la même forme) sur la langue
fournie par l'os hyoïde : il n'y a que le *Mormyre*
anguilloïde qui ait la bouche assez grande, les dents
au nombre de vingt-quatre à chaque mâchoire et parfaitement bien rangées. Je n'ai vu qu'un seul individu de cette espèce qui n'est commune que dans la
haute Égypte ; il appartenoit à un cuisinier qui n'a pas
voulu me le céder, mais autant que j'ai pu voir, les
bandes osseuses n'existent ni au palais ni à l'os
hyoïde ; les branchies sont au nombre de quatre et
en double feuillet. Les Mormyres offrent, à l'ouverture de leur abdomen, une masse de graisse qui ne
présente rien de distinct, si ce n'est ou un seul testicule ou un seul ovaire ; mais si l'on vient à dévelop-
per cette masse graisseuse, on voit qu'elle enveloppe
les intestins et l'estomac. Au-dessus de ce dernier

est le foie de forme aplatie et triangulaire, au-dessous l'estomac qui communique avec la bouche au moyen d'un œsophage (un muscle épais sert à contracter l'estomac); de la naissance des intestins on aperçoit deux cæcums égaux en longueur et qui se roulent sur eux-mêmes; l'intestin ne fournit pas une circonvolution entière, mais, après avoir contourné les cœurs, il se rend droit à l'anus toujours accompagné par des bandes de graisse; l'intestin dans le voisinage de la vessie occupe le côté droit et le testicule, qui sans être long a beaucoup plus de volume, occupe le côté gauche, de manière à remplir les deux tiers de l'espace. Les intestins, l'estomac et le foie enlevés, on trouve la vessie natatoire, qui occupe toute la longueur de l'abdomen; sa forme est celle d'une ellipsoïde très allongée; le rein occupe aussi tout le haut de l'abdomen, il est si mince et si liquide qu'il ne peut être disséqué; on diroit une lame de sang, d'une consistance un peu plus grande, renfermée dans deux membranes dont la supérieure est collée sur les vertèbres. A l'extrémité se remarquent les matières qui se rendent à la vessie en descendant du haut en bas, le poisson se trouvant dans sa situation naturelle. Deux autres faits m'ont surtout frappé; il y a deux vaisseaux dorsaux placés de chaque côté de la colonne vertébrale, ils sont renfermés entre deux muscles rouges, grêles, de toute la longueur du corps, lesquels en se contractant opèrent la pulsation du sang.

La queue des Mormyres est proportionnelle-

ment plus longue et surtout plus renflée ; ce renfle-
ment de la queue, au point qu'elle en est presque
ronde, dans des poissons plats, est dû à la présence
des glandes fournissant l'huile qui doit s'écouler par
le canal de la ligne latérale.

Voici le tableau des espèces :

1. — *Mormyre kanname.*

Le museau aigu et arqué, la mâchoire inférieure
un peu plus longue, tout le dos garni d'une nageoire.

Mormyre kanname forskal.

Commun en Arabie sous le nom de

2. — *Mormyre oxyrinque.*

Le museau aigu et droit, la mâchoire inférieure un
peu plus longue, tout le dos garni d'une nageoire.
Cette espèce est bien certainement l'oxyrinque des
anciens. Il est faux qu'il y ait dans le fleuve d'Égypte
un brochet, comme on l'a prétendu.

3. — *Mormyre de Dendera*[1].

Le museau aigu, les mâchoires égales, la nageoire
dorsale opposée et un peu plus courte que la nageoire
anale.

Je n'ai point jugé à propos de nommer ce poisson
anguillaire parce qu'il peut tout au plus le paroître
relativement aux autres mormyres, mais comme ce

---

1. Denderah (*loc. cit.*, t. XXIV, p. 265).

genre se trouve augmenté de deux espèces, d'une forme analogue, j'ai cru que je ne pouvois continuer une dénomination fautive sous tous les rapports. Ce poisson est commun dans le voisinage du fameux temple de Dendera.

4. — *Mormyre de Salehieh* [1].

Le museau obtus, la mâchoire inférieure beaucoup plus longue, la nageoire dorsale opposée et un peu plus courte que la nageoire anale.

C'est à Salehieh que j'ai vu ce poisson pour la première fois, j'en ai trouvé un grand nombre à sec dans le désert, ils y avoient été apportés par les eaux de l'inondation et laissés dans un fond dont les eaux s'étoient évaporées.

5. — *Mormyre de Bébé* [2].

Le museau obtus, les mâchoires égales, la nageoire dorsale opposée et six fois plus courte que la nageoire anale.

Ce poisson est très commun dans le voisinage des restes du temple d'Isis, bien connu aujourd'hui sous le nom de Bébé.

6. — *Mormyre Hersé.*

Le museau obtus, la mâchoire supérieure un peu plus longue, tout le dos garni d'une nageoire. Hersé est le nom arabe de ce poisson.

1. Salahieh.
2. Behbeyt (*loc. cit.*, t. XXIV, p. 269).

7. — *Mormyre Boné*[1].

Le museau obtus, la mâchoire supérieure beaucoup plus longue, les nageoires dorsales et anales sont semblables, les narines simples. Boné est le nom de ce poisson.

8. — *Mormyre Cyprinoïde*.

Museau obtus, la mâchoire supérieure un peu plus longue, la nageoire dorsale opposée et semblable à la nageoire anale, les narines doubles.

9. — *Mormyre d'Hasselquist*.

D'après le nombre des rayons, j'ai tout lieu de croire qu'Hasselquist a parlé d'une espèce différente des précédentes, je m'en assurerai dans le voyage que je vais entreprendre.

(Non signée.)

(*Bibl. Instit.* Copie de la main de Georges Cuvier, complétée par Frédéric Cuvier.)

XXXV

A GEORGES CUVIER

Caire, 6 frimaire an VIII (mercredi 27 novembre 1799).

Nous sommes tous les jours à attendre la crise qui décidera de notre sort, mon cher Cuvier; il est affreux pour un cœur françois de connoitre l'issüe d'une expédition faite sous d'aussi heureux auspices,

1. Lacépède écrit *Bane*.

de prévoir qu'une des plus belles armées de la république aura été en partie détruite sans que la république en ait tiré d'autre fruit que d'avoir enhardi les ennemis! Ou rentrerons-nous paisibles avec l'armée, ou bien devrai-je compromettre mon existence sur des petits bâtiments qui s'échappent de temps en temps d'Alexandrie? Suis-je destiné, après avoir commencé une si belle carrière, à vivre comme un mercenaire au bagne de Constantinople? J'ai fait des collections d'histoire naturelle très précieuses. Si j'avois le bonheur d'arriver avec elles en Europe, je fonderois sur ces richesses scientifiques l'espèce de fortune à laquelle la délicatesse de mes sentiments me permet d'aspirer. Je suis persuadé que je serois accueilli par l'estime de mes concitoyens. Mais que de difficultés à vaincre! je vous avoue, mon bon ami, que je commence à les croire insurmontables : je me résigne à partager le sort de l'armée; ou les savans et les artistes resteront avec l'armée ensevelis dans les sables de l'Arabie, selon l'heureuse expression d'un de vos orateurs, ou bien ils regagneront la France avec elle, grâce à l'indulgente bonté de nos ennemis.

Nous avions, dans le voyage que nous avons fait par delà les cataractes, nous avions, dis-je, l'espoir de repasser en France immédiatement à notre retour: Bonaparte l'avoit officiellement promis[1]. Il a laissé à

---

1. La lettre de Bonaparte à Kléber, datée d'Alexandrie, 5 fructidor an VII (22 août 1799), contient en effet ce paragraphe : « Les membres de la Commission des arts passeront en France sur un

ce sujet une lettre à son successeur et par là il a cru se dégager de sa parole[1].

Son successeur, au contraire, quoique prenant le contrepied de Bonaparte, nous garde par l'effet du même sentiment qui a porté celui-là à nous amener à sa suite. L'un a voulu faire dire qu'il protégeoit les sciences et les arts, et l'autre veut qu'on ne puisse l'accuser de s'être débarrassé de nous en nous renvoyant aussitôt qu'il a eu le pouvoir. Les pauvres savans du Caire ont donc été emmenés en Égypte pour qu'on lise dans l'histoire de Bonaparte une ligne d'éloges de plus et ils sont retenus pour qu'on ne retrouve pas dans celle de Kléber un reproche. Ainsi les petits ont toujours été le jouet des grands. Cette pensée, qui n'a pas le mérite de la nouveauté, a au moins celui d'une application vraie et journalière dans la vie civile.

parlementaire que vous demanderez à cet effet, conformément au cartel d'échange, dans le courant de novembre, immédiatement après qu'ils auront achevé leur mission. » Mais quelques lignes plus bas, Bonaparte ajoute : « Cependant ceux que vous jugeriez pouvoir vous être utiles, vous les *mettrez en réquisition sans difficulté.* »

1. Ceci était écrit quatre jours avant la publication dans le *Courier de l'Égypte* de la lettre de Kléber à Desgenettes sur les travaux des deux Commissions de la Haute Égypte. « Je crois, citoyen président, écrivait Kléber, devoir charger l'Institut de transmettre aux deux commissions qui ont visité la haute Égypte, le témoignage de ma vive satisfaction sur la manière dont elles se sont acquittées de cette mission, en attendant que je puisse en rendre compte au Directoire exécutif en leur payant le tribut d'éloges qui leur est dû. On ne peut qu'applaudir à l'activité surprenante, à l'union qui a régné et au partage bien entendu des travaux entre les membres des deux commissions et surtout à l'idée vraiment libérale et patriotique de confondre tant de belles choses dans un seul et grand ouvrage et de déposer les objets qui en sont

Notre situation ne s'est pas améliorée depuis le départ de Bonaparte. Nous sommes accueillis partout par la défaveur et le ridicule. Bonaparte avoit su contenir son armée à notre égard, et nous consoloit des déboires à essuyer en nous disant quelquefois que si les militaires plaisantoient les savans, ils les estimoient. Aujourd'huy il ne nous reste plus qu'à nous envelopper dans nos manteaux et cependant, ô mon ami, c'est maintenant que nous avons le plus de droits à l'estime de nos concitoyens : nous avons recueilli les matériaux du plus bel ouvrage qu'une nation aye pu faire entreprendre et lorsque l'on devroit prendre les moyens de mettre à l'abri des événements tant de richesses si précieuses, on craint d'exciter par quelque bienveillance la jalousie des militaires. Oui, mon ami, il arrivera que l'ouvrage de la commission des arts excusera aux yeux de la postérité la légèreté avec laquelle notre nation s'est, pour ainsi dire, précipitée en Orient. En déplorant le sort de tant de braves guerriers qui, après tant de glorieux exploits, ont succombé en Égypte, on se consolera par l'existence d'un ouvrage aussi précieux. Le temps viendra où la même armée, occupée à salir les traits de notre visage, s'honorera de les avoir vus et de nous avoir connus. Attendons tout, et sachons souffrir ici patiemment.

J'achève cette lettre qui n'est qu'une longue jéré-

susceptibles dans les collections nationales. » *Lettre du général en chef Kléber au citoyen Desgenettes, président de l'Institut.* (*Courier de l'Égypte* du 10 frimaire an VIII, n° 47.)

miade; je voudrois vous donner des détails plus satisfaisans et surtout plus instructifs pour vous, mais je vois trop en noir dans ce moment pour le tenter. Gardez que mon père ait quelque connoissance de cette lettre, elle affligeroit sa vieillesse. Je vais prendre du repos, et attendre pour lui écrire que j'aye l'âme plus tranquille.

Mes respectueuses salutations à tous mes collègues, je leur ai écrit il y a deux jours. Je crois bien que ma lettre sera jointe à celle-ci.

GEOFFROY.

(Bibl. Institut.)

XXXVI

AUX PROFESSEURS DU MUSÉUM

Caire, 1er nivôse an VIII (dimanche 22 décembre 1799)[1].

Mes chers et respectables collègues,

Depuis cinq jours que j'ai eu l'honneur de vous écrire, il ne s'est rien passé de nouveau, et si je vous donne aujourd'huy de mes nouvelles, c'est pour profiter d'une autre occasion qui se présente.

Je vous répéterai que la Commission des Arts, sous la protection du général Dugua, a fait un voyage

---

1. Séance du 4 floréal an VIII (24 avril 1800).

qui complète ses recherches sur les antiquités d'Égypte. On s'est porté d'abord aux Grandes Pyramides que l'on a mesurées très exactement. On s'est assuré par des observations astronomiques qu'elles étoient orientées, à une différence près de quelques minutes. On a rattaché à ces monuments célèbres toutes les opérations de géographie et de nivellement déjà faites, et le plan des pyramides pris, on a longé le désert pour se porter aux pyramides de Sacchara et du Fayoum. On a un travail général sur cet objet.

Nous sommes descendus dans les puits des oiseaux, où pour la première fois, j'ai trouvé des momies en place. Ces puits conduisent à des caves souterraines assez spacieuses auxquelles répondent, à angles droits, à droite et à gauche, un très grand nombre de caveaux sans issue. Ce sont ces caveaux d'une assez grande profondeur que l'on a remplis de pots d'ibis, en les entassant sans autre attention que de les coucher horizontalement comme les bouteilles de vin dans nos caves de France, le premier lit présentant antérieurement son ouverture, le deuxième son fond, et ainsi de suite, jusqu'à ce que les pots ayent gagné le faite du caveau.

La montagne libyque, dans son voisinage de Memphis, aboutit par une pente fort douce au terrain cultivé; ce n'est plus comme dans la Haute-Égypte une montagne constamment coupée à pic et d'une hauteur extraordinaire; aussi on a été à Memphis forcé de renoncer aux grottes, et on a consacré un vaste plateau calcaire aux inhumations. Le centre étoit destiné aux ibis et en effet on ne trouve dans toutes les caves du centre que des momies de cette seule espèce. Au midi sont les caveaux destinés aux sépultures humaines, vers le nord ceux des bœufs sacrés.

Enfin on a terminé le voyage par parcourir la plaine pour retrouver quelques traces de Memphis, et on les a incontestablement retrouvées dans l'emplacement occupé en partie par le village de Mitraiéné[1], à une demi-lieue au sud-est de la montagne de Sacchara[2] et à trois quarts de lieue de Busiris. On a retrouvé des vestiges de monuments, un colosse de 48 pieds de hauteur et surtout des tas rouges d'une étendue et d'une élévation telles qu'ils ne peuvent convenir qu'à une ancienne capitale.

Ma première lettre, mes respectables et bien chers collègues, contiendra le rapport des recherches faites par les naturalistes à la mer Rouge.

Agréez, je vous prie, l'hommage de mon respect et de mes tendres sentiments.

GEOFFROY.

(Arch. du Mus. d'Hist. Nat.)

1. Mit-Rahineh, bourg bâti au centre de l'emplacement de Memphis.
2. Sakkarah.

XXXVII

A MONSIEUR GEOFFROY PÈRE

Caire, 1er nivôse an VIII (dimanche 22 décembre 1799).

Mon père, voilà ma troisième lettre depuis huit jours[1], ce qui vous prouve que je ne laisse partir aucun de mes concitoyens qui disent s'en retourner en France, sans leur donner une lettre pour vous.

Notre position militaire s'améliore de plus en plus; l'armée est contente, elle est payée; notre artillerie volante devient de plus en plus redoutable et enfin on n'a ici guère d'autre occupation que d'aller à la comédie. On a joué hier à la satisfaction générale.

Mon frère est toujours à Lesbé[2], où il commande en chef; on l'a nommé à la direction de Damiette, ce qui est un acheminement pour en avoir une en France.

Je pars pour Suez; à mon arrivée, j'aurai le plaisir de vous écrire.

J'embrasse tous mes parents et amis. Vous connoissez toute l'étendue de mes sentiments pour eux et de ma piété filiale pour le meilleur des pères.

GEOFFROY.

(Arch. famille Geoffroy Saint-Hilaire.)

1. Les deux autres ont été interceptées.
2. Lesbah, petit fort bâti au nord de Damiette, et commandant l'entrée du fleuve.

XXXVIII

A GEORGES CUVIER

Caire, 1er nivôse an VIII (dimanche 22 décembre 1799).

Je n'ai jamais aussi ardemment désiré rentrer au sein de mes amis, mon cher Cuvier, que dans ce moment. Tout m'en fait une obligation et particulièrement ma santé qui est délabrée à un point dont vous ne pouvez vous faire une idée. J'ai eu jusqu'ici un courage au-dessus de mes forces et lorsque tout le monde se livroit au désespoir, j'étois occupé à faire renaître quelque espérance parmi mes amis désolés. Aujourd'huy tout a bien changé et j'ai trouvé le terme de mon courage. L'Égypte m'est insupportable : je ne me rappelle plus sans douleur tout ce que j'ai échangé contre ma position actuelle, j'ai quitté de vrais et bons amis pour me jetter dans une société qui a tous les éléments d'un couvent ou qui ressemble à celle d'une petite ville de province : nous nous observons pour saisir réciproquement nos ridicules et en faire l'objet de nos railleries.

Je n'ai cessé d'être malade et mon corps est actuellement si usé que je me suis mis dans l'esprit que je n'aurois plus jamais l'avantage de revoir mes plus chers amis et parents. C'est la première fois que je vous parle de cette manière et je n'ai eu jusqu'ici d'autre objet en vous écrivant et en écrivant à mon père que de vous exagérer mon bien-aise et de vous tranquilliser sur mon compte. Si je vous fais part aujourd'huy de ma situation, c'est afin que vous soyez prévenu en cas d'accident. Mais parlons de tout autre chose.

Je vous ai déjà écrit depuis notre voyage des Pyramides : nous avons visité les grandes, près de Gisè[1] et toutes les autres qui sont sur la montagne Libyque et s'étendent jusque dans le Fayoum. Je ne vous répéterai point que la plus grande pyramide est très exactement orientée, qu'elle est placée justement à l'horizon de Memphis dont nous avons retrouvé les restes au village de Mitraiéné, et qu'enfin nous avons visité les puits de Sacchara. On regarde le voyage déjà fait comme une reconnoissance et on compte le recommencer pour faire les fouilles jugées nécessaires[2].

Je comptois partir aujourd'huy pour Sués, malgré ma mauvaise santé. J'ai toujours reculé pour faire ce voyage extrêmement pénible pour moi. Je crains de n'en point avoir d'autre occasion et je vais à la mer Rouge uniquement pour qu'on ne puisse pas me reprocher de l'avoir négligée. Le départ est remis à après-demain ; je m'y traînerai parce que vous autres, qui ne jugez la distance de Sués que sur la carte, qui ne comptez pour rien trois journées entières dans le désert et la privation de toute espèce de nourriture, m'en feriez un crime capital. Si je suis

1. Gizeh.
2. Voy. plus loin, p. 196.

aussi peu flatté du voyage que j'entreprends, c'est la certitude de n'en retirer presqu'aucun fruit pour la science dont je m'occupe. Sués est dépourvu de tout moyen : il n'y aura, à mon arrivée, que les pêcheurs que j'aurai à cet effet et à grands frais emmenés du Caire. Je compte sur l'acquisition de quatre à cinq espèces que je me suis déjà procurées; en sorte que je n'espère aucun dédommagement de mon déplacement.

On a donné hier *la Mort de César* et *les Précieuses ridicules* sur notre théâtre. Telle est notre plus importante nouvelle!

Je vous embrasse, mon cher Cuvier, ainsi que tous nos excellens amis les philomates.

GEOFFROY.

(*Bibl. Instit.*)

XXXIX

AUX PROFESSEURS DU MUSÉUM[1]

Suès, le 17 nivôse an VIII (mardi 7 janvier 1800).

Mes chers et respectables collègues,

Je vous ai promis dans mes précédentes de me rendre incessamment à la mer Rouge et c'est de Suès

---

1. Lue à la séance du 4 vendémiaire an IX (26 septembre 1800).

que j'ai l'honneur de vous écrire. Les naturalistes y sont tous réunis; les citoyens Delisle, Rosière, ingénieur des mines, Berthe, officier d'artillerie[1] qui a suivi vos cours pendant deux ans se sont réunis à plusieurs ingénieurs des ponts et chaussées[2] pour venir à Suès par une route non encore parcourue par des Européens, celle de la vallée de l'Égarement[3]. Savigny et moi sommes aussi arrivés ici par une autre route non encore fréquentée; ces excursions auront fourni à l'accroissement de nos richesses scientifiques.

A Suès, nous nous livrons sans relâche aux recherches qui nous sont propres. Le citoyen Delisle parcourt le désert en tous sens et les bords de la mer pour vous rapporter les plantes qui croissent dans ces lieux; le citoyen Savigny n'épargne ni dépenses ni peines pour se procurer les mollusques, madrépores, oursins, coquillages vivans et généralement tous les animaux à sang blanc que la rade de Suès peut fournir. De mon côté, non content des moyens que je savois exister dans cette ville, j'ai encore amené quatre pêcheurs du Caire, pour multiplier ainsi davantage les hasards qui doivent me

1. Bert porte dans l'*Annuaire* de l'an IX le titre de commandant d'artillerie de la Haute Égypte.

2. Parmi ceux-ci se trouvait Girard, ingénieur en chef, sous-directeur des ponts et chaussées, qui a rendu compte de ce petit voyage dans une lettre au citoyen Le Père, imprimée au n° 53 du *Courier de l'Égypte* (23 nivôse an VIII).

3. La vallée de Tich ou de l'Égarement va de l'ouest-nord-ouest à l'est-sud-est en suivant le pied du Djebel Attakah qui la borde au nord, depuis le vieux Caire jusqu'à la mer Rouge.

procurer les espèces les plus rares. Rien n'est négligé, j'ose vous en donner l'assurance.

Nous avons, il y a trois jours, traversé la mer Rouge pour nous porter aux fontaines de Moyse. Elles sont remarquables pour des physiciens, en ce que chacune d'elles se trouvant placée au sommet des monticules de sables les plus élevés, la montagne calcaire qui borne la plaine du côté opposé à la mer est très éloignée. D'où provient l'eau des fontaines? Pourquoi au pied des monticules n'en rencontre-t-on pas, lorsqu'on y fouille?

La petite troupe que nous formons ici avait eu le projet d'aller par mer à la rade de Tor et de là en nous confiant aux Bedoins de cette plage de nous rendre au mont Sinaï. On nous apprend à l'instant même que les chameaux de ces Arabes ont été employés pour les besoins de l'armée et qu'il n'y a nullement à compter sur leur bienveillance[1].

Je termine ici toutes mes recherches. On nous apprend que les Anglois consentent à neutraliser le bâtiment qui doit ramener la commission des sciences dans la métropole. Je ne négligerai pas, comme vous pouvez bien le croire, cette occasion de me rendre au milieu de vous, mes respectables collègues. Alors tout ce que j'aurai recueilli avec bien des dépenses, des peines et des dangers, sera à vous : je ne vous

1. Cependant le 17 brumaire an VII (7 novembre 1798) le général Bonaparte avait donné audience au Caire à vingt-quatre députés des tribus qui habitent le pays du mont Sinaï et d'El Tor, et de bonnes relations paraissaient s'être établies entre les Français et ces indigènes. (*Courier de l'Égypte.* n° 16, 24 brumaire an VII.)

demanderai d'autre dédommagement que votre estime.

Agréez, mes chers collègues, mes salutations respectueuses.

Geoffroy.

(Arch. du Mus. d'Hist. Nat.)

XL

A GEORGES CUVIER

Suès, 17 nivôse an VIII (mardi 7 janvier 1800).

On m'apporte en ce moment, mon aimable ami, la nouvelle que les Anglois nous accordent deux bâtiments neutres pour le départ de la commission des sciences. Une partie part très prochainement; le reste, dans le nombre desquels je me trouve, est ajourné à six semaines[1]. Il faut attendre patiemment cette époque, après laquelle j'irai me précipiter dans les bras de mes amis.

Croiriez-vous que je n'ai reçu qu'une seule lettre de mon père, il y a un an? Heureusement qu'il y avoit

---

1. Voy. le rapport de Kléber au Directoire en date du 15 nivôse an VIII (*Courier de l'Égypte* du 3 pluviôse, n° 54). Kléber retient près de lui par des ordres positifs « ceux des membres de la Commission dont les travaux sont immédiatement utiles à l'armée », et Geoffroy est du nombre. Le général en chef s'empressera « de les rendre à la république des lettres après leur avoir procuré l'occasion d'acquérir de nouveaux droits à la reconnaissance de leurs concitoyens ».

deux lignes de vous : sans ce peu de mots, je n'oserois compter sur la continuation de votre amitié.

J'ai cependant ici beaucoup travaillé à m'en rendre plus digne par les privations que j'ai patiemment souffertes et les recherches, si dispendieuses et si rebutantes, que j'ai faites.

Adieu, mon cher Cuvier, je vous ai bien souvent payé en longues lettres les deux lignes que j'ai reçues de vous.

Je vous embrasse bien tendrement, ainsi que nos bons amis.

GEOFFROY.

(*Bibl. Institut.*)

———

XLI

AUX PROFESSEURS DU MUSÉUM [1]

Souès, 22 nivôse an VIII (samedi 11 janvier 1800).

Mes chers et respectables collègues,

On expédie un courrier au Caire qui arrivera vraisemblablement avant le départ des blessés pour la France [2] et j'en profite pour vous informer de la position un peu difficile dans laquelle je me trouve.

1. Séance du 4 vendémiaire an X (26 septembre 1800).
2. Cf. *Ordre du jour du 14 nivôse an VIII* contenant le texte de l'arrêté relatif au passage en France des militaires blessés. (*Courier de l'Égypte*, du 19 nivôse an VIII, n° 52.) *Lettre du général en chef Kléber au général de brigade Fugières* blessé lui-même et chargé

Il y a peu de jours que je vous écrivois que j'avois l'espoir de me réunir bientôt à vous. Alors je ne savois pas que nous avions déjà perdu notre forteresse avancée Elaritch[1]. Les courriers qu'on nous a adressés pour nous faire connaître ce revers ont été assassinés par les hordes de Bédoins qui s'empressent autour des camps françois comme des vautours autour de leur proie. Une lettre que nous venons pourtant de recevoir nous met au courant de ce fatal événement. Nous savons de plus que 3000 Mameloucks sont réunis dans la vallée la plus voisine de Souès, qu'ils se disposent à se rendre par la vallée de l'Egarement dans la Haute-Égypte, et qu'en passant sous les murs de notre mauvaise forteresse ils doivent nous attaquer. Les Anglois de la mer Rouge, s'ils sont secondés par les vents, viendront nous couper toute retraite.

Dans ces circonstances, la garnison forte de 200 François travaille avec la plus grande ardeur à se fortifier; à moins que nous soyons forcés dans nos lignes, nous avons notre retraite assurée par la mer. Il est arrêté qu'à la vue de l'ennemi, les membres de la Commission des arts, qui sont ici, iront s'embarquer à bord de la goëlette, qu'ils formeront la garnison du bâtiment, tandis que les marins placés dans les

---

de « reconduire dans leur patrie *huit cents héros mutilés* ». (*Courier de l'Égypte* du 22 nivôse an VIII (n° 53).

1. El-Arich venait d'être pris par les Turcs, grâce à la trahison d'une partie de la garnison mutinée. (Voy. sur cet événement le ch. ii du tome VII de l'*Histoire scientifique et militaire de l'expédition française en Égypte*. Paris, 1834, in-8°, p. 26-58.)

chaloupes seront employés à favoriser la retraite de
l'infanterie. Si les Anglois se présentent, nous de-
venons leurs prisonniers ; sinon, nous allons errer
dans les mers des Indes, jusqu'à ce que nous trouvions un port où l'on veuille bien recevoir des fugitifs.

J'ai cru, pendant qu'il en est encore temps, devoir
vous informer, mes chers collègues, des mesures
prises pour mettre mes camarades et moi à l'abri des
événements de la guerre. Si donc nous venions à
disparoître, il ne faudroit pas en conclure que ce seroit
pour toujours, mais que des chances nous font encore
espérer de jouir du bonheur de rentrer dans notre
patrie.

Si je n'avois eu que des dangers à courir, je n'aurois pas jugé convenable de vous en entretenir,
vivant au milieu du camp, j'ai pris l'esprit qui y
règne. Le fatalisme dont nous sommes tous ici imbus
nous fait envisager les situations les plus difficiles
sans prendre de soucis.

La plus grande peine que j'éprouve est la privation
des moyens de pêche ; toutes les chaloupes des
pêcheurs sont requises et stationnaires dans le voisinage du fort [san]s que nous soyons forcés à nous
embarquer. Mes camarades sont les citoyens Delisle,
Savigny, Rozières, Girard, Alibert, Devilliers et Berth.

Veuillez, mes chers collègues, agréer l'assurance
de mon profond respect et de mon entier dévouement.

GEOFFROY

Nota. — J'ai pris des mesures pour que le muséum d'Histoire naturelle ne soit pas privé de mes
collections, j'en ai chargé le C. Redouté.

(Arch. du Mus. d'Hist. Nat.)

XLII

A M.-A. GEOFFROY, COMMANDANT DU GÉNIE

Suez, le 25 nivôse an VIII (mardi 14 janvier 1800).

Je suis toujours à Suez, mon cher ami. Nous avons
appris comme par hasard les événements d'Elarich,
depuis il ne nous est arrivé aucune autre nouvelle.

La place de Suez est commandée par l'adjudant
général Boyer[1].

Aussitôt informé, il prit des mesures de défense
et fit de la place de Suez un camp retranché[2].

On avoit envoyé des fonds par l'officier de sapeurs
pour ajouter quelque chose aux mauvaises fortifications de Suez, ils ont été employés en fossés, etc., etc.

La marine s'est mise en mesure de faire, en cas de
besoin, le voyage de l'île de France; la goëlette

---

1. Cf. De Villers du Terrage. *Journ. cit.*, p. 237-238.
2. Dès le 13 frimaire an VII, le général Bon avait visité Suez avec
un corps de troupes. Il y avait trouvé, dit le *Courier de l'Égypte*
(n° 22, 2 nivôse an VII, 22 décembre 1798), « plusieurs pièces de
canon, quelques magasins de biscuits et des citernes pleines d'eau ».
Il avait armé deux chaloupes et construit une bonne batterie pour
la défense du port.

construite a été aussitôt armée et munitionnée; on l'a fait sortir du Goulet et toutes les barques de Suez sont dans le camp retranché destinées à emporter la troupe, au cas qu'elle soit forcée dans ses lignes.

La caravane de savants, aussitôt que l'ennemi sera aperçu, doit s'en aller à bord de la goëlette pour en former la garnison, les matelots devant tous se rendre dans les chaloupes pour favoriser la retraite de la troupe.

Ainsi, dans le cas où cet événement se passeroit comme on le suppose, nous irions voguer au hasard jusqu'à ce que nous trouvions un port assuré contre les terribles événements qui ont changé la face de la terre.

Nous devons toutefois rester en rade pour attendre les nouvelles du Caire. Nous pouvons attendre un et même deux mois dans cette situation; nous pourrions aussi aller augmenter la garnison de Cosseir[1], notre goëlette, les trois chaloupes canonières réunies, et les 257 hommes de Suez.

Ce qui est le plus probable, c'est que nous rencontrerons les Anglois qui feront de nous des colons de leur nouvel établissement de Bab-al-Mandeb[2]. Il est certain que les Anglois de la mer Rouge doivent venir nous visiter, deux dromadaires turcs ayant paru aux fontaines de Moyse pour apporter aux

---

1. Kocéir, port de la province de Kench, sur la mer Rouge, à l'entrée de l'Ouadi Ambagues.

2. On sait que la Compagnie des Indes venait de prendre possession de Périm en 1799 et y avait envoyé de Bombay une garnison destinée à empêcher Bonaparte de communiquer avec Tipou-Sahib.

Anglois de la rade de Suez un paquet de ceux de la Méditerranée.

Je ne suis étonné de rien de ce que je vois ; j'ai dû m'attendre à tout après la téméraire démarche que je fis quand je quittai ma tranquille habitation.

Bien plus, c'est que je pense que les deux ans que j'ai passés en Égypte ne sont que la préface d'un beau roman dans lequel je seroi acteur, si la mort ne vient tromper de si grandes espérances.

Dans tous les cas, que je sois enlevé ou mort, je te donne avis que j'ai laissé tout l'argent que j'ai[1] .

. . . .

Je t'embrasse de tout cœur et adieu.

GEOFFROY.

(Arch. famille Geoffroy Saint-Hilaire.)

XLIII

A M.-A. GEOFFROY, COMMANDANT DU GÉNIE

Ile de Farchi, en face Rosette, 1er ventôse an VIII
(jeudi 20 février 1800).

Après l'embargo émané du Caire, nous en éprouvons un autre plus fatal.

Tu auras sans doute appris que Smith[2] est relevé

---

1. Recommandations intimes, passage réservé par M. Albert Geoffroy Saint-Hilaire.
2. Le commodore sir Sidney Smith, dont le rôle à Saint-Jean-

par un chef de division qui a des ordres de son gouvernement, de ne rien laisser sortir sous quelque prétexte que ce soit.

Tous les généraux sont restés, à l'exception du général Desaix qui est allé par terre à Alexandrie pour connoître par lui-même les nouvelles entraves apportées à notre départ[1].

Il est possible que ces obstacles se lèvent, mais ce ne sera qu'avec du temps. Alors, mon cher ami, profites-en pour faire des démarches pour partir sur l'*Oiseau*[2].

A tout événement, je vais insérer ci-joint une lettre pour le général Kléber, où je lui demande moi-même cette grâce. Tu prierois le citoyen Fourrier de

d'Acre et à El-Arich est trop connu, pour qu'il soit utile d'y insister ici. (Cf. *Hist. scientifique et militaire de l'expédition française en Égypte*, t. V-VIII, *passim*.)

1. C'était Desaix qui au début de ses négociations à bord du *Tigre* avec Sidney Smith, vers la fin de décembre 1799, avait obtenu des passeports pour les membres de la Commission des sciences.

2. Lord Keith écrivait à Kléber à la date du 8 janvier, pour le prévenir qu'il avait reçu des ordres positifs de Sa Majesté de ne consentir à aucune capitulation de l'armée, à moins qu'elle ne « mette bas les armes, qu'elle ne se rende prisonnière de guerre et n'abandonne tous les vaisseaux et toutes les munitions des ports et ville d'Alexandrie aux puissances alliées ». En cas de capitulation, « il ne devait permettre à aucune troupe de rentrer en France, avant qu'elle n'ait été échangée ; tous les vaisseaux ayant des troupes françaises à bord et faisant voile d'Égypte munis de passeports signés *par d'autres que ceux qui ont le droit d'en accorder* seraient forcés par les officiers anglais de *rentrer à Alexandrie*. Enfin les bâtiments qui seraient rencontrés retournant en Europe avec des passeports accordés en conséquence d'une capitulation particulière avec une des puissances alliées, seraient retenus comme *prises* et tous les individus à bord considérés comme prisonniers de guerre. » (Cf. *Courrier de l'Égypte*, 27 ventôse an VIII, n° 62.)

la présenter au général. Tu attendrois toutefois que les nouvelles entraves fussent expliquées avantageusement. . . . . (le papier est déchiré) . . . . . J'avois laissé la malle à Savigny ainsi que la clef du cadenas. La serrure avoit été brisée par Bouilly ; Savigny avoit apporté ici la clef du cadenas que je te renvoie. La malle est confiée aux soins de Dutertre. Savigny m'a de plus apprisque, grâce à sa négligence, mes livres de littérature ont été pillés après mon départ ; il en a apporté quelques-uns ici, et laissé d'autres chez moi.

Mon mal de poitrine diminue sensiblement, il est possible que j'en sois quitte pour l'avis d'être très réservé à l'avenir.

Adieu, je t'embrasse bien tendrement.

GEOFFROY.

(Arch. famille Geoffroy Saint-Hilaire.)

XLIV

A M.-A. GEOFFROY, COMMANDANT DU GÉNIE

Alexandrie, 13 germinal an VIII (jeudi 3 avril 1800).

Pour me tenir aussi longtemps sans nouvelles, mon bon ami, et dans des circonstances aussi critiques, il faut que tu me croies parti. C'est pourtant d'Alexandrie que je t'écris encore ; nous y sommes toujours retenus, sans savoir si nous partirons.

Nous sommes persuadés que l'Anglois ne voudra pas consentir, comme auparavant, à notre passage ; il craindra que nous allions porter la nouvelle de la victoire remportée sur les Turcs[1].

Au surplus, je prends mieux le temps en patience que tout autre. Je m'occupe des poissons de la Méditerranée, et le travail qui absorbe tout mon temps ne m'en laisse plus à de tristes et stériles méditations.

Mais toi, mon bon ami, dans les derniers événements qu'es-tu devenu? Tu ne m'as rien appris sur ton sort, et toutefois une nouvelle indirecte que j'ai reçue m'a fait pressentir que tu as de l'emploi à Belbeis. J'ai su que tu étois attaché à la division Reynier et que celle-ci occupoit Belbeis et Salahié. Ainsi tu reverras les lieux que tu fondas et que tu avois bien cru abandonner pour toujours[2].

Je t'en conjure, mon bon ami, donne-moi promptement de tes nouvelles. Mande-moi l'état de tes ressources. As-tu besoin de tout ce que je possède? En supposant que l'on reste plus longtemps qu'on ne l'avoit calculé, il te scroit peut-être agréable[3].

. . . .

Je m'observe beaucoup sur le chapitre de la peste. Elle ne laisse pas de faire beaucoup de ravages com-

1. Allusion à la victoire remportée par Kléber à Héliopolis le 29 ventôse an VIII (20 mars 1800). (Cf. *Hist. scient. et militaire de l'expédition française en Égypte*, t. VII, ch. XVI.)

2. Voy. plus haut, p. 88 et p. 93.

3. Détails intimes supprimés par M. Albert Geoffroy Saint-Hilaire.

parativement à ceux de l'année dernière ; c'est pourtant peu de chose encore.

Je t'embrasse, mon bon ami, de tout mon cœur.

GEOFFROY.

(Arch. famille Geoffroy Saint-Hilaire.)

XLV

AU COMMANDANT M.-A. GEOFFROY

Alexandrie, 21 germinal an VIII (vendredi, 11 avril 1800).

Je t'ai adressé une lettre très longue de mon père en date du 8 brumaire. J'y apprends, entre autres détails, que Fourcroy s'est emparé de mon logement en obtenant pour la possession de chaque chambre la permission de mon père, et qu'il l'occupera six mois ; que mes collègues ont appliqué mon revenu aux besoins les plus urgents de leur établissement ; que mon père a toutefois demandé à jouir des offres que je lui ai faites de se servir de mon revenu, et qu'on lui a accordé d'abord une somme de 450 francs et une seconde de 2000 francs.

. . . .

Mon père avoit eu déjà une lettre de moi[1] par Gantheaume[2], lorsqu'il en a reçu une plus fraîche.

---

1. Cette lettre est perdue.
2. Promu contre-amiral après Aboukir, sur la proposition de Bonaparte, et commandant des forces navales employées sur le Nil et

C'est le paquet que j'avois remis au général Bonaparte[1], qui contenoit un grand nombre d'observations d'histoire naturelle pour mes collègues et une lettre de toi datée d'El Arisch. Cette lettre a servi à le convaincre enfin que tu existois. Ton silence l'en avoit fait douter, quoi que je lui aie dit à cet égard dans chacune de mes lettres.

Ce sont les seuls détails que je te donne parce que j'espère que l'original te sera parvenu. Si tu ne l'avois pas reçu, ce qui se pourroit, le cours du Nil étant intercepté, mandes le moi, et je chercherai à me rappeler les autres faits de cette lettre.

Mon père me demande des renseignements sur quatre personnes de l'armée : les citoyens Vernois, officier du Génie, Barbier, de Méreville, officier au 7e hussards, Bleu, d'Étampes, canonier de marine de la 5e compagnie du 3e bataillon, et Bérenger, de Maisse[2], adjudant-major de la place d'Alexandrie.

J'ai trouvé ce dernier au moment où j'étois fort embarrassé pour avoir un logement, et il m'en a fait obtenir un, au-dessus de lui, qui suffit à mes besoins et où je dissèque à force.

Le citoyen Bérenger est fils d'un charron de Maisse, il sert depuis vingt-un ans; il me comble d'amitiés et tu lui feras beaucoup de plaisir de lui écrire une bonne lettre. Il te fait ses compliments.

les côtes d'Égypte, c'est lui qui commandait la petite escadre qui a emmené le général en chef.

1. Le 1er fructidor an VII (18 août 1799), au moment du départ de Bonaparte pour la France. (Voy. plus loin, *App.*, II.)

2. Metz.

J'ai reçu aujourd'hui une autre lettre de mon père. Je vais te la copier pour ne pas l'exposer comme la dernière.

Nous n'avons reçu que deux nouvelles des singuliers événements qui se passent en Égypte. L'une, du 9, par l'adjudant général Reynier, et l'autre du 14. Nous sommes donc restés dans l'anxiété pendant longtemps. Dans l'intervalle, nous avons appris que Lesbé[1] avoit été repris et qu'on brûloit un grand nombre de villages insurgés dans le Delta.

J'ai d'abord supposé que tu aurois été chargé des travaux de Belbeis, dès que tu fais partie de la division qui s'en est emparée. Depuis on m'a appris que tu avois marché sur Lesbé avec le général Rampon; enfin j'apprends que c'est la division Belliart qui a pris Lesbé et que Rampon est à Menouf. En sorte que mon esprit, qui a travaillé longtemps pour te loger quelque part, ne sait plus où te trouver. C'est donc à toi, mon cher ami, à suppléer à mon défaut d'intelligence et à m'apprendre où dorénavant je puis t'écrire et où il faudra aller pour t'embrasser.

Dans ce moment la mer est couverte de bâtiments grecs, ottomans et moscovites, qui s'en viennent apporter des cargaisons considérables de fer, vin, orge, etc., et chercher l'armée.

Déjà quatre bâtiments avoient été mouillés à Aboukir. L'un d'eux s'est sauvé. Depuis les Anglois étoient venus mouiller en face des ports pour inter-

[1] Lesbeh.

cepter l'arrivée de ces bâtiments. Douze s'étoient présentés, ils les ont fait rétrograder, et, après avoir attendu deux jours, la mer a été purgée de cette peste d'Anglois. Je ne sais quelle est leur politique en débloquant ainsi Alexandrie et si leur disparition n'auroit pas pour cause la connoissance de notre escadre qui feroit route vers l'Égypte; toutefois, les bâtiments turcs qui ne sont pas prévenus de la rupture, et que les Anglois n'avisent plus, entrent paisiblement dans le port. L'entrée d'aujourd'hui se montera à quinze, parmi lesquels on croit en voir deux de guerre.

J'ai pris des informations pour savoir où le capitaine de l'*Étoile* a laissé tes malles, on n'en a aucune connoissance. Je me suis adressé à l'officier en second qui est resté, aux autres bâtiments venant de Damiette, aux officiers du Génie, et au commandant d'armes; personne ne m'en a donné de nouvelles.

Quant à ta négresse, je la crois restée ici. Je saurai plus positivement le fait.

Ton frère et ami.

GEOFFROY.

Le nombre des bâtiments entrés dans le port se monte à 33, parmi lesquels il y a 5 corvettes, une fort belle frégate et beaucoup d'avisos. Le bâtiment a salué le port et on ne lui a pas répondu.

(*Arch. famille Geoffroy Saint-Hilaire.*)

XLVI

AUX PROFESSEURS DU MUSÉUM [1]

Alexandrie, 10 floréal an VIII (mercredi 30 avril 1800).

Mes respectables et chers collègues,

J'ai appris par les papiers publics la mort de notre illustre collègue Daubenton [2]. Je me suis empressé dans ma dernière lettre de mêler mes regrets aux vôtres : j'ai ressenti d'autant plus vivement la perte de cet homme célèbre, qu'il avoit bien voulu m'honorer d'une amitié particulière et me servir de protecteur et pour ainsi dire de père.

La peste, mon grand éloignement et ma trop longue absence m'engagent à me recommander de nouveau à la bienveillance de mes collègues.

Ce n'est que depuis quelques jours que nous avons lu dans les journaux que la croisière angloise nous a fait passer, que le citoyen Dolomieu avoit été nommé professeur de minéralogie au Muséum d'histoire naturelle [3]. Cette nouvelle a été d'autant plus agréable à ses anciens collègues, qu'informés des traverses qu'il avoit essuyées, ils avoient inutilement cherché dans les papiers françois l'annonce de

---

1. Séance du 7 nivôse an IX (27 décembre 1800).
2. Daubenton est mort le 1er janvier 1800 à une heure du matin.
3. La nomination de Dolomieu est du 16 nivôse an VIII (6 janvier 1800).

son retour en France et la cessation des injustes vexations qu'on lui a fait éprouver[1].

L'Institut d'Égypte ne fondoit aucun espoir sur les démarches qu'il avoit faites et qui étoient beaucoup trop tardives pour avoir leur effet.

Vous avez dû être informés, mes chers et respectables collègues, que la Commission des Arts et les blessés étoient prêts à mettre à la voile pour partir pour la France. Nous avons été retenus par des ordres émanés de Londres, d'après lesquels toutes les conventions faites avec les Turcs et la croisière angloise ont été rompües. Les passeports que ceux-ci nous avoient donnés ont été annulés. Le commodore Smith consentoit encore à nous laisser sortir, mais connoissant les dispositions des Anglois en vüe de Malthe, nous n'avons pas cru devoir compromettre le sort de nos riches portefeuilles et de nos collections. Si, comme le fait entendre le commodore Smith, les ordres qu'il a reçus doivent s'expliquer dans la suite en faveur des blessés et de la Commission, nous pourrons reprendre l'espoir de porter bientôt dans notre patrie des richesses dont elle sera

---

1. On venait, en effet, d'apprendre en Égypte (*Courier de l'Égypte*, 3 pluviôse an VIII, 23 janvier 1800) que Dolomieu, qui s'était embarqué sur un navire génois, avait dû relâcher à Tarente, où l'équipage et les passagers furent jetés dans les fers. Les chevaliers de Malte siciliens demandaient avec les plus vives instances au roi de Naples que Dolomieu fût traité comme coupable de haute trahison envers l'ordre. Il avait été en effet, à Malte, l'intermédiaire des négociations entre Bonaparte et le Grand Maître, Hompesch. On le tint dans une rigoureuse captivité à Messine et il ne fut délivré qu'après Marengo.

sans doute flattée. Le général en chef nous conserve notre bâtiment — l'*Oiseau* — et nous sommes prêts à mettre à la voile à la première circonstance favorable.

Les naturalistes sont les seuls à qui ces retards sont utiles; nos botanistes et nos entomologistes font des excursions dans le désert qui leur procurent beaucoup de nouvelles espèces. J'étudie les poissons de la Méditerranée, en m'attachant particulièrement aux espèces littorales d'Égypte : ce travail, entrepris dans la saison la plus favorable, celle du frais, enrichit considérablement mes collections. Forcé de vivre un peu plus solitairement, à cause de la peste, je n'en ai que plus de temps pour me livrer à mes recherches anatomiques.

La peste ne fait cette année presque aucun ravage. On compte au plus un accident par décade : encore n'y a-t-il que les hommes de mauvaise vie qui en soient attaqués ! Les officiers de santé traitent cette maladie comme toutes les autres; ils ouvrent les bubons et procurent la guérison de beaucoup de malades.

Agréez, citoyens collègues, les assurances de mon respectueux dévouement.

GEOFFROY.

(*Arch. du Mus. d'Hist. Nat.*)

XLVII

A M. GEOFFROY PÈRE

Alexandrie, 10 floréal an VIII (mercredi, 30 *avril* 1800).

Mon père,

Le plaisir que m'ont fait vos lettres en date du 8 brumaire et 16 frimaire an 8, ne peut se comparer qu'à celui que vous a causé le paquet dont le premier consul avait bien voulu lui-même être porteur.

Je me suis cru un instant au milieu de mes parents en lisant les détails qui les concernent.

. . . .

J'ai pris les informations dont vous m'aviez chargé au sujet des citoyens de notre arrondissement, qui font partie de l'armée d'Égypte. Je suis ici logé chez l'un d'eux, le citoyen Bérenger. Il est constamment resté attaché à Alexandrie. C'est un officier de mérite, de bonne conduite et dont les utiles services viennent d'être récompensés par le grade de capitaine de première classe.

Le citoyen Vernois est employé dans les travaux de Belbeis; il a eu un avancement rapide. Il est fort aimé dans son corps.

Le citoyen Bleu avoit repris son service dans l'artillerie de la marine; mais depuis que les hostilités ont recommencé, il est retourné à son corps à Gizé où il est attaché à l'arsenal.

J'ai écrit au citoyen Barbier, dont le corps, le 7ᵉ hussard, est à l'avancée à Salahié. Je n'ai pas encore reçu de réponse[1].

Je vous ai mandé dans mes précédentes que mon frère n'avoit presque jamais séjourné dans l'Égypte même et qu'il n'avoit cessé d'être employé dans les postes avancés et au milieu du désert. Lors du traité fait avec les Turcs, il se rendit au Caire; mais à peine sorti de la quarantaine, il passa dans la division du général Reynier, qui eut l'ordre de culbuter les Turcs dans les déserts de Syrie. Il fut à leur poursuite jusqu'à Salahié où il reçut l'ordre de se rendre par terre et le plus tôt possible à Lesbé. Mon frère sortoit de cette place et il reçut ordre d'en diriger le siège. On supposoit que les Turcs tiendroient longtemps et que les Anglois viendroient à les seconder. Mon frère s'y promettoit d'y signaler son zèle et son activité ordinaires; mais quelque temps après il m'écrivit qu'il avoit fait de vains calculs et que la terreur des ennemis et leur fuite précipitée l'avoient privé des avantages de se montrer dans une circonstance aussi importante. Pendant que ces choses se passoient, je disposai tout pour faire le grand voyage et me rendre auprès de vous. J'ai employé trois mois à lever des obstacles sans cesse renaissants. Cependant nous nous apprêtions à mettre à la voile, les militaires invalides et la Commission des arts, lorsqu'une lettre émanée de la cour de Londres rompit

---

1. On m'informe que cet officier n'est pas venu en Égypte. Son corps, le 17ᵉ hussards, est en France (G.).

tous les traités faits avec les Turcs. Les passeports que ceux-ci nous avoient donnés furent annulés, aussi, au lieu de partir, je songe à remonter mon ménage et à sortir de l'état d'indécision et de gêne où l'espoir d'un prompt départ m'avoit jeté. Je retirai ma négresse du sérail du grand Scheik Soliman ef Fayoum qui, par amitié pour moi, s'en étoit chargé. J'avois laissé à ma négresse, que j'avois affranchie, un mobilier composé de beaucoup d'effets que je n'aurois pu remplacer et je me trouverai, presque sans frais, établi comme auparavant.

Nous n'avons pourtant pas perdu de vue les rives de la France; le général en chef nous conserve notre bâtiment et nos vivres et nous a accordé de mettre à la voile quand nous aurions levé les nouveaux obstacles qui nous retiennent.

De son côté, M. Smith nous fait entrevoir que les ordres qu'il a reçus ne peuvent concerner les blessés et la Commission et que, sous un mois, nous aurons une explication à cet égard, d'après laquelle nous pourrons mettre à la voile sans inquiétude.

En attendant, je m'occupe paisiblement de dissections anatomiques. Forcé, à cause de la peste, de vivre un peu plus solitairement, j'emploie mes loisirs à acquérir de nouveaux droits à l'estime des naturalistes.

J'ai appris par les papiers publics la mort de mon illustre collègue Daubenton et son remplacement par le citoyen Dolomieu, et au collège de France par le citoyen Cuvier.

. . . .

Je vous ai écrit dernièrement avec quel enthousiasme la nouvelle constitution avoit été accueillie
ici[1]. On se flatte d'avoir un gouvernement ferme et
stable. Vous devez bien penser que le choix du chef
du gouvernement est ce qui a été le plus goûté de
l'armée.

La peste n'a fait cette année aucun ravage. A peine
les François prennent-ils quelques précautions. Elle
ne frappe que les individus qui font excès d'eau-de-
vie et de femmes. On parle tout au plus d'un accident par décade, et, tout calculé, il nous meurt ici
beaucoup moins de monde que si nous étions en
France.

Je salue et j'embrasse tous mes parents et amis.
Je les prie d'être fort tranquilles sur notre sort.
Nous sommes ici très à notre aise, et depuis l'arrivée
des quarante bâtiments Turcs qui sont venus dans
nos ports en exécution du traité, et au moment où il
étoit rompu, nous nous trouvons dans l'abondance
de toutes les choses nécessaires à la vie. L'armée est
actuellement approvisionnée en vin, la seule chose
dont elle éprouvoit la privation....

GEOFFROY.

(Arch. famille Geoffroy Saint-Hilaire.)

1. Elle avait été portée à la connaissance de l'armée dès le
27 ventôse an VIII (*Courier de l'Égypte*, n⁰ˢ 62, 63, 64).

XLVIII

Alexandrie, 10 floréal an VIII (mercredi 30 avril 1800).

Mon cher Cuvier[1],

J'ai déjà eu le plaisir de vous faire mon compliment sur votre nomination à la chaire d'histoire naturelle du Collège de France ; à part nos liaisons
intimes, j'ai reçu cette nouvelle avec bien de la
satisfaction : vous seul pouviez dignement occuper
cette chaire ; vous allez prouver que vous êtes aussi
savant en histoire naturelle qu'en anatomie comparée.
Que n'ai-je eu le plaisir d'assister à votre début,
vous saviez combien je prenois part à vos succès !

Je vous ai adressé une lettre pour la C᷎
Daubenton, je lui exprime les regrets que j'avois eus
à la mort de son illustre époux. Vous aurez bien
voulu faire agréer à la Cᵉ Daubenton mes sentiments
de condoléance, je ne puis oublier ce que je dois à
ce couple respectable.

Nous sommes retenus ici, sans savoir à quelle
époque nous pourrons reprendre l'espoir de nous
voir bientôt au sein de nos amis. Notre situation a
cela de fâcheux qu'ayant rompu notre ménage dans
l'espérance d'un prompt départ, nous en avons

1. Lettre expédiée par triplicata.

attendu l'époque dans un état de gêne et d'incertitude très désagréable : toutefois je me suis livré au
travail pour échapper à l'ennuy et je vous l'avoue,
mon ami, je suis plus occupé par desœuvrement que
par l'espoir de nouvelles découvertes.

Ce n'est pas que souvent les viscères des poissons
ne m'offrent des faits très intéressans et alors je suis
replacé à cette belle époque de ma vie, où nous nous
occupions ensemble d'amasser de nouveaux faits et
vivions sans nous appercevoir des tracasseries de la
société et de petites passions des hommes.

Je remarque que tous les poissons de la Méditerranée, littoraux par rapport à l'Egypte, se trouvent
également à Suès. Je vous ai cité dernièrement les
rayes, thoum et lymme qui sont dans ces cas, j'éta-
blirai ce fait par de nouveaux exemples et j'espère
démontrer que l'icthyologie peut ainsi ajouter une
demi-preuve aux autres motifs que l'on a de croire
que les deux mers d'Egypte n'en formoient qu'une
autrefois.

Les genres qui paroissent presque exclusivement
propres à ces deux mers sont les genres *perca*,
labrus, sciena, sparus, scarus, mullus, généralement les poissons thorachiques. Vous savez que ce
sont aussi les poissons qui sont les moins bien traités
dans leurs rapports et que les déterminations géné-
riques ne portent que sur des caractères qui n'ont
entre eux aucune relation.

J'applique à ces familles notre manière de faire à
l'égard des mammifères et dans cette vûe je dissèque

tout ce que je puis me procurer. J'ai quelquefois eu des résultats qui m'ont surpris, par exemple, de voir deux espèces de poissons si semblables pour leur forme, pour le nombre des rayons et pour les couleurs, que je ne savois comment les distinguer et que je me refusois à l'assertion des pêcheurs qui soutenoient qu'ils étoient d'espèce différente, de les voir, dis-je, différer considérablement dans leurs organes internes. Toutefois j'ai trouvé que les dents étoient dans un rapport constant avec les viscères abdominaux, en sorte que j'apporterai à l'égard des animaux que je vous ai cités ci-dessus autant de clartés qu'il y a d'obscurités dans leurs déterminations.

Malheureusement je travaille dans une partie qu'on avance en Europe. Ce que je reconnois ici, les Lacépède, les Bloch, l'ont remarqué avant moi et on l'imprime à Paris et à Berlin !

Quel service vous me rendriez, si vous me pouviez faire passer les deux autres volumes de l'histoire des poissons par le C. Lacépède !

Je saurois d'une manière précise que je ne fais que glaner là où il a fait une riche moisson, mais j'y gagnerois de travailler avec plus de certitude. Combien j'ai souvent regretté de n'avoir pas emporté son tableau icthiologique et vos manuscrits d'anatomie comparée que vous m'aviez si gracieusement offerts. S'il arrivoit que, par suite des querelles qui divisent les nations européennes, mon séjour dut se prolonger ici, que vous le pressentiez et que vous puissiez me faire ces envois, vous me rendriez bien heureux. J'éprouve, à chaque pas que je fais, le besoin des ouvrages les plus modernes.

J'avois formé une collection pour M. Banks[1], j'espérois qu'en considération de mon présent et en quelque sorte à titre de change, il feroit ses efforts pour faire parvenir à la collection nationale quelques animaux de la nouvelle Hollande, qu'on a à profusion en Angleterre et que je lui aurois indiqués. Mais à la reprise des hostilités je n'ai pas cru devoir porter mon tonneau à bord des Anglois : ils auroient pu prendre le change sur mes sentiments.

La société philomatique a-t-elle changé son nom en celui de société académique des sciences? Quoi qu'il en soit, je me rappelle au souvenir de ses membres, mes chers collègues et bons amis. Je salue le tribun Gracchus, Adet, Lacroix, Brongniart, etc.

Votre ami,

GEOFFROY.

(Bibl. Institut.)

XLIX

A GEORGES CUVIER[2]

Alexandrie, 10 floréal an VIII (mercredi 30 avril 1800).

Je vous ai déjà fait mon compliment, mon aimable collègue, sur votre nomination à la chaire d'histoire

1. Sir Joseph Banks.
2. Cette lettre n'est qu'une variante de la précédente.

naturelle du collège de France. A part l'amitié que je vous porte, j'en ai appris la nouvelle avec bien de la satisfaction. Vous seul pouvez dignement occuper cette chaire, et quelque haute idée que vous ayez déjà donné de vos talents, cette place servira encore à votre réputation et prouvera que vous savez vous distinguer dans plus d'un genre. Vous savez que j'ai toujours été aussi flatté de vos succès que de ceux plus chétifs à la vérité, que j'étois dans le cas d'obtenir : aussi je regrette bien vivement de n'avoir pu assister à vos débuts.

Je vous ai chargé d'une lettre pour la C^{nne} Daubenton et vous ai prié d'être auprès d'elle l'interprète de mes sentiments. Vous vous serez, je l'espère, acquitté de ma commission, selon toute l'étendue de tendresse et de reconnoissance que je porte à ce couple respectable.

Je travaille beaucoup ici, plus par desœuvrement, que par l'envie de faire de nouvelles découvertes. Il ne se passe pas de journées que je ne dissèque des poissons : aussi vous porterai-je beaucoup d'observations. Vous trouverez que je suis entré dans un si grand détail, que vous me conseillerez sans doute de faire un choix des faits les plus intéressans, lorsque je penserai à publier mon voyage. De ces faits anatomiques, un petit nombre trouveront place dans votre grand ouvrage d'anatomie comparée ; le plus grand nombre, sans intérêt pour la physiologie, ne trouvera place que dans des écrits icthiologiques. Vous devez bien penser que, connoissant aussi minutieusement la plupart des poissons, je serai dans le cas de les traiter avec quelque certitude dans leurs rapports naturels.

Il y a grande affinité entre les animaux de la côte d'Égypte vûs à Alexandrie et ceux qui appartiennent à la mer de Suès. Beaucoup d'espèces sont communes à ces deux côtes, et quand j'aurai fait le rapprochement auquel elles donnent lieu, je crois que je serai dans le cas d'établir icthiologiquement parlant, que les deux mers n'en formoient qu'une autrefois.

Les genres *labrus*, *sciena*, *sparus*, *scarus*, *perca*, *scorpæna*, etc., généralement les poissons pectoraux s'y rencontrent en plus grande quantité et comme ces espèces sont distribuées dans des genres en quelque sorte arbitraires, que le désordre à leur égard est plus grand que pour les autres familles, je m'attache à les ranger plus convenablement.

J'ai trouvé les dents parfaitement en rapport avec les organes internes, et des différences à cet égard se remarquent dans des êtres qui, extérieurement, paroissent les mêmes quant à la forme, au nombre des rayons et aux couleurs.

Les pêcheurs en Égypte distinguent parfaitement toutes les espèces et se servent d'une nomenclature presque linnéenne dans les noms qu'ils leur ont imposés : toujours ces dénominations en peignent le caractère le plus apparent et le plus distinctif, ou l'une des habitudes les plus remarquables.

Auriez-vous changé le nom de société philomatique en celui de société académique des sciences? J'ai trouvé cette dernière dénomination pour une société établie rue d'Anjou.

J'ai bien souvent regretté de n'avoir pas emporté avec moi vos traités d'anatomie que vous m'aviez offerts, et le tableau systématique des poissons par le C. Lacépède. Combien ces secours et les deux derniers volumes de l'*instinct des poissons* qui auront sans doute paru me seroient utiles! Si par suite des querelles qui divisent les nations européennes, je devois prolonger ici mon séjour, que vous le pressentiez et que vous puissiez me faire ces envois, je vous en aurai une grande obligeance. C'est le seul besoin que je ressens ici, mais il est extrême. Je ne puis journellement *déterminer* mes acquisitions que relativement à Linneus et je sais que Bloch et Lacépède ont, depuis, considérablement augmenté le domaine de la science icthiologique.

Adieu, mon cher Cuvier, je vous embrasse de tout mon cœur. Rappelez-moi au souvenir de nos collègues les philomates ou les académiques; je vous conserve quelque ressentiment, vous ne m'avez jamais écrit, et mon père a pu me faire parvenir de ses lettres.

Mille compliments à la famille Dufresne, au cit. Desmoulins.

Savigny vous salue.

GEOFFROY.

Nota. — J'avois formé une collection pour

l'adresser à M. Bancks et lui demander, sans lui en faire une obligation, de procurer au Muséum d'histoire naturelle des espèces de la Nouvelle Hollande, qui y manquent, et que je lui aurois désignées. Je n'ai pas cru devoir, à la reprise des hostilités, remettre mon tonneau, à bord des Anglois; ils auroient pu prendre le change sur mes motifs.

(*Bibl. Institut.*)

L

AUX PROFESSEURS DU MUSÉUM

Au fort d'Ibrahim-bey, proche le Caire. Le 1ᵉʳ vendémiaire an IX (mardi 23 septembre 1800).

Mes chers et respectables collègues,

Je n'ai que quelques moments à vous donner. J'ai eu l'honneur de vous écrire par la voie de *l'Osiris*[1]. Je vous ai prié de me rappeler au souvenir de Madame Daubenton à laquelle j'ai écrit sur le triste événement qui nous a privés de notre illustre collègue.

Je vous ai marqué les motifs qui avoient retenu la

----

1. L'*Osiris*, pinque génoise commandée par le capitaine Guascone, partie d'Alexandrie le 29 juillet 1799 avec la dépêche annonçant la victoire d'Aboukir, avait abordé à Marseille le 25 septembre suivant. (Cf. Boulay de la Meurthe, *op. cit.*, p. 273.) C'est d'un deuxième voyage de ce navire qu'il est ici fait mention et qui aboutit, comme le dit Geoffroy, à un naufrage en Crète.

Commission des arts dans ce pays. Elle doit s'embarquer depuis quinze jours, mais enfin on n'a pas cru devoir se fier à la feinte bienveillance de nos ennemis.

Je vous rappelle ces détails parce que nous venons d'apprendre que *l'Osiris* s'est perdu sur les côtes de Candie.

J'habite dans un des forts, proche le Caire, situé sur le bord de la Rivière[1]. J'ai suivi cette année avec attention toutes les périodes de son accroissement. Il y a trente ans que le Nil ne s'est élevé aussi haut et il a encore dix jours à croitre. Toutes les routes sont inondées et il n'y a plus d'autre moyen de communiquer que celui des barques. On se sert à cet effet de petits bâtiments à chambre, peints et faits avec beaucoup de grâce. Les Égyptiens répètent encore de nos jours les scènes décrites par Juvénal[2], qui se moquoit d'eux il y a près de deux mille ans pour les promenades qu'ils faisoient sur le fleuve, et les almées qui dansoient d'une manière ridicule et indécente, et leur musique grotesque dont le plain chant des églises de France est un enfant qui s'est façonné pour les institutions européennes.

Toute l'armée est actuellement attaquée d'une petite fièvre qui tient au refroidissement de l'atmosphère et aux vapeurs brumeuses dont elle est chargée.

---

1. La ferme fortifiée d'Ibrahim, non loin du fort Camin, où était la direction du génie.

2. Cf. *Sat.* XV.

Les grandes chaleurs avoient déterminé une éruption de boutons à la peau, si considérable qu'à peine pouvoit-on distinguer une place intacte. Les vents ont cessé pendant trois jours, ce qui a rendu les chaleurs tout à fait insupportables, mais enfin ils ont repris et ont soufflé avec violence, tandis que l'atmosphère se chargeoit d'humidité. Ces deux causes réunies ont fait subitement baisser la température et ont déterminé les fièvres qui incommodent tout le monde, mais elles ne sont aucunement dangereuses et on en est guéri au bout de huit jours.

Vous trouverez peut-être, mes chers et respectables collègues, que je vous en parle un peu trop en détail, vous en connoitrez la raison quand vous saurez que je paie en ce moment mon tribut et que je ne puis guère songer qu'à ce qui m'affecte presque uniquement en ce moment.

Tous mes collègues sont bien portants. Nous nous occupons autant que nous le pouvons, après que nous avons employé toute notre activité dans les recherches des années précédentes.

Je voudrois bien pouvoir mettre en ordre mes observations, ce que je ne puis faire qu'en France.

Je tremble de perdre la plus grande partie de nos collections, si nous restons plus longtemps.

J'avois renfermé mes animaux dans quatre tonneaux. J'ai laissé mes caisses et tonnes à Alexandrie, mon esprit de vin s'évapore, mes oiseaux ont été la proie des insectes !... Puissions-nous revenir bientôt, puissé-je vous prouver par mon zèle et mon activité tout le cas que je fais de votre estime !

J'ai l'honneur de vous saluer.

GEOFFROY.

(Arch. du Mus. d'Hist. Nat.)

LI

AUX PROFESSEURS DU MUSÉUM

[. . . . .] 7 brumaire an IX (29 octobre 1800[1]).

Mes chers et respectables collègues,

Le citoyen Blondy, employé dans les travaux des fortifications, veut bien se charger de vous remettre cette lettre, je l'ai bien prié de vous engager à quelques démarches pour m'obtenir du gouvernement de France des ordres de rappel, j'ai inutilement essayé, auprès du général en chef de l'armée de l'Orient, de tous les moyens qui pouvoient tendre à me rapatrier.

Je ne puis m'occuper de l'histoire naturelle de ce pays ; j'ai à peu près observé tout ce qu'il comporte à cet égard ; pour n'avoir point à rester dans l'inaction, je me suis livré à l'étude de la physiologie, mais j'éprouve à chaque moment la privation des ouvrages qui en ont traité.

---

1. Communiquée dans l'Assemblée des professeurs, du 27 thermidor an IX (14 août 1801).

Je vous ai demandé, mes chers collègues, s'il y a quelques difficultés à me faire rappeler, que vous veuilliez m'en dédommager au moins par l'envoi de quelques ouvrages nouveaux sur les sciences : je vous ai particulièrement indiqué les deux derniers volumes de l'Ichtyologie de notre collègue Lacépède et l'anatomie comparée du citoyen Cuvier.

Veuillez me faire ces envois par triplicata sous le couvert du préfet maritime Vence ; n'épargnez pas les dépenses, mon traitement est là pour y satisfaire ; car la possession de ces livres auroit une grande influence sur mon bonheur pendant le séjour que je suis forcé de faire de plus en Égypte.

Agréez, mes chers collègues, l'hommage de mon respectueux attachement.

GEOFFROY.

(Arch. du Mus. d'Hist. Nat.)

———

LII

AUX PROFESSEURS-ADMINISTRATEURS DU MUSÉUM
D'HISTOIRE NATURELLE, A PARIS

[. . . . .]¹

Mes chers et respectables collègues,

J'ai été bien près d'aller me réunir à vous ; la fortune ne l'a pas permis. Nous avons fait quelques jaloux

----

1. Sans doute cette lettre a été écrite à Alexandrie. Elle a été expédiée en triple exemplaire. L'un a été enregistré au Muséum

et chacun a pu et s'est empressé de mettre sa petite
bûchette dans la roue, de manière que le char enrayé
n'a pas pu prendre son élan. On nous fait cependant
à Paris l'honneur de croire que nous sommes restés
ici volontairement; nous ne méritons pas de telles
louanges[1]. Tous les membres de la commission sont
ici inutiles, et ayant rempli leur mission n'ont rien
tant à cœur que d'aller publier un voyage sur lequel
vous avez déjà quelques données.

Quant à moi, mes chers collègues, je dois avouer
que je risque de manquer mon objet. Mes collections
souffrent et peuvent se perdre en totalité si je prolonge
ici mon séjour. Je les ai malheureusement entreprises
avec trop de luxe. J'ai ramassé beaucoup et de grands
individus. Tous les mois, ces collections me consom-
ment beaucoup d'eau-de-vie et cependant je fais des
pertes.

J'ose à peine vous annoncer, mes respectables collègues, que j'ai perdu dans de vaines espérances mes
peaux empaillées qui pendant quatre mois que mes
caisses ont été à la cale d'un vaisseau se sont toutes
gâtées.

Puissent ces motifs, que je ne vous exagère point,

dans la séance du 17 germinal an IX, un autre est dans les archives
de la famille Geoffroy, le troisième fait partie de la collection
d'autographes de M. de Gourio du Refuge.

Au reçu de cette lettre, Lacépède écrivit au ministre, au nom des
professeurs du Muséum (séance du 27 nivôse an IX) pour demander
le retour du citoyen Geoffroy. Cette lettre de Lacépède parle aussi
de Dolomieu, qui était alors encore prisonnier des Napolitains.

1. De Villers recueille le même bruit, à la date du 28 octobre et
répond de même. (*Journ. cit.*, p. 269.)

vous engager, mes chers collègues, à quelques démarches pour me faire rappeler. Il ne me reste que cette ressource pour sortir d'Égypte. J'ai inutilement essayé des autres moyens.

Ma santé me commande tout aussi impérieusement de me rapatrier. Je ne suis presque jamais sans être attaqué de quelque accès dysenterique. Je viens dernièrement de souffrir d'une ophthalmie qui m'a rendu aveugle vingt-neuf jours.

Les naturalistes continuent leurs recherches, mais ce qu'ils trouvent se borne à peu de chose et ne compense pas leurs pertes.

Delille est aussi fréquemment malade, la vue de Nectoux[1] est presque perdue, Savigny et les minéralogistes Descotels et Rozières jouissent d'une meilleure santé. Ce dernier est parti hier pour le mont Sinaï, il s'est confié aux Arabes de la tribu de Tör. Nous ne l'aurions pas laissé partir seul, mais Savigny est à Rosette et Delille et moi sommes malades et alités.

Je n'ai manqué aucune occasion de vous écrire, mes chers collègues, mais jamais je n'ai éprouvé la douceur de recevoir de vos nouvelles. Voilà quatre avisos d'arrivés et aucun d'eux ne m'a même apporté des nouvelles de ma famille.

Si vous vouliez, mes chers collègues, me faire la faveur de me mettre au courant des sciences, m'adresser quelques ouvrages, particulièrement l'ou-

---

1. Nectoux, botaniste, membre de la Commission des sciences et arts, et de la Commission d'agriculture.

vrage du citoyen Lacépède et le cours du citoyen
Cuvier publié par Duméril, vous le pourriez facilement en adressant ces paquets par triplicata au général Vence. Ces marques de votre souvenir me seroient
d'un prix infini et d'un grand soulagement dans le
malheur que j'éprouve d'être séparé de vous si longtemps.

Agréez, mes chers collègues, l'hommage de mon
respectueux dévouement.

GEOFFROY.

(*Arch. du Mus. d'Hist. Nat.*)

LIII

A GEORGES CUVIER

Au Caire, 18 brumaire an IX (dimanche 9 novembre 1800).

Depuis les premiers jours de vendémiaire[1], mon
cher Cuvier, époque à laquelle je vous écrivois, j'ai
été frappé d'une ophthalmie des plus opiniâtres, elle a
eu quatre périodes ou plutôt j'ai eu à souffrir de
quatre ophthalmies successives, ce qui a duré vingt-
neuf jours pendant lesquels j'ai été entièrement
aveugle. Mes yeux depuis ce temps sont extrêmement
sensibles et me privent de lire et de me répandre au

---

1. Fin de septembre 1800.

dehors. J'emploie alors mon temps à faire des mémoires.

Voici les trois questions que je viens de traiter :

1° Preuves de la coexistence des sexes dans les germes de tous les animaux[1] ;

2° Les habitudes des animaux considérées dans leurs causes ;

3° Preuves que les germes de tous les organes (que l'on observe par exemple dans les familles d'animaux à respiration pulmonaire) existent à la fois dans toutes les espèces et que la cause de la diversité infinie des formes qui sont propres à chacune et de l'existence des organes à demi-effacés ou totalement oblitérés doit se rapporter au développement proportionnellement plus considérable de quelques-uns, développement qui ne s'opère toujours qu'aux dépens de ceux qui se trouvent dans le voisinage.

Si la foiblesse de mes yeux le permet, je lirai ces deux articles à l'Institut. Ils sont comme vous pouvez bien croire très incomplets. Tout ce que je dis nécessiteroit grand nombre d'expériences et de recherches que je ne puis entreprendre qu'à Paris. Hélas ! mon cher Cuvier, en faveur de ces projets, en faveur de votre ami, faites quelques efforts pour m'arracher d'ici. J'ai éprouvé qu'il m'est impossible de me rapatrier dans les circonstances où nous nous trouvons. J'ai offert de m'exposer aux plus grands hasards, mais inutilement.

1. C'est le sujet d'une lecture faite à l'Institut d'Égypte dans la séance du 16 brumaire an IX (7 novembre 1800).

Cependant rien n'est si pressant pour ma santé. Je suis obligé à un régime extrêmement sévère : la moindre impression fâcheuse de l'air ramène chez moi des accès dysentériques. Mon estomac est sans force pour digérer des aliments solides. Les médecins m'ont averti que je ne pouvois espérer de guérison qu'en me rapatriant. Voilà deux motifs personnels et dans l'état fâcheux où je me trouve je les fais passer les premiers. Mais de plus les considérations relatives à l'histoire naturelle doivent vous porter à me faire rappeler. Il convient que j'aille remplir mon emploi au Muséum d'histoire naturelle ; ici je suis complètement inutile, j'ai rempli mon objet, j'étois riche de collections et d'observations : que je reste plus longtemps en ce pays, vous n'aurez rien ; mes collections y périront entièrement. Déjà j'ai perdu toutes mes peaux empaillées, lorsque au premier projet de retour on mit mes effets à fond de cale, et qu'ils y restèrent quatre mois avec l'espoir de partir le lendemain matin. Il me reste ma caisse de momies, etc.[1],

1. On lit dans le *Courier de l'Égypte* du 12 nivôse an IX (n° 95) 2 janvier 1801. « Nous venons de voir chez le citoyen Geoffroy, membre de l'Institut, trois momies humaines très-bien conservées ; elles proviennent des fouilles faites à Sakkara, et ce sont les premières que l'on ait trouvées entières depuis le séjour des Français en Égypte. Chacune est renfermée dans un coffre de bois de sycomore, et une autre enveloppe de carton très épais formé de toiles collées les unes contre les autres. Deux des coffres sont sculptés ; le troisième est sans ornement en relief et l'enveloppe de carton de ce dernier est couverte d'hiéroglyphes. Dans une autre momie, les hiéroglyphes sont dessinés sur le coffre de bois, qui est tapissé de toiles fines et peintes, et l'enveloppe de carton n'est couverte que de peintures insignifiantes, mais qui ont conservé tout leur éclat et toute leur fraîcheur. Le citoyen Geoffroy se propose de

et mes tonneaux d'eau-de-vie. Je verse sur ces derniers pour 100 francs d'eau-de-vie par mois, à mesure que l'évaporation affaiblit et diminue la quantité que ces tonneaux en renferment.

Je n'ai qu'une seule consolation dans ce pays, les soins de mon frère, directeur du parc du génie : je lui ai été utile du temps de Bonaparte, je puis dire que les bontés du premier consul dont j'ai été plus d'une fois l'objet se sont étendues, à ma considération, sur mon frère ; aujourd'huy je suis trop heureux de trouver sous son toit un abri contre toutes sortes d'entreprises.

Mon cher Cuvier, faites, je vous prie, tous vos efforts pour me sortir de ce pays ; il est certain que sans vos soins j'y resterai, je ne sais jusqu'à quelle époque. C'est à vous, c'est à l'amitié que j'adresse mes réclamations ; j'ose croire qu'elles deviendront l'objet de votre sollicitude.

On a écrit que nous nous étions volontairement fixés en Égypte : on a mal interprété une de nos démarches.

. . . .

Mes yeux fatigués me privent de vous écrire davantage.

disposer ces momies, ainsi que la grande collection dont elles font partie, dans les Muséums d'histoire naturelle et d'antiques de Paris. N'écoutant que les sentiments généreux qui doivent animer tous ceux qui chérissent véritablement les sciences, ce professeur n'épargne ni soins ni dépenses pour se procurer ou conserver les objets dont l'acquisition peut être utile aux progrès de l'histoire naturelle. »

Le même aviso, porteur de cette lettre, vous donnera, ainsi qu'à toutes mes connoissances, des nouvelles en date du 1 vendémiaire[1].

Adieu, mon cher Cuvier, je vous embrasse.

GEOFFROY.

(Bibl. Institut.)

———

LIV

AUX PROFESSEURS DU MUSÉUM

Au Caire, le 23 pluviose an IX (mercredi 11 février 1801[2]).

Mes chers et respectables collègues,

J'ai l'honneur de vous adresser deux caisses, l'une renfermant des antiquités égyptiennes et l'autre des animaux. Je ne vous envoie que des doubles et rien de très précieux, dans la crainte que ces objets ne soient la proie de nos ennemis et ne deviennent en leurs mains un petit trophée.

Des fouilles à Sacchara vont avoir lieu sous quelques jours ; on s'occupe des dernières recherches dont les pyramides sont susceptibles. Ces travaux pour lesquels le général en chef a bien voulu accorder une somme considérable et tous les moyens qui sont en son pouvoir, promettent infiniment. Ils se font avec

———

1. 23 septembre 1800.
2. Communiquée à la séance du 7 frimaire an X (27 novembre 1801).

régularité et d'après une instruction que j'ai rédigée au nom de l'Institut[1].

J'ai entretenu cinq à six hommes sur les lieux, dont les trouvailles m'ont procuré beaucoup de faits intéressants. Vous verrez, mes chers collègues, de la tapisserie antique, des habits d'une coupe dont nous n'avons aucune idée ni par les monuments, ni par les médailles, des rubans d'un dessin bizarre, enfin un goût extraordinaire aux yeux des Européens. La tapisserie dont je suis possesseur prouve l'enfance de l'art : le dessin représente entre autres choses un lion, le fond est une toile de coton qui n'a pas reçu une préparation particulière et les couleurs sont fournies par des fils de laine disposés en ligne droite, distantes entre elles, pour que la couleur blanche de la toile ne se voye pas dans les intervalles des lignes, le fil est saillant en dehors, de sorte que chaque fil recouvre l'inférieur à la manière des écailles[2].

1. Voir plus loin Appendice n° III.

2. Le citoyen Geoffroy, dans ce second voyage qu'il a fait à Sakkara (avec Gratien Le Père), s'est attaché à l'étude des catacombes les moins apparentes. Il a observé des puits peu profonds qui n'aboutissent qu'à un très petit caveau, et des excavations encore moins considérables destinées aux indigènes! Leurs corps pénétrés de bitume étaient enveloppés dans leurs manteaux faits de la même étoffe de laine dont se servent encore les Felaahs; des branches de dattier étaient placées dans les replis de cette étoffe, et des tiges de maïs formaient le dernier entourage : le tout était fixé par des cordes de dattier. Cette grossière momie était déposée dans une fosse pratiquée dans le roc et les pierres provenant de cette excavation étaient amoncelées sur le cadavre et liées entre elles par du plâtre coulé. Le naturaliste, dont nous rapportons et dont nous abrégeons considérablement les observations, s'est ensuite convaincu que les catacombes de Memphis ont toutes été aussi fouillées que celles de Thèbes. On trouve à la surface du roc, et

Tout ce que renferme la caisse d'antiquités provient de Sacchara.

Agréez, mes chers collègues, mes salutations respectueuses.

ÉT. GEOFFROY.

(Arch. du Mus. d'Hist. Nat.)

LV

A GEOFFROY PÈRE, A ÉTAMPES

Caire, 23 pluviôse an IX (jeudi 12 février 1801).

Mon père,

Vous devez croire que j'ai la plus grande impatience de vous rejoindre. J'ai vivement demandé mon départ. Je n'ai pas encore pu pénétrer les intentions du général en chef. A l'exception de ce désir de vous revoir tous, mes bons parents, je n'ai rien ici à désirer. Mes jours coulent uniformément, je travaille sans relâche et je suis parvenu par ce moyen à me persuader que je suis au centre des naturalistes. J'étudie leurs œuvres, j'ajoute quelques faits à

ensevelies sous les sables que les vents y ont depuis apportés, des momies tirées des galeries souterraines, différentes petites figures, celle de Typhon particulièrement, des poteries dont quelques-unes de formes élégantes et semblables aux vases d'Herculanum, de petites masses de natron précieusement renfermées dans du linge, des gommes, des bitumes, des feuilles transpercées par des cordes de palmier et disposées en chapelet, etc. (*Courier de l'Égypte* du 24 nivôse an IX (n° 97).

leurs découvertes. Je suis au Jardin des Plantes en lisant et méditant les écrits du citoyen Lacépède. Mais qui me dédommagera de votre privation et de celle de toute ma famille? Rien sans doute, quoique j'aie la douceur d'être depuis neuf mois réuni avec mon frère.

Il ne vous écrit pas aujourd'hui, il est en course. Directeur du parc du génie, il est à la tête d'une administration considérable. Il a des ateliers dans cinq à six endroits éloignés de son établissement principal, et il est toujours sur ses travaux. J'ai voulu le fixer ici pour qu'il put vous écrire. Il en a formé inutilement le projet.

Agréez, mon père, et vous tous, mes chers parents et amis, les tendres embrassements des deux frères.

ÉT. GEOFFROY.

(*Arch. famille Geoffroy Saint-Hilaire.*)

LVI

AU MÉDECIN EN CHEF, LE CITOYEN DESGENETTES
AU CAIRE

Alexandrie, 28 germinal an IX (samedi 18 avril 1801).

Mon cher collègue,

Je vous ai désiré parmi nos collègues arrivés il y a deux jours et j'ai appris que vous étiez resté au

Caire. Le devoir l'a emporté sur toute autre considération.

J'ai vu ici la plupart des officiers de santé nouvellement arrivés de France, tous désireux de faire votre connoissance. Il y en a plusieurs de recommandables par de grands services et de l'âge. Ils ont apporté avec eux plusieurs ouvrages de médecine et de physiologie qui ont paru depuis notre départ; la *Nosographie philosophique* du citoyen Pinel entre autres est un livre que vous goûterez beaucoup. Il a traité la description des maladies à peu près comme Fourcroy a exposé les connaissances chimiques dans sa philosophie chimique: son ouvrage est une série d'aphorismes rangés et distribués d'après la méthode des naturalistes. Son style en est même imité : il est difficile d'écrire avec plus de concision et de clarté.

Le voyage de nos collègues a été entravé de tous côtés, ils sont cependant à Alexandrie. A Ramanié[1], on vouloit renvoyer, pieds et poings liés, le tas d'artistes et de savants que le Caire venoit de vomir. Quelques soldats excités sous main ont voulu piller le trésor des savants et n'ont emporté que quelques débris de roches provenant du mont Sinaï. Leur indignation a été portée à son comble par ce contre-temps, et nos camarades, avertis à propos, ont veillé la nuit pour leur propre sûreté. Le chef Cavalier[2] a eu pitié d'eux, a bravé toutes remontrances et craintes,

1. Rahmanieh, bourg bâti au point où le canal d'Alexandrie aboutit à la branche de Rosette.
2. Cavalier, chef du corps des dromadaires.

et les a heureusement conduits ici. Ils sont en quarantaine, mesure qui a été commandée par l'accident de Lerouge. Il est mort de la peste le lendemain de son arrivée à Alexandrie [1].

Les Anglois ont coupé la digue. L'eau du lac Madié se verse dans l'ancien emplacement du lac Mareotis. Les ennemis, par ce genre d'attaque, paroissent renoncer au projet de prendre Alexandrie de vive force. Ils en font en effet une autre Mantoue. Il y en a eu hier un nivellement de fait par le chef de bataillon Michaux [2], d'où il résulte une différence de neuf pieds entre le sol du lac Mareotis et le niveau des eaux de la mer.

Un bâtiment françois, parti le 14 du mois précédent et expédié d'Ancone, s'est échoué entre la Tour des Arabes et le marabout. Les marins se sont mis à la merci des Anglois qui les poursuivoient. Un officier et sept soldats de la 81ᵉ se sont jetés à terre ; un d'eux a été tué par les Arabes et les autres, après avoir été dépouillés, ont été conduits par les mêmes Arabes jusqu'aux avant-postes françois. Leurs nouvelles sont que le roi de Naples s'est échappé une seconde fois de sa capitale et s'est réfugié à bord d'un vaisseau anglois et que les François, les Impériaux et les Russes procèdent au partage de l'empire ottoman. Chaque armée se dirige vers les pays que les cabinets se sont accordés.

1. Lerouge représentait, avec Denon et Parseval, la littérature dans la Commission des sciences et arts.

2. Michaux, chef de bataillon du génie, collègue de Marc-Antoine Geoffroy.

Veuillez, je vous prie, mon cher collègue, me rappeler au souvenir de tous nos amis et agréer mes salutations amicales.

E. GEOFFROY.

(Arch. famille Geoffroy Saint-Hilaire.)

LVII

A GEORGES CUVIER

Au Caire, 4 compl. an IX (lundi 20 septembre 1801).

Le *Lodi* vient d'arriver[1]; nouveaux chagrins pour moi, mon cher Cuvier. Pas un de mes amis, vous même, n'avez songé à me donner de vos nouvelles. Est-ce parce que je vous ai inondé de mes lettres que j'ai mérité que vous ne m'écriviez jamais?

Nous voilà rétablis en Égypte, sans savoir actuellement l'époque où nous en sortirons. Cependant j'ai achevé ma mission. Le pays uniforme de l'Égypte ne me promet pas de nouvelles moissons et le défaut de livres d'histoire naturelle me prive de rédiger au net les observations que j'ai faites.

Pendant que je végète et que je sommeille ici, vous avancez les sciences.

---

1. Le brick *Le Lodi*, capitaine Senequier, parti de Toulon dans la nuit du 20 juin, est entré dans le port d'Alexandrie, après une traversée des plus difficiles le 22 août. (Boulay de la Meurthe, *op. cit.*, p. 222.)

Travaillez de votre côté, mon bon ami, à me mettre à même de pratiquer vos exemples.

Rappelez que nous sommes des enfans oubliés; faites en sorte qu'on nous redemande.

Le général Menou qui gouverne ce pays avec une justice et une intelligence dignes de tout éloge[1], nous retient toutefois ici. Il ne veut pas se priver d'hommes de mérite et, en nous dorant ainsi la pillule, seigneur Jupiter parvient à nous la faire avaler. En vérité rien n'est pour moi plus désespérant que cette prolongation de séjour. Mes collections se gâtent et j'ai déjà perdu quatre collections d'oiseaux; celles conservées dans de la liqueur souffrent aussi beaucoup, l'esprit de vin s'évapore, et pour peu que mon séjour se prolonge, je ne vous rapporterai que des momies.

Je suis hors d'état de recommencer une collection d'oiseaux : refaire toujours est bien fastidieux; d'ailleurs je suis toujours un peu incommodé et sans force comme sans activité pour de nouvelles excursions.

Savigny, qui a fait une collection d'insectes, est dans le même cas. Sa collection est tout à fait précieuse. Il vous salue et pense toujours à vous aussi bien que moi : mais que nous en revient-il, si vous nous avez complètement oubliés!

Adieu, mon cher Cuvier, soyez sensible à mes reproches, faites passer quelques lettres à la poste

---

1. Cf. Reynier. *De l'Égypte après la bataille d'Héliopolis.* Paris, an X (1802) in-8°, p. 96 et suiv.

de Toulon pour un de vos anciens et meilleurs amis
et croyez que je serai bien sensible à votre souvenir.

Je vous embrasse.

GEOFFROY.

Quoique[1] je n'aye pas l'avantage d'être beaucoup
connu du citoyen Cuvier, je le prie d'agréer mes
salutations respectueuses et de les présenter aux
citoyens Lacépède, Hauy et autres personnes de
l'établissement du jardin des Plantes dont les noms
et le souvenir charment souvent les ennuis des habitans de l'Égypte.

M.-A. GEOFFROY.

Chef du matériel du génie.

(*Bibl. Institut.*)

———

LVIII

A GEORGES CUVIER

Alexandrie, 4 vendémiaire an X (samedi 26 septembre 1801).

Mon cher Cuvier,

Je serai bientôt rendu à la quarantaine, je partirai
dans une huitaine de jours avec les officiers du Génie.
Je compte m'embarquer sur un bâtiment anglais,
le *Calipso*; adressez-moi promptement de vos nou-

1. De la main de Marc-Antoine Geoffroy.

velles. Quelques détails sur vous, sur mes amis et sur ma famille me feront le plus grand plaisir. Mon cher Cuvier, je n'ose écrire aux parens, je crains d'apprendre de fâcheuses nouvelles : je me suis frappé de l'idée que je ne retrouverai plus mon père, sa dernière lettre m'avoit presque préparé à cet événement. Si je l'avois heureusement conservé hâtez-vous de m'en donner la nouvelle : et dans tous les cas je désire promptement connoitre son sort.

Je ne vous parlerai pas de moi. Le travail excessif auquel je me suis livré, et le climat ont très fort dérangé ma santé. Cependant je me rétablis : j'espère faire une traversée agréable.

Dès mon arrivée à la quarantaine, je vous enverrai un travail très étendu sur la physique, la chimie et la physiologie : la découverte du fluide nerveux et du principe vital m'a conduit à une théorie très vaste ; j'espère rentrer en France digne de vous et de mes illustres confrères. J'ai déjà de vous votre amour du travail ; je me réchaufferai, dans votre société, pour toutes les autres qualités qui me manquent encore. Vous vous apercevrez que mon voyage, en me séquestrant de tous les plaisirs d'une capitale, m'aura au moins donné une passion extrême pour l'étude. Les mémoires rédigés que je vous apporterai seront la preuve de ce que j'avance.

Tout cet exposé, mon cher ami, qui sans notre intimité seroit considéré comme un éloge de moi inconsidéré, vous prouvera seulement le prix que j'attache à votre estime et à votre amitié. Mon cher

Cuvier, j'ai beaucoup vu de monde dans mon grand voyage, mais je n'ai connu personne qui pût par de plus brillantes qualités du cœur et de l'esprit me faire un instant oublier mon ancien ami : je reviens à vous avec bien du plaisir et après avoir éprouvé que vous seul pouvez me faire goûter les douceurs de l'amitié la plus sentie.

De grâce, mon cher Cuvier, écrivez-moi tout de suite : tranquillisez-moi sur ma famille. Présentez mes respects à tous mes collègues. Dans quelques jours je leur rendrai compte de ma conduite et de celle des autres naturalistes de l'expédition.

Je vous embrasse de tout mon cœur, vous et tous nos amis de la société philomatique.

E. Geoffroy.

(*Bibl. Institut.*)

LIX

AUX PROFESSEURS DU MUSÉUM

Marseille, 27 brumaire an X (mercredi 18 novembre 1801[1]).

Mes chers et respectables collègues,

J'ai l'honneur de vous informer de l'arrivée à Marseille des naturalistes faisant partie de l'expé-

1. Séance du 17 frimaire an X.

dition pour l'Égypte. Le citoyen Coquebert[1] enlevé par la maladie contagieuse est le seul dont nous ayons à regretter la perte.

Les Anglois redigèrent la capitulation d'Alexandrie avec l'intention de nous priver des moyens de publier nos observations sur l'Égypte. Un jeune littérateur anglois[2] poursuivoit au nom de son général la remise de nos collections : nous disputâmes longuement et il ne se rendit enfin à nos désirs qu'en ne cédant qu'à des considérations particulières : comme celles d'acquérir la réputation de ne pouvoir pénétrer les mystères de Delphes et de vouloir comme un nouvel Érostrate ou un autre Omar en détruire les traces.

Nos collections réunies forment un total de quarante à cinquante caisses ; il nous devient impossible de nous charger des frais de leur transport après les

1. Coquebert de Montbret, botaniste, membre de la Commission des sciences et arts, nommé après le départ de Ripault (21 fructidor an VIII, 3 septembre 1800) bibliothécaire de l'Institut d'Égypte, est mort en mars 1801, chez les Thérabins au sud du vieux Caire, en allant acheter des chameaux pour regagner la côte.

2. Hamilton (William Richard), alors âgé de vingt-quatre ans (il était né à Londres, le 9 janvier 1777), remplissait depuis 1791 les fonctions de secrétaire auprès de lord Elgin, ambassadeur d'Angleterre à Constantinople, qui l'avait envoyé en mission diplomatique auprès de l'amiral Hutchinson. Son biographe anglais (*Brit. Biogr.* v° Hamilton) est muet sur ses démêlés avec la Commission d'Égypte, mais il lui fait honneur d'avoir empêché les Français d'emporter la fameuse inscription trilingue de Rosette, qui est allée, comme l'on sait, au *British Museum*, avec quelques autres antiquités d'un poids considérable, abandonnées par Geoffroy. Quelques années plus tard, le même W. R. Hamilton publiait le texte grec de cette inscription avec une traduction anglaise, dans un ouvrage d'un certain mérite intitulé : *Egyptiaca or some Account of the Ancient and Modern State of Egypt, accompanied with Etchings from Drawings taken on the Spot by Charles Hayer.*

dépenses que nous avons faites pour les conserver
au milieu de la guerre, et surtout après l'épuisement
de finances où nous a réduits le blocus d'Alexandrie.
Nous fûmes six mois sans recevoir d'appointemens
et pendant tout ce temps il nous fallut acheter au
poids de l'or les vivres les plus grossiers.

J'ai cru, mes chers collègues, vous devoir, de confiance, informer de ces circonstances et vous demander au nom de mes camarades les faveurs accordées
à tous les voyageurs. J'ai espéré que vous voudriez
bien vous intéresser près le gouvernement pour en
obtenir le transport des collections d'histoire naturelle que nous rapportons.

Celles que j'ai faites, dont la moitié sont conservées
dans la liqueur, auroient bien besoin d'être revues;
pendant toute la guerre dernière, il m'a été impossible de renouveler l'eau-de-vie, et celle dont j'aurois besoin s'élèveroit à la valeur de trois cents pintes.
Ma modique fortune ne me permet pas, comme
autrefois, de faire cette avance; si vous la pouviez
obtenir du gouvernement, j'en serois enchanté, tant
j'ai à cœur de vous transmettre des collections dignes
de votre établissement.

J'ai eu l'avantage, mes chers collègues, de vous
informer successivement de tous nos progrès dans
l'étude des sciences naturelles; dans ma première
lettre je terminerai ce tableau et vous verrez que
pendant le siège d'Alexandrie le canon ennemi a
plutôt éveillé qu'éteint le zèle des naturalistes honorés de votre confiance.

Je réclame de votre bienveillance, mes chers et respectables collègues, une réponse prompte sur les divers objets de cette lettre. Je resterai en quarantaine jusqu'au 26 frimaire, époque à laquelle rien ne pourra plus me retenir à Marseille : en attendant cette époque si vivement désirée de rentrer au sein d'une famille chérie, je vous prie d'agréer mes salutations respectueuses.

E. GEOFFROY.

(Arch. du Mus. d'Hist. Nat.)

LX

A GEORGES CUVIER

Marseille en quarantaine, ce 27 brumaire an X (mercredi 18 novembre 1801).

Mon cher Cuvier,

Ces rives de la France après lesquelles j'ai tant soupiré, je viens de les apercevoir et je me hâte de vous informer que je m'achemine vers vous. Vous êtes pour moi, mon cher ami, un centre d'attraction, j'ai parcouru un pays lointain, je me suis vu placé dans les circonstances les plus extraordinaires, et, au bout de cette carrière, j'ai trouvé qu'il n'y a d'autre bonheur, d'autre satisfaction pour moi à espérer que de me retrouver près de vous que j'ai d'autant plus appris à estimer que j'ai vu beaucoup d'hommes chez lesquels je n'ai trouvé aucune de vos qualités. Pourquoi n'ai-je pas alors écouté tous ceux qui me conseilloient sagement de jouir paisiblement de la vie et de tous les avantages que j'avois ?

Donnez-moi au plus vite de vos nouvelles, mon cher ami, et de celles de tous mes collègues du jardin et de la société philomatique. M'a-t-on conservé mon logement ? La partie occupée par Mme Daubenton m'a-t-elle été réservée ? Me suis-je trouvé sur la liste de présentation, quand il a été question de nommer, à la place de mon respectable père, le citoyen Daubenton ? Je présume que cette place à l'Institut est remplie par le citoyen Pinel [1].

Avez-vous fait quelques changemens à mon mémoire sur les prolongemens frontaux des Ruminans ? J'ai vu par le *Bulletin* que vous l'aviez livré à l'impression [2] : il étoit cependant bien foiblement rédigé.

Combien j'ai été satisfait d'avoir su Brongniart pourvu de l'emploi de directeur de Sèvres ! Veuillez l'en complimenter de ma part. Son beau-frère a péri en Égypte de la peste : il avoit formé une petite collection de plantes, je me suis chargé de la rapporter à sa famille ; cela consiste en deux boëtes ou

---

1. On avait donné pour successeur à Daubenton le 26 janvier 1800 Guillaume Antoine Olivier, auteur de travaux considérables, tels que l'entomologie de l'*Encyclopédie* et qui venait de mener à bon terme un voyage d'exploration de six ans (1791-1798) en Égypte, en Asie Mineure et en Perse, où il avait recueilli avec Bruguières des collections fort importantes.

2. *Mémoires de la Société d'histoire naturelle de Paris*, 1799, p. 91.

caisses. Si Brongniart juge à propos que je les lui adresse, qu'il me le fasse savoir.

A propos, je vous dois aussi un compliment en votre qualité de professeur du Collège de France : je ne l'oubliois que parce que je vous l'ai déjà plusieurs fois adressé.

Si je suis rentré dans la jouissance de mon logement c'est au moyen de votre intercession. Mes collègues m'accordoient quelques réparations locatives, je me sens les moyens d'en faire les avances : je vous demanderois alors un service, ce seroit de faire peindre ma salle à manger. En supposant qu'il fallût la peindre à l'huile, elle pourroit sécher pendant le temps de ma quarantaine et de mon voyage à Paris. Je prévois que tôt ou tard je serai forcé de faire cette dépense; en faisant tout de suite ce sacrifice, je m'évite tous les inconvéniens de l'odeur.

Qui a pris le logement de M. Daubenton? Les citoyens Lacépède et Dolomieu sont-ils établis au Muséum? Enfin, mon cher ami, donnez-moi sur notre établissement tous les détails, que dans ma position vous désireriez.

Je vous écrirai dans quelques jours, et vous donnerai une notice de mes travaux : j'espère que vous me retrouverez digne d'entrer dans le bercail.

Adieu, je vous embrasse.

E. Geoffroy.

Nota. — Un mot sur ma famille, si vous en savez

des nouvelles. Je tremble d'apprendre la mort de mon père.

(*Bibl. Institut.*)

LXI

A GEORGES CUVIER

Au Lazaret de Marseille, 2 frimaire an X (22 novembre 1801).

J'ai quelque raison de croire, mon cher Cuvier, qu'une lettre que je vous ai écrite il y a quatre jours[1], grâces à l'insouciance des sanitaires, ne vous sera pas parvenue. Je m'empresse de vous donner de nouveau avis de mon retour, et de vous demander de vos nouvelles et de celles de mes collègues du Muséum d'histoire naturelle et de la Société philomatique.

Mandez-moi si je suis maintenu dans la jouissance de mon logement, si l'on m'a conservé la portion occupée par Mme Daubenton, qui avait l'appartement au-dessous du mien, qu'est devenue Mme Daubenton, qui a succédé à l'Institut à M. Daubenton, si j'ai été compris dans la liste de présentation, si vous avez corrigé le style de mon mémoire sur les prolongemens frontaux avant de le livrer à l'impression[2], quel est l'auteur d'un ouvrage où l'on explique par la physique les fonctions intellectuelles, si le citoyen Bertholet a publié l'ouvrage élémentaire de chimie auquel il

---

1. C'est la lettre n° LX.

2. Geoffroy avait donné connaissance de ce travail à l'Institut d'Égypte dans sa séance du 11 brumaire an VII (1er novembre 1798).

travailloit en Égypte, si la seconde partie de votre cours est imprimée, quels sont vos derniers mémoires, etc., etc.

Envoyez-moi, je vous prie, 6 à 8 numéros du *Bulletin* qui me mettent au courant des derniers travaux de la Société.

Combien je m'estime heureux de rentrer dans une si belle époque de la France, et surtout, mon cher ami, d'avoir su indirectement que je pouvois compter sur le plaisir de retrouver mon père! J'ai cru pendant quelque temps qu'il avoit succombé sous le poids de la vieillesse et surtout du chagrin de nous savoir engagés dans une mauvaise affaire.

Pour vous prouver combien ses craintes étoient légitimes, je vous adresse, sous cachet-valeur, une lettre où je rends compte à Costaz de nos dernières aventures. Il est impossible d'avoir été plus malheureux et conséquemment de pouvoir mieux apprécier le bonheur inestimable de retrouver la paix, la liberté, ses amis et sa famille.

Saluez de ma part en particulier le citoyen Dolomieu; combien nous avons été affligés de ses disgrâces! Demeure-t-il au Muséum? Le citoyen Lacépède y est-il établi? A-t-il achevé d'imprimer son vaste ouvrage d'icthyologie? Une notice sur le genre *Mormyre* que je lui ai adressée lui seroit-elle parvenüe à temps [1] pour qu'il en fit usage?

Adieu, mon cher et véritable ami, soyez bien per-

1. Voy. p. 138. — La notice était parvenue et avait été utilisée, ainsi que je l'ai dit.

suadé que [le] jour où je vous embrasserai sera l'un des plus agréables de ma vie.

E. Geoffroy.

Mes respects à tous mes collègues, je leur ai écrit il y a trois jours[1].

(*Bibl. Institut.*)

LXII

A GEORGES CUVIER

29 frimaire an X (dimanche, 19 décembre 1801).

Mon cher ami,

Je reçois vos deux lettres à la fois : je vous remercie des renseignements que vous me donnez. A la tournure ingénieuse de votre lettre, je vois que votre amitié s'est plu à me les modifier pour qu'ils me fussent moins désagréables : je n'en ai pas moins compris leur véritable sens. Je vois bien, mon cher ami, qu'il n'appartient qu'à des hommes de votre caractère de conserver quelques souvenirs à des absens.

En quittant Paris, j'ai eu de grands torts; il faut que je songe à les réparer. La perte qui m'afflige le plus est celle de mon logement : je me vois réduit à trois grandes pièces, à la vérité magnifiques, mais qui n'en

------

1. Voy. plus haut n° LIX.

forment qu'une, et puis à ce qui est au-dessus de la salle à manger : d'ailleurs ni caves, ni cuisine, ni bûcher, etc. En vérité on s'est plu à me faire boire un calice bien amer à mon arrivée : est-ce donc là la récompense dûe à quelques travaux et à une si périlleuse campagne? J'ai été trop mal dans les camps, vivant sous la tente, pour ne pas désirer d'améliorer mon sort : je renonce au magnifique appartement et j'en chercherai un qui soit simple et commode. Cela me donne tant d'humeur que je ne descendrai point au Jardin : j'espère que vous me viendrez voir à mon arrivée, suivant l'adresse que je vous ferai tenir, et que vous assurerez par vos conseils mes premiers pas sur la scène du monde.

Mon père veut que je demande les pièces qu'on m'a prises. Mais j'ai jugé, à la tournure de la correspondance qui a eu lieu à ce sujet, qu'on est bien décidé à me tout refuser, et j'ai tout accordé de bonne grâce, pour n'avoir pas encore à ajouter au regret de mon logement, celui d'avoir désobligé mes collègues.

Je suis accroché ici par une difficulté imprévue. Mes objets d'antiquité sont dans du coton : on veut les soumettre à une quarantaine plus longue, tout remuer, ce qui va m'obliger à un remaniement. Je ne sais en vérité quand je ne serai plus contrarié et que je pourrai me livrer à la rédaction de mes travaux !

Je vois avec quelque regret mes collègues, sans aucune hâte ni embarras, s'acheminer promptement sur Paris. L'un d'eux, secrétaire de l'Institut, le C. Fou-

rier est un homme de beaucoup d'esprit et de mérite; nous avons été si rapprochés et ses prétentions
devinrent tellement ambitieuses que nous nous
sommes souvent heurtés; cependant il y a en
dernier résultat entre nous liaison assez grande,
franche et intime de ma part, politique peut-être de
la sienne!

Son plan, depuis le départ de Bertholet, a été,
par des sarcasmes injurieux, de prouver que tous
ses collègues de l'Institut étoient des ignorants, et que
ses élèves, alors ingénieurs civils, avoient seuls
quelque savoir. Vous sentez qu'il fut vivement soutenu par ces derniers et il s'est établi une attaque
sourde qui menaçoit d'avoir de l'éclat, lorsque les
bonnes gens sans prétention s'en sont formalisés. Le
but de Fourier étoit d'avoir dans l'opinion la même
supériorité de lumières qu'on est dans l'habitude de
l'accorder à Paris à Lagrange et Laplace.

Quand ma découverte sur le fluide nerveux, le
calorique, la lumière, l'électricité, etc., eut été connue, il y eut quelques personnes qui l'exaltèrent,
soit par persuasion, soit par ressentiments contre
Fourier. Celui-ci sentit le coup qu'on lui portoit; il
voulut prouver que ce n'étoit qu'une niaiserie, et ne
pouvant me répondre, il imagina, me voyant enthou-
siaste de ma découverte, de me faire passer pour fou.
Je fus piqué, j'écrivis : je rassemblai toutes mes
preuves et je ne me proposai d'autre vengeance que
de commencer à le convaincre, ce à quoi je suis très
certainement parvenu. Je regrette, mon cher ami,

d'être entré dans tous ces détails, et de vous écrire nos petites discussions provinciales : mais comme je désire que vous me rendiez service à cet égard, j'ai dû vous mettre au courant, surtout je vous prie de ne point publier ces détails.

Je ne sais si Fourier en conserve quelque ressentiment : dans ce cas il ne me ménageroit pas auprès de Monge et de Berthollet et leur donneroit sur ma santé d'abord, et sur mon travail des préventions qu'il seroit bien difficile ensuite de détruire, et cela avec d'autant plus de facilité, que dans mon chapitre sur les affinités générales, je combats une des quatre lois proposées par Bertholet sur ces questions. Le service donc, que je vous prie de me rendre, mon cher ami, soit directement, soit en employant le zèle et l'amitié de notre collègue Lacroix, seroit de surveiller Fourier en ce qui me concerne, de détruire autant que possible les impressions déjà faites et de réclamer, avant le prononcé de jugement, l'arrivée et l'audition de la partie adverse.

Je me suis trop ouvert sur ma découverte sans vous en parler avec plus de détails; je sens que je manque de sagesse en cela, non que je manque de confiance en votre amitié, mais véritablement parce qu'il me sera impossible de vous exposer en si peu de mots une théorie d'une assez grande étendue. Elle repose sur ce premier principe. Il n'y a que huit élémens générateurs de tous les corps, ils sont contenus dans la lumière, d'où il suit que le soleil perd chaque jour de sa substance aux dépens de tous les autres corps célestes. La lumière est composée de calorique et d'oxygène, et le calorique de sept éléments, qui ne se distinguent entre eux que par une différence de pesanteur spécifique et une différence dans l'affinité pour l'oxygène.

Soit les éléments du calorique

	A	B	C	D	E	F	G
Pesanteur	1	2	4	8	12	24	60
Oxydabilité.	49	36	25	16	9	4	1

Si elle est réfléchie par des surfaces blanches, la lumière n'est point décomposée, et alors il y a sensation de la vue et non de la chaleur; réfléchie par des surfaces noires, il y a décomposition en deux primitifs éléments, oxygène et calorique : et alors sensation de chaleur et non de la vue.

Ou bien la lumière se sépare dans le prisme en sept rayons, c'est-à-dire que le calorique est divisé en sept principes qui ont entraîné avec eux la portion d'oxygène avec laquelle ils ont de l'affinité.

. . . .

. . . .

Tous ces fluides élastiques perdent leur expansibilité, ce qui a lieu par un phénomène électrique, et la retrouve, par la combustion qui est un phénomène inverse.

Le calorique se fixe en carbone, ce qui peut s'entendre par cette autre expression des chimistes le calorique latent est du carbone : le carbone se brûle ou en lumière ou en acide carbonique, comme le phosphore en acide phosphoreux et en acide phosphorique. En dernière analyse la lumière est un véritable acide carboneux.

Le fluide nerveux n'est autre chose que le calorique lui-même. La contraction musculaire n'a lieu qu'en vertu des phénomènes électriques. Le calorique se fixe à l'origine des veines en un molécule de carbone ; ce qui a lieu parce qu'un effluve de calorique suit les artères et est choqué par un autre effluve de calorique que la volonté fait redescendre du cerveau, suivre ses conducteurs ou les nerfs, etc. Le carbone la défixe dans la respiration, etc., etc.

Mais c'est trop vous ennuyer, mon cher ami, par une série d'allégations sans preuves : j'attendrai que je vous puisse remettre les mémoires que j'ai déjà écrits sur ces matières[1] : il suffit de vous dire qu'en admettant les principes généraux que j'ai établis sur la différence de la pesanteur et de l'oxydabilité des élémens caloriques, et l'attraction générale, tout le reste s'en déduit d'une manière simple : que l'on

1. Près de vingt ans plus tard, écrivant le préambule de son *Mémoire sur plusieurs déformations du crâne de l'homme* pour l'Académie des sciences, Geoffroy revenait dans une note sur les idées générales qui avaient occupé son esprit pendant le siège d'Alexandrie. Voici ce passage que je copie dans le tome II de la *Philosophie anatomique* : « J'avais annoncé dans un grand travail dont je m'étais occupé en 1801, étant alors dans Alexandrie d'Égypte qu'assiégeaient les Anglais, que toute contraction musculaire s'opérait par un changement de composition chimique, par l'afflux d'abord, et puis par la retraite du calorique. J'ai écrit, communiqué, mais non publié ces vues par la voie de l'impression, je suis flatté d'apprendre qu'elles ont été accueillies, ou ont été également conçues de propre inspiration par des savans placés au premier rang des physiologistes de l'époque actuelle. » (*Philosophie anatomique*, t. II, p. 5, n° 2.)

explique tous les phénomènes galvaniques, électriques, magnétiques, le fluide nerveux, la germina-
tion, la formation, la nutrition, la génération, nécessaire de tous les organes : je dis mieux que l'on
explique les fonctions intellectuelles par la physique, ouvrage qu'on m'avoit dit déjà fait, et que
j'oserai entreprendre.

Gardez, mon cher ami, tout ce bavardage pour
vous : n'allez pas m'exposer au ridicule de la montagne grosse qui n'enfante qu'une souris ! Je suis
chagrin de vous avoir fait ce récit, sans tout l'ensemble
des faits qui m'ont autorisé dans ces opinions singulières : mais je devois prévenir les mauvaises impressions qu'on pouvoit répandre à Paris sur mon
compte, et fournir à votre amitié quelques armes
pour ma défense.

P.-S. — J'arrive de déjeuner dans un caffé ; la
Gazette m'y a appris la nouvelle de la mort de Dolomieu. Vous ne sauriez croire combien je suis frappé
de ce coup imprévu, c'est une perte que je regrette-
rai à jamais.

Cet événement laisse vacant le logement que le
C. Dolomieu devoit occuper au Muséum. Est-ce ce
logement situé derrière l'amphithéâtre et autrefois
occupé par Delaunay? Il n'a rien d'agréable, mais
en vérité je suis presque tenté d'aller m'y réfugier,
si on vouloit me l'accorder. Qu'en pensez-vous, mon
cher Cuvier? Réfléchissez à cette affaire. Traitez-la
comme pour vous. Parlez-en au cit. de Jussieu dont
la lettre amicale que j'ai reçue il y a quelques jours

me fait supposer qu'il daignera s'en occuper. Enfin
mon cher Cuvier, faites-en sorte que je ne m'éloigne
pas de vous : je voudrois bien avoir cette épine hors
du pied.

Je vous félicite de posséder votre frère au milieu
de vous : il paroît qu'il cultive les sciences ; je le
suppose même de la Société philomatique d'après les
renseignemens qui me sont parvenus; faites-lui, je
vous prie, mes complimens, et témoignez-lui le vif
désir que j'ai de faire sa connoissance [1].

Vous me parlez dans un post-scriptum du nommé P.
Demeure-t-il au Jardin des Tuileries ou au Jardin des
Plantes. Je pense que c'est aux Tuileries que vous
me direz.

Adieu, mon cher ami, je vous quitte pour vous
reprendre : je vais lire attentivement votre article
Galvanisme.

Je vous embrasse de tout mon cœur.

Geoffroy.

Répondez-moi à Lyon, poste restante, j'aurai bien
le temps de recevoir votre lettre.

(*Bibl. Institut.*)

---

1. C'est de Frédéric Cuvier qu'il est ici question. Plus jeune de
quatre ans que Georges, il fut membre de l'Académie des sciences
et professeur de physiologie comparée au Muséum. C'est à ce titre
qu'il dut de supplanter Geoffroy dans la direction de la Ménagerie
(1838) que celui-ci administrait depuis 1794. Geoffroy ne se doutait
pas, en écrivant les lignes ci-dessus, des chagrins que lui causerait
un jour le frère de son ami, son aide et son collaborateur.

LXIII

A M. DUFRESNE, CHEF DU LABORATOIRE DE ZOOLOGIE
AU MUSÉUM

De Marseille (en quarantaine) an X.

Je vous prie, mon cher Dufresne, de vouloir bien engager votre beau-frère, le citoyen Salentin, à acheter les instruments nécessaires à la musique de la 61ᵉ demi-brigade. Ce corps a perdu tous ses musiciens égorgés à la fois par des barbares que l'Arabie a vomis en Égypte[1]. Il vient de retrouver ici de nouveaux musiciens et les instruments demandés sont tout ce qui lui manque en ce moment.

Je me suis permis d'adresser cette commission à votre beau-frère qui fera un choix convenable. J'espère qu'il voudra bien prendre ce soin à votre recommandation.

Si l'on trouve à acquérir avec un crédit de trois mois, comme le désire le conseil d'administration, vous vous donneriez, je vous prie, la peine de faire adresser les instruments, soigneusement emballés, au

---

1. Les musiciens de la 61ᵉ demi-brigade étaient embarqués sur la djerme l'*Italie*, commandée par Morandi, qui fut attaquée sur le Nil à la hauteur de Benout par le chérif Hassan. Faits prisonniers, les musiciens furent contraints de jouer quelques airs, après quoi ils furent lâchement massacrés. (Cf. ***Mém. du général baron Desvernois***, p. 169.)

chef de brigade Dorsenne[1], commandant la 61ᵉ demi-brigade en résidence à Toulon, en le prévenant de vouloir bien faire passer de suite la somme portée au mémoire du vendeur des instruments, et je puis vous assurer que le chef Dorsenne n'attendra pas l'expiration des trois mois.

Si, au contraire, il y a quelque difficulté de faire cette acquisition aux conditions ci-dessus, faites-moi le plaisir de prendre chez le citoyen Jacques Thouin[2] la somme nécessaire pour les avances et dans votre lettre d'avis au chef Dorsenne, vous lui apprendrez que c'est à moi qu'il se trouve redevable.

Je vous autorise par la présente à prendre la somme que vous jugerez convenable sur celle qui m'appartient et dont le citoyen Jacques Thouin se trouve dépositaire.

Je sors demain de quarantaine. Je ne tarderai pas à aller vous embrasser, ou plutôt j'en ai le plus vif désir, mais je crains qu'il soit contrarié par de nouvelles chicanes que me font les quarantenaires à l'occasion du coton qui a servi à l'emballage de mes collections et qu'elles ne soient condamnées à une plus longue [quarantaine] que je ne l'avais d'abord cru.

1. J.-M.-P.-Fr. Lepaige, dit Dorsenne, né à Ardres en 1776, avait remplacé à l'âge de vingt-deux ans, à la tête du 61ᵉ, Conroux, tué pendant la seconde insurrection du Caire. Colonel des grenadiers de la garde, général de division, comte de l'Empire, etc., etc., il est mort en 1812 à la suite de l'opération du trépan, qu'il avait dû subir par suite d'anciennes blessures à la tête reçues dans la haute Égypte.

2. Jacques Thouin, secrétaire agent comptable du Muséum, frère du célèbre botaniste André Thouin.

Adieu. mon ami, je vous embrasse de tout mon cœur.

E. Geoffroy.

Nota. — Veuillez, je vous prie, apprendre au citoyen Lamarck auquel j'ai écrit au sujet de la confirmation de mon frère, que la démarche que je le priai de faire devient inutile. Mon frère a eu pour protecteur le premier consul lui-même ; trois fois il a refusé un travail où mon frère n'était pas assez favorisé. Il est actuellement nommé lieutenant-colonel du génie et de plus, ce qu'il n'osoit espérer, sous-directeur des fortifications[1].

———

LXIV

AU CITOYEN JUSSIEU, DIRECTEUR DU MUSÉUM D'HISTOIRE NATURELLE[2]

Lazaret de Marseille, 24 frimaire an X (mardi 15 décembre 1801).

Citoyen directeur et collègue,

Je viens de recevoir votre lettre en date du 13, c'est la première que j'aie encore reçue de mes collè-

---

1. Appelé par l'empereur à jouer un rôle particulièrement actif sur le Danube, dans la campagne de 1805, Marc-Antoine Geoffroy est mort épuisé de fatigue à Augsbourg, le 22 février 1806, à l'âge de 31 ans.

2. Lue à l'assemblée des professeurs le 7 nivôse an X (27 décembre 1801).

gues, jugez combien elle m'a été agréable. Je vous remercie de tous les détails dans lesquels vous avez bien voulu entrer et surtout, mais surtout, du ton amical avec lequel vous avez daigné m'écrire. Je n'ai donc pas été oublié pendant ma longue absence et je puis toujours me flatter de retrouver des amis dans des collègues aussi recommandables par leurs lumières que par leurs vertus domestiques. Ah! si vous pouviez concevoir combien j'attache de prix à leur amitié et à leur estime, vous vous feriez une idée de ma félicité extrême, de la joie que je ressens en ce moment. Oui, dans les circonstances extraordinaires où je me suis trouvé, j'ai vu beaucoup d'hommes de différents rangs, de différentes professions et nulle part je n'ai rencontré les vertus modestes du Jardin des plantes.

Mon père vient de me faire part qu'il vous a écrit, mon cher collègue, à l'occasion d'une partie de mon logement occupée par Mme Daubenton et sur la restitution de laquelle il insiste. Je viens décider cette question en marquant à Mme Daubenton que je lui abandonnois mon logement, en tout ou partie.

Je ne tirerai aucune lettre de change sur le Muséum parce qu'on me paye ici des appointements arriérés : j'aurai alors les moyens de faire toutes les avances nécessaires, soit pour l'entretien des collections des naturalistes, soit pour le transport des caisses.

Quant à ce dernier objet, j'attendrai les ordres du ministre que vous m'annoncez, citoyen directeur, comme devant me parvenir bientôt. Il est possible que le ministre prenne une mesure qui embrasse le transport de toutes les caisses appartenant à la Commission des arts et au Gouvernement.

Je vous rapporterai moi-même un joli animal, l'ichneumon, si célèbre par ses combats avec le crocodile. Il est apprivoisé à un point extraordinaire, sa gaieté est surtout tout à fait remarquable.

J'ai prévenu le citoyen Nectoux[1] de vos intentions à l'égard de ses caisses : à ma sortie de quarantaine, qui doit avoir lieu dans trois jours, je me concerterai avec lui et des négociants de Marseille sur les moyens les plus économiques d'exécuter le transport de nos caisses, sauf toutefois les dispositions arrêtées par le ministre.

Veuillez présenter, citoyen directeur, l'hommage de mon respectueux attachement à l'assemblée que vous présidez, en agréant les salutations amicales d'un confrère qui vous est tout particulièrement dévoué.

E. Geoffroy.

(Arch. du Mus. d'Hist. Nat.)

1. On a déjà dit que Nectoux, botaniste, était membre de la Commission des sciences et arts et de la Commission d'Agriculture.

LXV

AU CITOYEN JUSSIEU, DIRECTEUR DU MUSÉUM D'HISTOIRE NATURELLE[1]

Marseille, 3 nivose an X (jeudi 24 décembre 1801).

Mon cher collègue,

J'apprends que l'administration du Muséum vient de prendre un arrêté pour m'indemniser des parties de mon logement que j'avais perdues et qu'on a réuni a ce qui me restoit l'appartement de feu le citoyen Guillotte. Je ne pouvois recevoir une plus agréable nouvelle et je m'empresse de vous en témoigner ma vive reconnoissance. C'étoit avec bien du regret que je me voyais forcé de quitter le Muséum et de prolonger mon exil hors du lieu où sont toutes mes affections[2].

. . . .

D'après les dispositions que j'entrevois, la bibliothèque du Caire restera au bénéfice de celle de Marseille, ce qui me paroit un parti convenable ; la bibliothèque de Marseille est composée d'anciens ouvrages, celle du Caire, de nouveaux, qu'il seroit dispendieux de faire transporter à Paris. Cependant il

1. Lettre lue à l'assemblée du 17 nivôse an X (7 janvier 1802).
2. Je n'ai pas cru utile de transcrire une page de détails sur un échange de pièces et sur certains aménagements intérieurs que Geoffroy propose, probablement sur les indications de son père.

y a dans la bibliothèque du Caire des livres précieux, notamment les *Transactions philosophiques* qui vous manquent. Ne croiriez-vous pas nécessaire de provoquer une mesure par laquelle vous seriez autorisé à vous compléter au moyen de cette bibliothèque étrangère qui n'est encore à personne? Je [vous] soumets cette observation.

Le ministre m'a répondu avec infiniment d'obligeance : je suis autorisé à prendre pour le service de l'histoire naturelle sur le préfet des Bouches-du-Rhône une somme qui est même illimitée. L'inconvénient, c'est que le préfet n'a aucun fonds à sa disposition : le citoyen Nectoux a reçu une ordonnance de 500 francs, mais le ministre de l'intérieur, en la lui accordant, n'a pas déterminé sur quel payeur il l'avoit expédiée. Je regrette que la bienveillance du ministre reste ainsi sans effet, non pour moi, mais particulièrement pour Savigny dont la collection est très belle et très considérable, et dont les moyens pécuniaires sont bornés.

Toutefois, mon cher collègue, n'entreprenez aucune démarche pour faire lever les difficultés qu'on nous a opposées; je pourvoirai aux besoins de mes amis et j'userai à cet effet d'un crédit qu'on m'a ouvert sur un banquier de Marseille.

Mes caisses d'antiquités et les caisses de Savigny sont soumises à quinze jours de plus de quarantaine à cause du coton servant de bourre. On m'a remis les animaux conservés dans de la liqueur, je vais leur donner des soins, puis les expédierai de suite et [partirai] moi-même immédiatement après, laissant Savigny s'occuper seul de ce qui reste en quarantaine. Je viens de prendre ce parti, pour être à même de vous en témoigner plus tôt combien j'ai été sensible à l'amitié et au souvenir que mes collègues ont bien voulu me conserver.

J'ai vu le directeur des douanes chargé de deux civettes qui appartiennent à votre établissement. Je tâcherai de vous les faire promptement expédier, soit en les réunissant à celle du général Menou, soit, s'il m'est possible, en vous les portant moi-même.

Agréez, citoyen directeur, et cher collègue, mes salutations respectueuses,

E. Geoffroy.

(*Arch. du Mus. d'Hist. Nat.*)

LXVI

AU CITOYEN JUSSIEU, DIRECTEUR DU MUSÉUM
D'HISTOIRE NATURELLE [1]

Marseille, le 11 nivôse an X (1er janvier 1802).

Citoyen directeur,

J'ai eu l'honneur de vous informer que la préfecture des Bouches-du-Rhône nous répondoit qu'elle n'avoit aucun fonds à sa disposition pour subvenir

----

1. Lue à l'assemblée des professeurs du 27 nivôse an X (1er janvier 1802).

aux frais des collections des naturalistes. Je me proposois, comme je vous l'ai marqué, de venir moi-même au secours de mes camarades : mais grâce aux soins et aux sollicitations des membres du Lycée de Marseille, j'en ai été dispensé; le secrétaire de la préfecture m'a fait offrir une somme de 3000 francs, dont j'ai fait la répartition au prorata des besoins de chacun et conformément au tableau ci-inclus[1].

J'ai employé le citoyen Nectoux pour une somme de 500 francs, attendu une décision particulière du ministre, qu'il avoit obtenue précédemment.

J'ai cru, mon cher collègue, devoir vous informer de cette détermination de la préfecture de Marseille, pour vous mettre à même de prévenir toutes les demandes partielles et pour avoir occasion de vous remercier, en mon nom et celui de mes collègues, des démarches que vous avez bien voulu faire pour le succès de cette petite affaire.

J'aurois bien désiré me rendre promptement au-

[1]. Tableau des dépenses relatives aux collections d'histoire naturelle arrivées d'Égypte :

Achat d'eau-de-vie pour la conservation d'animaux faisant partie des collections des citoyens Savigny et Geoffroy. 15 quintaux à raison de 43 fr. l'un. 645 fr.	645 fr.
Dépenses d'emballage et de premiers frais de transport à raison de 30 fr. par caisse, savoir :	
Pour le citoyen Savigny, 19 caisses.	570
Pour le citoyen Geoffroy, 10 caisses.	300
Pour le citoyen Delile, 9 caisses.	270
Pour les citoyens Rozière et Dupuy, 12 caisses.	360
Pour le citoyen Villoteau, 5 caisses.	150
Pour dépenses de même nature au citoyen Nectoux, d'après une décision particulière du ministre, 500 fr.	500
	2795 fr.

près de vous, mon cher collègue, c'est en vain que je l'ai projeté ; je n'ai pu prendre sur moi de laisser à un autre les soins de l'emballage de mes collections auquel je suis obligé de procéder de nouveau. J'ai prévu le temps où ce travail seroit achevé, et j'ai arrêté des places pour le 23 ; je compte, en conséquence, arriver à Paris le 3 ou 4 ventôse[1].

Je vous remercie de nouveau, mon cher collègue, du logement que vous me destinez : je ne pouvois recevoir une plus grande marque de bienveillance de mes collègues.

Agréez, je vous prie, mes salutations.

GEOFFROY.

NOTA. — Je quitte le citoyen Brack, chargé de deux animaux apportés de Tunis par le citoyen Adanson[2]. Ces deux animaux vous ont été annoncés sous une fausse dénomination : ce sont deux genettes. Je m'occupe des moyens de vous les faire parvenir, ainsi que la civette du général Menou et l'ichneumon que j'ai chez moi.

(*Arch. du Muséum d'Hist. Nat.*)

1. 22-23 février 1802.
2. Jean-Baptiste Adanson, l'un des frères cadets du célèbre naturaliste. Drogman à Alep, à Saïda, à Tripoli de Syrie, à Alexandrie, puis drogman-chancelier à Tunis, il est mort dans ce dernier poste en brumaire an XII à l'âge de 72 ans. (Cf. E. T. Hamy, *Un égyptologue oublié, Jean-Baptiste Adanson* (1732-1804), lu dans la séance publique annuelle de l'Académie des Inscriptions du 17 novembre 1899. Paris, Didot. 1899, in-4°.)

APPENDICES

———

I

VISITE DES PYRAMIDES PAR LE GÉNÉRAL EN CHEF
BONAPARTE

Souvenirs pour procurer des matériaux à l'entreprise de
MM. de Saintine et Marcel[1].

Récit d'Étienne Geoffroy Saint-Hilaire[2].

Bonaparte prescrit qu'il verra demain (le 3 vendémiaire) les
pyramides ; elles étoient entourées d'Arabes qui campoient tou-

---

1. Ce que Geoffroy appelle ici *l'entreprise de MM. de Saintine et
Marcel*, c'est la publication du grand ouvrage, souvent cité plus
haut, *Histoire scientifique et militaire de l'expédition française en
Égypte, d'après les mémoires, matériaux, documents inédits...*,
sous la direction de MM. X.-B. Saintine, J.-J. Marcel, L. Reybaud.
Les deux Geoffroy, Étienne et Isidore, figurent sur la liste des
rédacteurs énumérés dans le titre de l'ouvrage.

2. Isidore Geoffroy Saint-Hilaire, dans une note de la p. 90 de
l'ouvrage consacré à son père, fait allusion à ce récit, dont un
résumé figure déjà à la p. xxi de l'introduction des *Notions de
philosophie naturelle* (Paris, 1838, in-8°), et qui revient avec plus
de détails aux pages 352-359 du t. III de l'*Histoire de l'expédition*.
Ce dernier texte aurait été rédigé, dit Isidore Geoffroy, « d'après
des notes » fournies par Étienne. C'est cette *rédaction autographe*,
ainsi paraphrasée par Reybaud, qui s'est retrouvée dans les papiers
de M. Desnoyers et qu'une gracieuse communication de M. de Gourio
du Refuge me permet de reproduire textuellement dans cet
Appendice.

jours à leurs pieds, parce qu'on n'avoit point encore eu le temps de les en faire déloger.

Ce qu'il y avoit de membres de la Commission des sciences et arts, arrivés au Caire, et tous les chefs militaires sont invités à profiter du convoi. Les eaux du Nil étoient à leur plus grande hauteur, elles baignoient les flancs de la chaîne lybique; les pyramides n'en étoient distantes que d'un quart de lieue.

Le voyage doit se faire dans des barques, qui auront à suivre les sinuosités du canal : il devoit être et il fut long : trois ou quatre fois, on approcha d'assez près; mais le canal forme coude et il fallut s'éloigner de son but pour y revenir par de nouveaux contours.

Bonaparte a calculé ce loisir et veut l'utiliser. Au moment de quitter le seuil de son palais pour entrer dans sa barque, il prescrit que ses aides de camp et les autres officiers de sa suite se réuniront dans une barque à part devant suivre immédiatement la sienne, et que telles personnes (spécialement dénommées) entreront dans la barque du général en chef. Ce sont Caffarelli, Berthier, Dommartin, Monge, Berthollet, Costaz, Denon, Fourier, Geoffroy Saint-Hilaire, Gloutier, Parceval-Grandmaison, etc.

Bonaparte vouloit livrer une principale question d'économie politique à la discussion, et il débute par ces mots : « J'ai reçu un projet pour disposer des biens territoriaux du pays : il m'a paru bizarre, mais profond : on voudroit que, même en France, toutes les améliorations du sol donnassent droit à qui les auroit faites à la possession selon sa survaleur d'une partie même du sol : et c'est cette vue d'économie politique qu'on m'invite à faire dans ce pays réaliser en grand. »

Il y avoit du mordant et presque un ton de blàme dans cet exposé; ce n'étoit que pour faire arriver mieux et plus vite sur la discussion. Quelqu'un, qui fut toujours dans la suite plein de respect pour le pouvoir et qui préludoit déjà dans sa conduite de flatteur, ramassa aussitôt le gant avec une grosse exagération de blàme. « Tout beau, dit Caffarelli, j'arrête à temps l'injure apparoissant sur les bords de vos lèvres, en me déclarant auteur du projet *bizarre et tant soit peu profond.* »

J'avois dans ma famille un exemple que j'exposai à mon tour pour montrer que j'avois compris l'idée de Caffarelli. J'ai connu quatre arpens de prairie inondés et produisant du roseau en grande partie; ils étoient loués chacun 50 francs. Un fermier les prend à ce prix pour douze ans; il exhausse le sol, en contient les eaux qui, plus hautes, serviront au moment utile à l'irrigation de sa terre, et la prairie est changée en verger et jardin légumier. Au bout de douze ans, la location des quatre arpens est prise par le même fermier à raison de 800 francs; le fond avoit quadruplé de valeur. Suivant Caffarelli, il n'appartenoit toujours au propriétaire que 150 francs de revenu : Caffarelli vouloit une institution qui donnât à l'ancien propriétaire l'un des quatre arpens, car il restoit riche comme autrefois, puis qu'on rendit le cultivateur maître du surplus, c'est-à-dire d'une chose que ses labeurs avoient créée. Il auroit fallu établir ce partage de la terre de cette manière, un arpent à l'ancien propriétaire et trois au fermier.

Pendant les deux heures et demie du voyage, la discussion fut amenée sur les conséquences d'un tel projet. Caffarelli se montra admirable, et, comme il fut toujours, un profond penseur sur les hautes matières de l'économie politique et le plus vertueux des philanthropes que j'aie connus.

Bonaparte excitoit, animoit et dirigeoit la discussion pour qu'elle restât toujours dans les limites où il devoit trouver à apprendre quelque chose.

Cependant on quitte les barques, on se porte sur une rive haute et fort sablonneuse, on marche un quart d'heure, le soleil dardant sur la tête et un sable brûlant et mouvant sous les pieds. Les pyramides, but du voyage, occupent aussi les esprits. On est, en Europe, à leur égard, dans une admiration préconçue. En venant sur elles, la réalité ne répond plus à l'attente, à d'anciennes impressions. Eh quoi! ce n'est que cette butte construite sur une base quadrangulaire. En faisant plusieurs crochets sur nos barques qui nous approchoient et nous éloignoient alternativement, nos idées varioient sans cesse, alloient et venoient selon que varioit la sensation. Mais, après notre route d'un quart d'heure, fatigués, inondés de sueur, nous touchons le pied de la grande pyramide. Portant nos regards sur cette pyramide, nous voyons, nous si petits et prêts à succomber, elle si grande et inébranlable à travers les siècles ; enfin, nous touchons une merveille des temps passés, un monument que Hérodote avoit lui-même considéré comme appartenant à une haute antiquité ; l'admiration s'empare de nouveau de nos esprits et ce n'est qu'à ce moment que nous reprenons ce sentiment que le ouï-dire des siècles et de l'histoire nous avoit, en Europe, imprimé pour les pyramides[1].

Cette analyse de nos sentiments faite et réciproquement communiquée, nous sommes lancés sur les degrés de la pyramide par les encouragements du général en chef. Lui reste à se délasser au bas de la grosse masse ; il ressemble à ces maitres qui conduisent leurs écoliers à la promenade et qui, pour s'occuper de quelque chose, s'intéressent de loin à leurs jeux.

Qui arrivera en haut le premier? dit Bonaparte. Le plus âgé est en même temps le plus ardent à complaire au *petit caporal* ; le voilà déjà parvenu sur le plateau de la grande pyramide, à sa boutonnière pendoit attachée une gourde remplie d'eau-de-vie. Ce plus leste est le savant Monge : il est empressé à offrir à chacun un peu de sa liqueur restaurante, la distribuant avec bonté, avec une grâce charmante et procurant ainsi une grande douceur aux sens épuisés de chaque voyageur.

Berthier faisoit aussi son chemin sur les degrés de la pyramide : je le rencontrai à moitié route, et la conversation s'engage de lui à moi pendant un repos que nous nous accordons. *Mais*, me dit-il, *est-il bien nécessaire d'aller jusqu'au bout? je suis excédé.* Puis il lui vient dans l'idée d'abandonner la partie. *Nous leur dirons, à Paris, que nous avons grimpé sur le plus haut pic de cette grande Pyramide, et ils le croiront, ou bien qu'importe? qu'en pensez-vous, voisin, si nous descendions.* Par amitié et par docilité, j'accepte ; nous descendons la moitié de ce que nous avions déjà escaladé, quand un mot de Bonaparte

1. J'ai écrit quelque chose sur les pyramides dans le *National*, vers le 4, 5, 6 ou 7 de janvier dernier, à l'occasion d'un système bizarre, qu'avait imaginé M. le docteur Pariset (E. G.).

change nos allures. *Est-ce que vous nous revenez déjà?* ELLE *n'est pas au sommet de la Pyramide, mon pauvre Berthier, mais* ELLE *n'est pas non plus ici bas.* ELLE, c'était l'objet de la pensée de Berthier[1]. Bonaparte piquantoit son ami en le ramenant à cet objet de sa bien vive préoccupation.

Berthier entendant ces mots me dit : *Il n'y a pas moyen d'y tenir; il m'attend en bas pour m'accabler de ses plaisanteries; allons,* me dit-il, *plus de poltronnerie, voisin,* et nous voilà refaisant de nouveau notre chemin.

Mais pendant que cela se passoit vers le milieu de la rampe de la pyramide, Monge, avec l'ardeur d'un jeune homme, avoit gagné le haut plateau : en homme admirateur aussi constant que sincère de Bonaparte, ce n'étoit pas sans avoir suivi de l'œil les mouvements du général en chef. Monge avoit compris les moqueries de Bonaparte et les hésitations du général Berthier. Bientôt rendu et tout en haut, il hèle Berthier, l'encourage, lui montre son bidon d'eau-de-vie, lui crie qu'il boit à sa santé, mais qu'il lui réserve une bonne pitance. Le général Berthier et moi arrivons enfin et la divine liqueur de Monge, que nous épuisâmes, nous fut d'un bien grand secours, d'une douceur inexprimable.

Berthier ne gagna rien à être remonté; en revoyant Bonaparte, il fut plaisanté sur ses tergiversations : la moquerie, le badinage consistoient à le louer outre mesure de son immense succès : *Qu'elle est singulière votre position,* disoit le malin général en chef. *Ce bon Berthier qui quitte le charmant boudoir de Mme.... pour aller faire scène de cabaret tout en haut de cette vieille Pyramide, de cette construction, vieille déjà dans le temps que vivoit le plus vieux des historiens....*

Mais ce n'étoit pas seulement sur les hauts personnages de son armée que Bonaparte exerçoit cette fascination. *A côté de la Pyramide* que nous avions escaladée et dont le sommet est amputé, il existe une autre pyramide non moins grande, qui a conservé au contraire son sommet, car elle est toujours revêtue de ses pierres de recouvrement à l'égard des degrés de

---

1. Madame Visconti.

ses dernières assises. Le haut de cette pyramide forme par conséquent glacis lisse où il n'y a point de prise pour grimper. Un soldat français néanmoins entreprend d'aller s'asseoir sur la flèche elle-même, il tâtonne pour placer ici le bout de son pied, là la pointe de sa bayonnette. Les yeux de tous se fixent sur lui : on croit à chaque moment que le pas, que l'emmarchement lui manqueront, sa chute est imminente, mais Bonaparte le regarde et ses yeux dirigés de temps à autre sur son général montrent que le sentiment de lui plaire l'anime. Le but est atteint, notre jeune soldat a eu le bonheur de descendre, ce qui paroissoit encore plus difficile que de monter. Bonaparte se le fait présenter, lui dit des mots d'encouragement et le recommande pour une récompense pécuniaire....

II

BONAPARTE ET LA DIGNITÉ DES SCIENCES[1]

A ce qui précède je rattache l'anecdote suivante. Je ne pouvois, je pense, terminer cet article par une communication d'un intérêt plus général, car d'une part elle caractérise, par un trait de plus, la vie du plus grand homme des temps modernes, et de l'autre elle apporte à l'esprit une pensée d'une bien grande portée, la prévision que la rénovation des sciences est imminente, et que notre époque est peut-être destinée à voir luire cette heureuse et glorieuse journée pour l'humanité. Mais de plus ceci est imaginé avant les dernières conquêtes du savoir, avant qu'aient été possibles bien des recherches à l'aide de la

---

1. Ce fragment est copié sur des notes manuscrites d'Étienne Geoffroy Saint-Hilaire qui paraissent remonter à 1831. On pourra le comparer à la note de la page 182 des *Études progressives d'un naturaliste*, Paris, 1835, in-4°. Voir aussi l'introduction des *Notions de philosophie naturelle*, Paris 1838, in-8°, p. III et suiv.

pile voltaïque, qu'aient été révélés et les faits de la chimie atomique, et les brillantes découvertes de l'anatomie transcendante; au plus fort du fracas et des soins d'une guerre universelle, enfin par un guerrier en terre étrangère.... par Napoléon Bonaparte en Égypte.

Cette particularité est restée ignorée (circonstance qui pourroit faire naître quelques doutes), mais j'en garantis l'exactitude à titre de témoin du fait, et, de plus, je me l'explique en songeant à ce que le génie comporte d'aptitudes pour toutes choses; en réfléchissant à la toute puissance d'un esprit supérieur pour amener à des rapports les sommités des questions; pour en poursuivre les combinaisons conséquentes; et pour placer sa haute vue au delà de certaines réalités, jugeant de leur avenir sur l'enchaînement *nécessaire* des causes et de leurs effets.

Tout récemment, dans un des salons les plus renommés de Paris, et à l'occasion d'une savante notice de M. Arago sur les travaux de Volta, j'ai eu sujet de placer heureusement ce fait historique [1].

On rappeloit qu'un décret impérial avoit promis une récompense de 60 000 francs pour une découverte scientifique propre à renouveler la face des sciences, et supposée possible et prochaine. D'illustres ingrats (vigilants et sincères amis du pouvoir qui dispose de la fortune publique, et naguère comblés des plus grandes faveurs par le chef de l'empire françois), voyoient une feinte protection pour les sciences, un leurre décevant et mensonger, enfin une moquerie de charlatan politique dans ces 60 000 francs promis et qui ne furent jamais accordés.

Voici le récit que j'opposai à cette érudition accusatrice. Qu'on veuille bien m'excuser d'en étendre le développement à de certaines circonstances qui m'en paraissent le développement nécessaire.

Les vues du général Bonaparte sur l'avenir des sciences sont

1. La notice d'Arago sur Volta a été lue dans la séance publique de l'Académie des sciences du 26 juillet 1831, ce qui permet de fixer approximativement la date de la rédaction de cette note de Geoffroy.

exposées dans des circonstances qu'il faut fixer. Le lieu de la scène : le Caire, dans les jardins de son palais; la date, le 1er fructidor an 7 (18 août 1799), vers la fin du jour; le moment choisi : un quart d'heure avant son départ pour se rendre en France; l'auditoire : les principaux personnages de son armée, réunis extraordinairement; quelques-uns qu'il emmène, et le plus grand nombre faisant visite d'adieux. On avoit répandu le bruit que le général en chef alloit visiter l'une des provinces.

« Un incident retarde pour un moment notre départ, dit le général en chef; eh bien, messieurs, profitons de ce loisir. Supposons que nous voici dans les jardins d'Academus pour y causer de philosophie, et reprenons notre entretien de la semaine dernière sur la dignité des sciences. »

Ces paroles s'adressoient à Monge, naturellement causeur, mais très obséquieux et fort attentif à ne rendre que des réponses fines, instructives et flatteuses, et à Berthollet, que son caractère timide et réservé portoit à se mêler le moins possible de la conversation.

Plusieurs officiers de service alloient et venoient, recevant et transmettant des ordres. Le secrétaire Bourienne, le commandant des gardes Bessières, le général d'état-major Berthier, etc., formoient un groupe avancé. Enfin on distinguoit encore, se tenant sur une bande de côté et un peu à l'écart, un joli officier de dragons, qu'accompagnoit son gouverneur, l'œil fixé sur le groupe principal, faisant force démonstrations et s'attendant visiblement à d'intimes adieux.

Cet officier (à en juger par son costume de dragons) étoit la jolie Madame F...z[1]; on l'avoit prévenue qu'on s'en tiendroit à

----

1. Madame Fourez, ou plutôt Fourès, née Marguerite-Pauline Bellille, dont Bonaparte avait fait la connaissance dans un bal donné au *Tivoli* Égyptien le 9 frimaire précédent (29 novembre 1798) et qui ne fut bientôt connue de toute l'armée que sous le nom de « notre générale Belilote » (De Villiers du Terrage, *Journ. cit.*, p. 86). C'était une apprentie modiste de Carcassonne, qui s'était fait épouser par le neveu de sa patronne, un joli lieutenant du 22e chasseurs à cheval, qu'elle avait suivi sous un déguisement

une excursion rapide vers Mansoura. Croyant à la sincérité de cet avis, elle étoit cependant attendrie et rêveuse.

Bonaparte étoit-il plus calme? En apparence il ne ressent que le besoin d'employer utilement quelques minutes d'un loisir forcé, et il les veut charmer par les délices d'une causerie spirituelle; mais tout au contraire que de pensées l'agitent! La France, privée de la force de son bras, que des dissensions intestines ont désorganisée; nos armées d'Italie qui s'abyment dans l'inepte commandement d'un Schérer, ou qui fuient devant le cimeterre de Souwarof. Telles sont les idées du général en chef. Son parti est pris : il sera, une autre fois encore, le sauveur de son pays; il partira pour la France, mais combien lui coûte un tel sacrifice! Son cœur se déchire au souvenir de ses bien-aimés et fidèles compagnons, qui se croiront trahis par leur général, et en contemplant pour la dernière fois les traits d'une maîtresse adorée qu'il condamne aux douleurs d'Ariane abandonnée.

Quand il s'est si brusquement engagé dans un entretien sur la dignité des sciences, n'a-t-il voulu que commander aux émotions de son âme et que donner à sa physionomie une expression d'indifférence qui la rendra impénétrable avec son secret et l'avenir de son voyage?

Dans ce cas, la question scientifique est rejetée au second plan, mais elle ne perdra rien cependant de son intérêt. On va en juger au tour imprévu des débats.

Je reprends l'entretien où je l'ai laissé :

« Je me suis là servi, dit le général Bonaparte, d'un mot imposant, *dignité des sciences.* C'est le seul qui rende exactement ma pensée. Je ne connois pas de plus bel emploi de la vie pour l'homme que de travailler à la connoissance de la nature et de toutes les choses étant à son usage, et placées sous sa pensée dans le monde matériel. »

Un officier des gardes survient pour service militaire. Le général s'absente un moment en disant : « Continuez, Monge. »

masculin. (Cf. Frédéric Masson, *Napoléon et les femmes; l'Amour.* Paris, 1894, in-8°, p. 58 et suiv.)

Puis de retour il reprend : « Vous disiez, Monge? » La réplique n'alloit pas à la pensée du général, qui en prit occasion de s'échapper du côté du joli officier de dragons. Cette seconde interruption dura le temps de quelques caresses sur les joues et de mots les accompagnant prononcés à demi-voix et échangés avec des transports d'une mutuelle tendresse.

L'entretien fut continué de la même manière, c'est-à-dire interrompu plusieurs fois pour les mêmes sujets. J'en ai renoué toutes les parties dans ce qui suit :

Le général : « Je ne m'épargnerai pas dans la confidence de ma pensée; j'ai toujours été dominé par le désir d'une grande renommée. Mais, bien jeune, je ne pensois pas qu'elle m'adviendroit par le succès des armes; l'éclat et l'utilité des sciences, telle étoit ma visée, et encore aujourd'hui, je me surprends quelquefois dans le regret de n'avoir pas persévéré dans cette première vocation. »

Sur cela explosion de flatteries de la part de Monge et de quelques autres assistants; mais il reprend bientôt par ces paroles spécialement adressées à Berthollet.

« Ce que je ne vous ai encore jamais confié, Berthollet, c'est que ces idées de jeunesse me reprennent par accès. J'ai du moins voulu savoir si j'avois vraiment de l'aptitude pour les sciences dans le degré nécessaire selon mes projets, et c'est pour cela que j'ai employé, soit ici, soit à Paris, tous mes moments libres à vous entendre sur la chimie. Mais inutilement je me suis astreint à suivre des leçons régulières, je n'ai retiré de ces efforts qu'un sentiment vague. »

Berthollet ne vit là qu'une agacerie. Le ton étoit bienveillant et la défense de la chimie comme système parfaitement lié, comme corps complet de doctrine, fut par lui produite brièvement, mais d'ailleurs avec habileté.

Monge, impatient et plein de verve, releva quelques-unes des paroles du général en lui observant que la Fortune ne l'a point du tout frappé de ses rigueurs. — « Oui, jusqu'ici, dit le général, jusqu'ici, soit. » Et Monge ajoute qu'assez de gloire et de renommée ont tellement relevé sa position sociale, qu'il n'est à lui comparer aucune autre existence. Pour le fait d'une grande renommée scientifique, je me borne, dit Monge, à rappeler le mot de Lagrange : « Il n'est et il n'existera à jamais de gloire scientifique qui l'emporte sur celle de Newton, par la raison qu'il n'étoit, qu'il n'y avoit qu'un monde à découvrir. »

« Qu'est-ce que cela? reprit vivement Bonaparte. Y avez-vous mûrement réfléchi? En vérité, vous me ramèneriez aux travaux scientifiques; vous rallumez les désirs et la fièvre de ma jeunesse, quand je vous entends parler de la sorte. Que comporte votre situation? Keppler, par ses lois immortelles, a préparé, a fait Newton. Sans doute, c'est l'idée d'un homme de génie, une idée admirable pour sa simplicité et son universalité que la loi sur les mondes, que la pensée qu'ils s'attirent en raison inverse du carré de leur distance et en raison directe du volume de leur masse. Mais, je vous le demande, pour être mise en première ligne et pour placer son auteur hors de rang, cette découverte, par le caractère d'une difficile conception, exigeoit-elle la plus grande vigueur où puisse atteindre l'esprit? Non, elle est venue à son temps sous l'inspiration de précédentes et de non moins puissantes conceptions. »

III

RAPPORT A L'INSTITUT D'ÉGYPTE

Sur les recherches à faire dans l'emplacement de l'ancienne Memphis, et dans toute l'étendue de ses sépultures, par le citoyen Geoffroy[1].

Le général en chef Menou, qui donne à toutes les branches des sciences une attention particulière, ayant résolu de faire faire dans l'étendue des sépultures de l'ancienne Memphis toutes les recherches dont ces antiques monumens paroissent susceptibles vous a informés, citoyens collègues, par sa lettre en date du

1. *Courier de l'Égypte*, n° 104-107

30 nivôse dernier[1] qu'il avoit confié la direction des travaux à entreprendre aux citoyens Le Père (architecte) et Coutelle, membre de la Commission des Arts, et que le motif qui lui a fait prendre cette décision avoit été de fournir de très grands moyens d'étude aux personnes qui s'occupent de la science de l'antiquité.

Empressés de répondre à cette invitation, et jaloux de concourir à des vues aussi utiles pour le progrès des sciences, vous avez dans votre séance du 1er pluviôse[2] arrêté qu'une Commission composée des citoyens Champy, Fourier, Le Père (architecte) et moi, vous présenteroit une instruction rédigée de manière à appeler sur toutes les parties qui intéressent les arts et les sciences l'attention de nos collègues. Le citoyen Coutelle, que nous avons invité à se réunir à nous, a bien voulu aussi nous communiquer ses vues particulières, et c'est au nom de tous que j'ai l'honneur de vous présenter le rapport suivant.

Tous les voyageurs, qui nous ont précédés, n'ont été frappés que des masses colossales éparses, surtout à la montagne libyque qui bornoit à l'Ouest la campagne de Memphis. Enivrés en quelque sorte de l'admiration qu'ils éprouvoient à la vue de monumens d'une taille aussi gigantesque et d'une si haute antiquité, ils ont négligé une multitude de petits objets et de pratiques singulières qui doivent jetter un si grand jour sur l'histoire des anciens Égyptiens et conséquemment sur l'origine des institutions humaines. Déjà les membres de l'Institut et de la Commission des Arts, après avoir satisfait aux premiers besoins d'admirer de si grandes choses, ont vu avec sang-froid et étudié en détail une partie des monumens de Gyzéh et de Sakkara[3]; nous possédions déjà nombre d'observations utiles, mais aucune des expéditions faites à ces lieux remarquables n'ayant été secondée des moyens que vient de proposer le général en chef, il reste encore beaucoup à faire. Les membres de l'Institut et de la Commission des Arts reprendront avec plaisir leurs tra-

1. 20 janvier 1801.
2. 21 janvier 1801.
3. Voy. plus haut, p. 197.

vaux, et ne négligeront rien de ce qui peut faire connoître les mœurs d'un peuple qui a inventé et enseigné à la postérité les élémens des arts et des sciences.

Les recherches à faire devront s'étendre 1° aux grandes pyramides de Gyzéh ; 2° aux pyramides de Sakkara ; 3° aux puits des momies ; 4° à l'emplacement de Memphis.

Parmi les recherches dont les grandes pyramides peuvent être l'objet, une des plus intéressantes consistera à déterminer avec toute la précision des instrumens astronomiques la véritable direction des faces des pyramides. Un premier examen a eu lieu au commencement du siècle ; on le doit à l'Académie des sciences de Paris, qui chargea M. de Chazelle de vérifier la position dont il s'agit : il reconnut, au moyen d'une boussole, que ces monumens sont orientés avec beaucoup d'exactitude. Peu d'années auparavant, les commissaires de l'Académie avoient trouvé une erreur de plus de 15 minutes dans la position de la méridienne de Ticho-Brahé à l'observatoire d'Uranienbourg. On avoit été porté à en conclure que la ligne méridienne n'est pas immobile ; mais les résultats de M. de Chazelle firent disparoître cette conjecture, et l'on vit clairement que la situation des pôles n'avoit pu éprouver depuis le temps où vivoit l'astronome danois un changement aussi considérable. Cependant quoiqu'il fût connu que la différence trouvée provenoit d'une erreur, et n'étoit point le résultat d'une cause naturelle, quelques personnes n'en ont pas moins renouvelé l'hypothèse du mouvement des pôles : elles se sont principalement fondées sur ce que la détermination de M. de Chazelle étoit susceptible de peu de précision.

Il étoit donc à désirer qu'on appliquât à cette recherche les instrumens qui ont reçu dans ces derniers temps un si grand degré de perfectionnement. Ce motif avoit engagé l'Institut à proposer cette opération dans le voyage que nous fîmes à Memphis l'année précédente. Le citoyen Nouet, notre collègue[1], rectifia la direction d'une des faces de la plus grande pyramide ;

1. On a déjà dit que Nouet, astronome, faisait partie de la première section de l'Institut d'Égypte. Le travail auquel il est fait allusion a paru dans le tome III de la *Décade Égyptienne* (p. 101-

il trouva que la base de cette face coïncide avec la ligne *est-ouest*, à moins d'un tiers de degré près, différence qui peut être attribuée avec vraisemblance, attendu que le revêtement n'existe plus, aux inégalités des constructions qui ne permettent pas aujourd'hui d'obtenir une mesure plus précise. En même temps notre collègue Jacotin [1] constata par des mesures géographiques le parallélisme des autres faces et de celles des pyramides voisines.

Maintenant il nous paroît très utile de confirmer les résultats de ces mesures en se servant des instrumens astronomiques, et d'étendre ces recherches aux pyramides de Sakkara. Le citoyen Nouet, dont le zèle nous a déjà fourni tant de résultats, est disposé à entreprendre ce nouveau travail.

Newton est le premier qui ait fait usage de la comparaison des longueurs de constructions égyptiennes, pour en déduire la connoissance de la mesure dont se servoit cet ancien peuple. Il pensoit, ce qui est une remarque fort naturelle, que les dimensions des différentes parties des monumens sont composées d'un nombre entier de mesures linéaires, de sorte qu'il s'ensuivroit que ces dimensions avoient un rapport commensurable, et pour diviseur commun la longueur même de la mesure. Afin de fournir de nouveaux matériaux à de semblables recherches, on profitera de ce voyage pour obtenir, avec une précision suffisante, les mesures des différentes parties des monumens.

On cherche en vain sur la montagne, à l'ouest de Memphis, un système de grottes semblable à celui de la haute Égypte : mais aussi l'inspection des lieux fait suffisamment connoître les raisons du changement apporté dans la construction de ses sépultures par un peuple si scrupuleux observateur des usages de ses ancêtres. La montagne, au lieu d'être, comme dans toute la haute Égypte, coupée à pic, vient mourir en pente douce sur le terrain cultivé. Les puits que l'on trouve à la surface du roc ne représentent que ces cavités souterraines destinées dans

110) sous ce titre : *Rapport sur la position géographique des Pyramides de Memphis, la direction de la plus nord par rapport à la méridienne et sa hauteur verticale.*

1. Jacotin, autre membre de l'Institut d'Égypte, ingénieur géographe en chef, puis directeur; colonel d'état-major.

la haute Égypte à la sépulture des momies : ils sont, dans beaucoup d'endroits, très rapprochés les uns des autres, en sorte qu'il y a tout lieu de croire que ces puits s'ouvroient dans une chambre bâtie sur le roc, et qui remplissoit l'objet de ces grottes qu'il avoit été impossible de pratiquer dans ce lieu. Il sera donc à propos de visiter le pourtour des puits, afin de constater si l'on ne trouveroit pas à la surface du roc quelques vestiges de fondations. Cette recherche est importante, puisqu'elle conduiroit à expliquer l'existence de tant de pyramides accumulées seulement dans le voisinage de Memphis. Ces pyramides pourroient bien correspondre aux grandes grottes de Thèbes, de manière que les rois de Memphis, émules de ceux de cette plus ancienne capitale[1], après avoir consulté la nature du terrain, auroient remplacé par des constructions colossales les excavations prodigieuses de ceux-ci.

Ce qui prouve que les Égyptiens de Memphis n'avoient point abandonné le système de leurs ancêtres, et qu'ils l'avoient seulement modifié pour l'accommoder à la forme de la montagne située près de cette ville, ce sont les grottes que l'on trouve dans le voisinage des pyramides de Gyzéh. Ils enlevèrent des pierres aux environs des grandes pyramides pour les bâtir, firent ainsi par art dans quelques endroits des pans coupés et en profitèrent pour faire reparoître le système adopté dans la haute Égypte. On trouve dans ces grottes des scènes domestiques et des représentations de quelques arts que, malgré la défectuosité de ces tableaux, il est intéressant de dessiner et de décrire.

Nous n'avons pas encore eu occasion de répéter toutes les observations publiées en Europe à l'égard des momies et de quelques ustensiles tirés de l'Égypte. On ne peut guère raisonnablement espérer de se procurer toutes ces observations sur un terrain aussi fouillé que celui de Memphis : il n'y a que l'examen de l'intérieur d'une petite pyramide qui puisse donner à cet égard tous les renseignements désirés.

1. Est-il bien utile de faire remarquer que la thèse de l'Institut d'Égypte de l'an IX, sur l'antiquité relative de Thèbes et de Memphis, était exactement l'inverse de ce que le déchiffrement des hiéroglyphes a démontré depuis ?

On ne quitteroit point les pyramides de Gyzéh, sans avoir auparavant examiné l'intérieur de la tête du sphinx et le fond du puits de la grande pyramide qui en Europe a fourni matière à tant de conjectures.

Arrivés sur le terrain de Memphis, l'un des premiers objets que doivent se proposer nos collègues est la recherche du Sérapéum. Ce temple paroit avoir été destiné à deux usages : au rapport de Pausanias, il étoit consacré à l'inhumation du dieu Apis; et si l'on en croit à Zozomène et Jablonski, il renfermoit aussi le nilomètre que les prêtres alloient consulter dans le commencement de l'inondation pour en prédire les progrès : Strabon nous dit positivement que ce monument étoit placé dans les sables. Ces témoignages historiques fournissent quelques indices sur la position de ce temple, car dès qu'il étoit bâti au milieu des sables et consacré à la sépulture du bœuf Apis, il devoit avoir été élevé sur le roc dont la surface est sablonneuse; et puisque les eaux de l'inondation pouvoient se répandre dans ses parties souterraines, on doit en chercher les traces sur le bord oriental de la montagne. J'ajouterai à ces indications celles que nous fournit la remarque de notre collègue le général Reynier, qui a reconnu vers cette partie de la montagne et au sud-est des puits des Ibis une grande enceinte bâtie en briques crues : peut-être seroit-ce vers cette enceinte qu'il faudroit faire des recherches, puisqu'il est connu que la plupart des temples égyptiens avoient un entourage semblable qui en défendoit l'approche. Ces catacombes se ressentent, à Memphis, de la décadence des arts ou du moins de l'insouciance des habitans de cette ville; ce ne sont là que des excavations grossièrement pratiquées dans le roc, et qui n'ont ni la parure, ni le fini, ni la grandeur des souterreins de Thèbes. Cependant on doit compter sur un autre résultat par rapport aux galeries souterreines du Sérapéum. On ne peut, en effet, s'attendre qu'à trouver un monument achevé, d'une certaine grandeur, et qui enfin répondît aux dépenses énormes que l'on faisoit, suivant Diodore de Sicile, pour l'inhumation du bœuf Apis, le dieu favori de Memphis.

La plaine occupée par les débris des momies est un vaste

champ pour les observations : que des faits intéressans à recueillir, si les sables apportés par les vents de l'ouest ne la déroboient pour ainsi dire à notre vue! Néanmoins, il faudra, dans beaucoup d'endroits, soulever ce voile en creusant des canaux en différens sens de manière à faciliter l'observation du roc; on pourra peut-être aussi constater l'étendue de cette plaine, et la voir distribuée en autant de partitions destinées aux hommes des différens ordres de la société, et aux animaux d'espèce différente.

On trouvera, par ce moyen, un grand nombre de puits qui n'ont pas été ouverts, et qui conséquemment méritent une attention particulière. Nos collègues jugeront sans doute à propos d'en ouvrir quelques-uns et constateront au moins la forme et la nature de la pierre employée à clore ces caveaux.

Un des puits surtout auquel ils devront s'attacher de préférence, est celui dont le citoyen Hamelin[1] avoit commencé la fouille. Ses dimensions considérables en largeur et profondeur font croire, ou qu'il est la principale entrée d'une galerie intéressante à étudier, ou que c'est le puits d'une pyramide qui auroit été détruite.

On ne dédaignera pas surtout les sépultures creusées à la surface du roc et celles construites en briques crues. Pour appartenir aux plus pauvres citoyens, elles n'en doivent pas moins fournir d'utiles matériaux à l'histoire. Mais on devra apporter dans ces recherches beaucoup de discernement, afin de distinguer les momies des indigènes de celles qui appartiennent aux premières époques de la religion chrétienne, car on ne doit point oublier que les chrétiens de Memphis ont embaumé leurs morts jusqu'au règne de Théodose le Grand. Avec un peu d'attention, on ne pourra tomber dans aucune méprise. Les momies des chrétiens, enterrées dans le sable, furent traitées avec la plus grande indifférence et rappellent à peine quelques souvenirs de ces époques brillantes de la haute antiquité, où l'on s'étoit proposé d'éterniser la mort, et où l'on avoit en quelque sorte résolu ce problème.

1. Hamelin, négociant, qui s'est occupé d'archéologie avec De Villiers, Jollois, etc. (Cf. De Villiers du Terrage, *op. cit.*, p. 183-184.)

Une des parties de Sakkara où les recherches seront les plus faciles et pour lesquelles il y a des indications assez sûres, est l'immense galerie destinée aux ibis. Il n'est besoin que d'en retirer le sable, qui s'y est versé du dehors, et qui empêche de la parcourir en entier. Il est quelques puits ou regards qui n'ont jamais été rouverts et dont il est possible d'étudier la fermeture en remontant ces puits à l'intérieur.

Comme il paroît que le récit du duc de Chaulnes n'est point relatif aux galeries des ibis que nous avons déjà visitées plusieurs fois, on devra suivre avec attention les indications qu'il donne et qui probablement mèneront à la connoissance de caveaux renfermant des débris de quadrupèdes.

On remarque dans le voisinage de Busir[1] qu'une partie de la montagne est coupée à pic ; des monceaux de sable qui se sont accumulés au-devant, empêchent de reconnoître si cette partie de la montagne est taillée en grotte, comme on l'observe dans les environs des grandes pyramides, peut-être seroit-ce le cas de faire une fouille en cet endroit dans la vue de se procurer ce renseignement.

Un des derniers objets dont il est sur tout essentiel de s'occuper, est une détermination rigoureuse de tout l'emplacement de Memphis. Il est possible, jusqu'à un certain point, de suivre le prolongement de quelques rues principales, de retrouver les places publiques, et de déterrer plusieurs des débris du temple de Vulcain ; nous n'avons encore ni description de ces ruines, ni dessin de leur aspect.

L'examen de l'emplacement de Memphis doit aussi avoir pour objet de vérifier la description qu'on en trouve dans Hérodote : cet historien rapporte que le fondateur de cette ville avoit fait exécuter des travaux considérables pour détourner en cet endroit le cours du Nil ; que ce fleuve couloit à cette époque fort près de la montagne qui bornoit la Libye, et que Ménès avoit fait construire une digue qui, s'opposant à son cours naturel, le forçoit de couler à égale distance des montagnes.

On entretenoit cette digue chaque année avec beaucoup de

1. Abou-Sir.

soin, et cela avoit encore lieu au temps d'Hérodote, sous la domination des Perses. Memphis étoit, selon le même historien, située dans l'ancien lit du fleuve et un lac placé à l'ouest de la ville communiquoit avec le Nil. Il seroit intéressant de reconnoître dans ce nouveau voyage celles de ces circonstances qui subsistent encore, de lever avec exactitude les sinuosités du Nil à la hauteur de Memphis, d'étudier les attérissemens auxquels ce déplacement du fleuve a pu donner lieu et de vérifier si d'assez grandes élévations de terre qui ont été remarquées de plusieurs de nos collègues et qui sont situées au-delà des restes de Memphis, auroient autrefois fait partie de la digue dont il est question dans Hérodote.

Le plan des environs de Memphis fera définitivement connoître le canal qui existe encore à l'ouest de cette ville et qui est devenu si célèbre par les allégories qu'il a fournies à la mythologie grecque.

Une des dernières recherches à tenter, ce seroit de sonder l'ancien sol de Memphis jusqu'à ce qu'on ait trouvé la terre formée par les dépôts du Nil; on acquerreroit ainsi quelques données qui pourroient servir de bases à des conjectures sur la haute antiquité de cette ville si célèbre.

On pourroit aussi faire usage de l'instrument que le citoyen Conté, notre collègue, veut bien faire exécuter dans ses atteliers de mécanique, et sonder en plusieurs endroits les buttes et les ruines qui attestent la grandeur de cette ancienne capitale : la sonde indiqueroit les lieux où sont enfouis en plus grande quantité les débris des temples et des palais qui en faisoient l'ornement.

Enfin, on employeroit encore la sonde à retrouver l'ancien sol de l'Égypte et à rechercher quelle a été la terre primitive de cette contrée, avant que le Nil, réglé dans son cours, l'ai revêtue d'une couche si épaisse d'argille sablonneuse.

Les fouilles feront trouver un grand nombre d'objets, des manuscrits, des momies, des figures en terre ou en bois, des hiéroglyphes en relief et détachés, des poteries, des médailles, des verroteries, des métaux ouvrés, des ustensiles, des habillemens, et productions végétales, etc. On ne s'empresseroit de décrire et dessiner ces objets qu'autant qu'on les trouveroit en place ; mais dans le cas contraire, nous croyons que tous ces objets doivent être rassemblés et inventoriés ; dès que les recherches qui vont se faire sont entreprises aux dépens du trésor public, les objets recueillis doivent demeurer à la disposition du gouvernement.

A cet effet, nous estimons qu'il doit être ouvert un registre qui contiendroit : 1° la description de tous les monumens ; 2° les résultats de toutes les opérations ; 3° l'énumération de tous les objets recueillis.

Ce registre seroit une espèce de procès-verbal qui, écrit sous les yeux d'un grand nombre de témoins, donneroit la plus grande authenticité aux observations qui seront faites dans ce voyage. Tout voyageur auroit le droit d'y faire insérer ses découvertes, et donneroit aussitôt de cette manière une sorte de publicité à beaucoup de petites remarques qui paroissent ensuite assez peu importantes pour être traitées dans un écrit particulier.

Le voyage des grandes Pyramides et de Memphis terminé, ce registre seroit déposé au secrétariat et deviendroit une annexe des procès-verbaux de l'Institut.

Telles sont, citoyens collègues, les observations que nous avons l'honneur de vous présenter : le peu de temps que nous avons employé à leur rédaction ne nous a pas permis de les étendre davantage, nous désirons qu'elles puissent remplir l'objet que vous vous êtes proposé en ordonnant ce travail, et nous vous proposons, si vous les approuvez, de les adresser au gouvernement en réponse à l'invitation qu'il vous a faite.

Arrêté en commission, au Kaire, le 4 pluviôse an IX.

Signés : Coutelle, Le Père (archit.),
J.-P. Champy, Fourier et Geoffroy.

Pour copie conforme :
Geoffroy, rapporteur.

IV

RAPPORT A L'ASSEMBLÉE

Des Professeurs-Administrateurs du Muséum d'histoire naturelle
sur les collections rapportées d'Égypte par le C. Geoffroy[1].

Citoyens collègues,

Vous nous avez chargé les cc. Lamarck, Cuvier et moi d'examiner les collections rapportées d'Egypte et données au Muséum par notre collègue le C. Geoffroy et de vous en faire un rapport; c'est le rapport commun que je viens vous présenter.

Le C^en Geoffroy a fait un séjour de quatre années dans le pays peut-être le plus remarquable de la Jerre par l'ancienneté de la civilisation, par la singulière constitution de son climat, par les monumens de grandeur et de force dont il est couvert, et par ceux d'une superstition puérile, qu'il offre encore avec plus d'abondance. Il a parcouru ce pays dans tous les sens, avec les plus grands moyens, protégé par nos armées victorieuses et par des généraux amis des sciences et des arts.

Jugez par là de ce qu'il a pu faire, en comparaison des naturalistes qui l'avoient précédé et qui sous l'empire tyrannique de l'ignorance la plus brutale manquoient même du pouvoir de parcourir librement les campagnes; mais jugez aussi par là des obligations qu'il a contractées envers le monde savant et de ce que les naturalistes Européens doivent attendre de lui.

Nous le laisserons répondre par les ouvrages qu'il se propose de publier à la partie de cette attente qui concerne les idées et les observations à la prompte possession desquelles tous les hommes instruits ont un droit égal; nous n'avons à

1. Lu à la séance du 19 fructidor an X (6 septembre 1802) par le C. Lacépède.

examiner ici que les objets matériels qu'il a raportés et que notre établissement ne pouvoit manquer d'espérer d'un de ses plus zélés collaborateurs et nous pouvons vous dire qu'il a passé les espérances que vous pouviés former.

La collection a d'abord cela de particulier, qu'on peut dire qu'elle contient des animaux de tous les siècles. Depuis long-temps on désiroit de savoir si les especes changent de forme par la suite des tems; cette question futile en apparence est cependant essentielle à l'histoire du Globe, et par suite à la solution de mille autres questions qui ne sont pas même étrangères aux plus grands objets de la vénération humaine.

Jamais on ne fut mieux à portée de les décider pour un grand nombre d'espèces remarquables et pour plusieurs milliers d'années. Il semble que la superstition des anciens Égyptiens ait été inspirée par la nature dans la vue de laisser un monument de son histoire. Ces hommes bizarres, en embaumant avec tant de soin les êtres brutes dont ils avoient fait des objets de leur stupide adoration, nous ont laissé dans leurs grottes sacrées des cabinets de zoologie presque complets, le climat s'est joint à l'art des embaumemens pour préserver ces corps de toute corruption, et nous pouvons nous assurer à présent par nos yeux de ce qu'étoient un grand nombre d'espèces il y a deux ou trois mille ans.

Le C. Geoffroy, sentant l'importance de pareils trésors, n'a rien négligé pour les amasser. Il s'est enfoncé dans toutes ces antiques cavernes; il a fouillé d'innombrables monceaux de cadavres, et il vous apporte, non seulement les hommes de l'antique Égypte, comme ont fait tant d'autres voyageurs, mais encore ses dieux, depuis le bœuf Apis, ou Mnevis, ou autre, jusqu'au crocodile, à l'ichneumon, au singe et à l'ibis.

On ne peut maitriser les élans de son imagination, lorsqu'on voit encore conservé, avec ses moindres os, ses moindres poils et parfaitement reconnoissable, tel animal qui avoit, il y a deux ou trois mille ans, dans Thèbes ou dans Memphis des prêtres et des autels.

Mais sans nous égarer dans toutes les idées que ce raprochement fait naitre, bornons-nous à vous exposer qu'il **résulte** de cette partie de la collection du C. Geoffroy, que ces animaux sont parfaitement semblables à ceux d'aujourd'hui.

Comme il sera intéressant de voir un jour rangés sur trois lignes et ces animaux d'aujourd'hui, et ces autres déjà si anciens, et ceux enfin d'une origine incomparablement plus reculée, que récèlent des tombeaux mieux fermés, ces montagnes qu'étendirent sur eux les épouvantables catastrophes de notre globe!

Comme il l'est déjà, de voir dans votre collection d'anatomie ce squelette d'Ibis antique, auquel il ne manque aucune pièce et qui nous apprenant indubitablement que les naturalistes modernes se sont trompés dans la détermination de cette espèce, justifie les descriptions qu'en ont données les anciens.

Le C. Geoffroy a déposé dans votre collection d'ornithologie un Ibis plus étonnant encore : il l'a retiré de ses langes, sans en briser la moindre plume et l'oiseau est là, au desséchement près, comme s'il venoit de mourir.

Les momies humaines rapportées par le citoyen Geoffroy ont aussi un intérêt particulier. Vous savez que presque toutes les momies ont les incisives usées et comme cassées, une seule, celle de Stuttgard, les avoit comme les autres hommes ; le citoyen Geoffroy en a rapporté plusieurs qui les ont telles et qui ayant toutes apartenu à des personnes mortes jeunes, achèvent de prouver que l'usure des dents ordinaires étoit due à l'âge et au régime diététique.

Le citoyen Geoffroy ne s'est pas conduit d'après des vües moins sages dans la recherche qu'il a faite des animaux vivans. Ainsi il a bien jugé qu'il seroit à peu près inutile de recueillir les grands quadrupèdes, qui ne pouvoient guère avoir échappé aux anciens voyageurs, mais qu'il falloit s'attacher aux plus petits, que les voyageurs négligent ordinairement.

Cette idée lui a complettement réussi ; il a obtenu une nouvelle espèce de lièvre, une de renard, une de hérisson, quatre de rats, et onze de chauves-souris. On sait que l'une des principales découvertes de Daubenton en zoologie fut d'en avoir trouvé cinq.

Les onze que son disciple vient de découvrir ne le cèdent point à celles du maître pour la singularité des formes.

Cet accroissement nous prouve que cette classe des mammifères que l'on croyoit épuisée, peut encore fournir de grandes découvertes à ceux qui sauront s'y bien prendre.

Un fait curieux est encore celui d'un ou deux rats épineux, qu'il a découverts et qui joints à d'autres du même genre découverts à Cayenne par Martin, au Paraguay par d'Azara, nous montrent une certaine tendance dans le poil des rongeurs à prendre cette forme dans les pays chauds.

Il a aussi rapporté plusieurs espèces de quadrupèdes qui, sans être nouvelles, manquoient cependant à vos collections, telles sont le lynx botté de Bruce, la mangouste à longue queue touffue par le bout qui est le célèbre ichneumon des anciens, a civette, etc.

Le citoyen Geoffroy n'a pas rapporté beaucoup d'oiseaux, parce qu'il a remarqué que les espèces d'Égypte sont presque toutes les mêmes que celles d'Europe, sauf quelques-unes qui s'échappent de l'Afrique, en traversant le désert.

Il a eu soin de recueillir celles-ci dont une partie est nouvelle; mais il s'est dédommagé sur les deux autres classes d'animaux vertébrés : les reptiles et les poissons.

En reptiles, il a rassemblé presque tous les serpens du pays, dont plusieurs avoient échappé à ses prédécesseurs. On y remarque entre autres le *coluber haje*, ce serpent dont le cou s'élargit presque comme celui du naja, et dont les Égyptiens avoient fait l'emblème de la providence conservatrice, parce que se relevant, et menaçant de la tête, lorsqu'on en approche, il a l'air de garder le champ dans lequel il est, et le *coluber vipera*, cette vraie vipère des anciens si connue par son usage dans la thériaque. Il nous a mieux fait connaître la sauve-garde ou le tupinambis d'Égypte, que l'on confondoit avec des espèces voisines, faute de renseignemens.

Mais c'est surtout en ichtyologie que la collection du citoyen Geoffroy se distingue : il s'est d'abord attaché à recueillir tous les poissons du Nil, et on peut dire que grâce à ses soins et à ses fréquents voyages, ce fleuve est aujourd'hui aussi bien connu à cet égard que ceux de nos climats. Ce n'étoit point une chose indifférente; presque tous les grands fleuves, un peu écartés des autres, ont quelques espèces qui leur sont propres, comme les grands espaces de terre isolés ont quelques quadrupèdes qu'on ne voit pas ailleurs.

Celà devoit surtout avoir lieu pour le Nil, qui coule seul, dans une si grande longueur et qui n'a à droite et à gauche à plusieurs centaines de lieues aucune grande rivière qui se jette dans la mer parallèlement à lui.

Aussi les voyageurs avoient-ils déjà rapporté plusieurs poissons qui ne se trouvent guère que dans ce fleuve. Le citoyen Geoffroy en a beaucoup augmenté le nombre. Vous avez déjà vu son *Bichir* ou *Polyptère* qui fait un genre nouveau bien remarquable par les nageoires nombreuses et séparées qu'il porte sur le dos, par les espèces de bras qui soutiennent ses nageoires pectorales, par la manière dont ses branchies s'ouvrent en dehors, enfin par les écailles osseuses et dures dont il est recouvert. Vous en verrez plusieurs autres dans ses publications futures.

Il a aussi profité d'un séjour très court à Suez pour y recueillir des poissons de la mer Rouge, qui sont si peu connus des Européens. Il en a usé de même à Alexandrie et à Rosette pour ceux de la Méditerranée, de manière que le système de la nature, et les collections du Muséum en recevront des accroissemens très notables.

Un avantage particulier des objets rapportés par le citoyen Geoffroy, c'est que ses animaux sont pour la plupart conservés dans la liqueur. Il en résulte qu'on aura non seulement leur dépouille extérieure, mais que l'anatomie profitera encore de leurs parties molles et de leur squelette, en sorte que c'est, si l'on peut le dire, une triple collection que ses soins vous donnent.

Déjà plusieurs squelettes nouveaux ornent vos galeries anatomiques; nous ne vous en citerons que quelques-uns; savoir, un énorme silure du Nil, d'une espèce nouvelle, que le citoyen Geoffroy n'a pu rapporter autrement, parce qu'il n'a pu en avoir d'assés petits pour les mettre dans ses vases; un grand individu du serpent *haje*, une gerboise qu'on n'y possédoit point et qui paroit être le *dipus meridianus*, etc.

Nous avons déjà parlé de celui de l'Ibis, bientôt vous verrez à ses côtés ceux des autres animaux sacrés. S'il n'y en a pas davantage d'exposés, c'est à l'extrême difficulté que présente la dissection de ces débris, devenus si fragiles, par les siècles qui se sont écoulés sur eux, qu'il faut s'en prendre.

L'énumération que nous venons de faire est suffisante pour vous faire sentir l'importance du don que vous a fait le citoyen Geoffroy, et le mérite de l'empressement qu'il a mis à vous le faire; nous ne doutons pas que vous ne jugiez ainsi que nous, qu'aucun voyageur depuis le célèbre Dombey n'a donné à vos collections un accroissement aussi considérable.

Fait au Muséum ce 19 fructidor an X.

Signé : CUVIER, LACÉPÈDE et LAMARCK.

Procès-verbal de la séance du 19 fructidor an X (6 septembre 1802). (*Proc. verb.*, t. VIII, p. 147-154.)

———

V

LETTRES DE MARC-ANTOINE GEOFFROY, CAPITAINE DU GÉNIE[1]

I

A Salahié, le 15 vendémiaire an VII (6 octobre 1798).

Mon cher papa,

Voilà bientôt six mois que je ne vous ai écrit, quel silence? Se peut-il que j'aie tardé si longtemps à vous donner de mes

---

1. Nommé familièrement, on l'a déjà vu, Geoffroy-Château. Chacun des fils de Gérard Geoffroy avait ainsi un sobriquet : l'aîné s'appelait

nouvelles? Quoi, un éloignement de mille lieues, la séparation des mers, le séjour d'un désert ont-ils fait oublier les liens les plus purs, ceux du sang et de l'amitié? Non, non, mon bien bon père, ce n'est pas cela; l'empreinte de nos parents, la vôtre surtout, est pour ainsi dire gravée dans tous les pays que j'habite, et il n'est pas de lieu que vous n'y soyez avec moi. Je vous retrouve, je vous sens partout dans mon cœur; et les sables brûlants de l'Arabie, où je suis maintenant confiné, ou bien les marais humides de la Hollande que j'ai naguère abandonnés, ne me font pas perdre un instant le souvenir d'un père que le ciel me conservera sans doute assez de temps pour le laisser jouir entièrement de la reconnaissance filiale. Ah! que n'est-il jamais permis au bon fils de céder aux auteurs de ses jours quelques instants de la vie qu'il en a reçue; qu'il me seroit doux d'en faire le partage avec eux; que de regrets évités pour l'un et pour l'autre; la même tombe enseveliroit les mêmes cœurs; ils n'auroient rien à pleurer, ni rien à redouter.

Si j'ai différé de vous écrire, c'est que je me suis reposé sur Saint-Hilaire, qui a bien voulu se charger de vous donner de mes nouvelles. Il n'aura pas manqué de vous dire que je suis séparé de lui comme de vous; mais j'en reçois constamment des lettres et des bienfaits, et son absence ne m'est pas désagréable. J'ai l'espoir de le voir et de le recevoir chez moi. Cette idée me suffit; d'ailleurs je n'ai qu'un toit de feuillage à lui offrir : je pourrois pour quelques jours lui en faire goûter les douceurs, mais à la fin ce séjour lui deviendroit ennuyeux, en sorte que je l'aime mieux savoir au Caire, où il peut m'être plus utile qu'ici.

Car imaginez-vous que le Caire soit Paris, et Salahié Cologne. Rappelez-vous les nombreuses protections qu'il avoit près le gouvernement, toutes les connoissances que la capitale lui avoit procurées. Eh bien! c'est tout à fait la même chose, mon bien bon frère n'a fait que changer de pays, et ses douces

Dumortan, le second *Maison-Rouge*, le troisième *Saint-Hilaire*, le quatrième *Château* et le cinquième *Duport*.

habitudes il les a conservées, surtout celles d'obliger et de mettre son crédit bien à profit.

Moi, je vis ici comme à l'armée, car je retrouve dans les redoutes que je construis les mêmes plaisirs que je goûtois sur les montagnes de la Moselle où je débutai dans ma carrière.

Ainsi notre genre de vie n'a pas changé, et nous sommes heureux, nous pourrions l'être davantage si la mer étoit plus libre et le pays plus rempli de ressources, mais les premiers colons d'un pays lui doivent des sacrifices, et sans doute leurs successeurs les en dédommageront par la reconnoissance. Ce sentiment suffit à des hommes sensibles qui cherchent et ont à cœur la prospérité et la gloire de leur patrie.

Vous avez appris notre départ de Toulon, vous sûtes notre arrivée à Alexandrie; vous avez fêté notre conquête de Malte; ensuite vous avez pleuré le désastre de notre infortunée escadre.

Tant de nouvelles flatteuses et désolantes vous ont occupé, et vous ont empêché de nous suivre dans les déserts, marchant, sous les plus fortes chaleurs, dans un pays aride et de mœurs différentes des nôtres.

Tant mieux! je vous en éviterai l'histoire affreuse. Voyez nous à notre but.

Les voilà ces François dans les murs renommés du grand Caire, cette ville illustrée par les Arabes, et qui sous les prophètes de l'Islamisme reçut les tributs de l'univers, se décora des dépouilles de cent villes anéanties et fit reparaître tout l'éclat de l'ancienne Memphis, jadis la capitale du monde et la source des lumières et des connoissances dans tous les genres.

C'est à ses illustres conquérants à faire de cette ville le nouvel entrepôt du globe et à la rendre digne du beau pays qu'ont immortalisé les sciences. Avant d'entreprendre cette grande tâche on s'est occupé d'en garantir la possession. Les Mamelouks s'étant divisés, et s'étant retirés les uns dans la haute Égypte, et les autres vers la Syrie, on a donné ses soins à ne plus craindre leur retour. Tandis que des chaloupes armées alloient attaquer le Saïd, et proclamer la liberté sur les ruines de Thèbes, une partie de l'armée poursuivoit les fugitifs compagnons du principal chef des Mamelouks, et les rejetoit entièrement dans le désert. Ils eurent le bonheur d'emmener avec eux la caravane dont nous aurions dû nous emparer, si trop d'ardeur n'eut donné trop tôt l'alerte chez l'ennemi, qui d'abord se reposoit tranquillement, et qui à la vue de nos éclaireurs se retira avec précipitation. En cas (comme cet événement devoit avoir lieu) que nous eussions réussi à prendre la caravane, les dépouilles de l'armée de Darius n'eussent pas été à comparer au butin que nous aurions fait ce jour-là.

Après avoir marché jusqu'aux confins de l'Égypte, et menacé jusqu'aux déserts mêmes, on s'arrêta, et fixant les limites de nos conquêtes au pied de cette mer de sables toujours brûlants, qui sépare l'Égypte d'avec la Syrie et l'Arabie, on résolut d'y construire une place, et je fus nommé pour la fonder, l'exécuter. Aussitôt je disposai des ouvriers et dans ce moment le système des fortifications européennes s'élève avec nous, là où l'on apercevoit les débris des anciens retranchements d'Alexandrie et les vieux camps des Césars.

C'est à Salahié que se sont construits les premiers ouvrages d'importance en Égypte. Le temps en fera par la suite une jolie cité. Quand j'en considère l'agrandissement futur, le courage me ranime, et la petite idée d'en être le premier fondateur satisfait mon amour-propre et me porte à y donner tous mes soins.

Aussi ne désiré-je rien autre chose que de continuer mes travaux et de les pouvoir achever. Malheureusement j'ai éprouvé de grands retards par l'arrivée des eaux du Nil qui sont venues, inopinément, nous attaquer et ont beaucoup dérangé mon service. La Hollande a su, au milieu des eaux, s'établir des boulevards ; le Zuyderzée est couvert de remparts ; n'en peut-on former aussi là où il y a un écoulement périodique et où la terre est sèche pendant les deux tiers de l'année.

Devant séjourner longtemps à Salahié, et les habitations de l'Égypte n'étant nullement praticables pour les Européens, nous nous sommes bâti des cabanes ou nous avons recueilli tous les agréments de la vie. Que ce mot de cabanes, mon bien bon père, ne vous effraie pas. J'ai une habitation toute en feuillage de palmiers ; elle est divisée en quatre appartements, ma chambre, celle de mon frère (car il m'a préparé la mienne au Caire, et je lui ai fait ici la sienne), celle de Bouilly que j'ai fait gérant du fort, et une quatrième qu'occupe mon domestique, et que je réserve encore pour un ami.

Un courant d'air répand toujours une grande fraîcheur dans ces appartements par le moyen d'un corridor qui reçoit directement le vent du Nord. Un lit, des bancs, une table, des tabourets, voilà l'ameublement de mes appartements. Au lieu de vitrage et de portes, de beaux rideaux en mousseline me ferment et me garantissent du vent.

Quant au soleil il ne vient jamais dans aucune chambre ; nous l'avons entièrement évité. Ensuite sous les lits sont foncés des caveaux dans lesquels sont enfermés de grandes cruches où fermente un bon vin de dattes que me fabrique Bouilly, et où il y a toujours de l'eau bien fraîche. Nous avons eu l'avantage de bien nous loger, puisque le village de Salahié est entouré d'une forêt de palmiers.

Quant à la table elle est bonne et copieuse ; viandes, poissons, œufs, etc., nous en avons en assez grande quantité et les approvisionnements de bouche sont garantis par une basse-cour à laquelle veille un chien vigilant, nommé Salahié, et dans laquelle on voit un poulailler et un colombier. J'ai enfin une écurie où sont renfermés deux jeunes chevaux entiers dont j'ai fait l'acquisition, et deux chèvres qui me donnent du lait.

De jeunes tourterelles ont la liberté et viennent se promener dans les appartements. Leur roucoulement nous plaît, elles aiment aussi nos caresses, nous en fesons nos amusements.

Le matin, après avoir ordonné et visité les travaux, je retrouve à mon retour du café au lait ; à une heure vient un bon diner ; à sept heures un souper agréable. Ensuite la musique de la troupe commence ses accords et nous récrée par les airs les plus flatteurs. L'esprit rempli d'idés joyeuses, du beau coucher de soleil, de la douce fraîcheur de la rosée et de la douce harmonie de la musique, nous nous ensevelissons dans le sommeil. Un bon lit, des rideaux pour nous garantir des cousins, nous provoquent au repos et le retour du soleil nous réveille pour jouir le lendemain d'un jour aussi pur et également agréable.

Ne nous plaignez donc pas, mon cher papa, nous sommes heureux, et par la suite nous pourrons l'être davantage.

Il est question d'une expédition dans la Syrie. Une fois le désert traversé (il y a soixante lieues), nous voilà sur les bords de l'Euphrate. Qui sait où nous n'irons pas? Nous avons envoyé au pacha de Syrie un ambassadeur qu'il a renvoyé avec la dernière insolence. Voilà un pretexte pour nous emparer de son pays. Une fois dans la Syrie nous sommes près du détroit de Bassora; le golfe persique n'est pas un obstacle, et déjà nous avons surpris les possessions d'un ennemi qui est venu nous donner à Alexandrie le coup de pied de l'âne. Nous voilà maîtres des colonies portugoises. Ce pied à terre nous suffit, la marine se reporte dans la mer Rouge, le commerce abandonne le cap de Bonne Espérance, et nous voilà voisins de ces fameuses Indes où peuvent se réaliser tant d'espoirs de fortune, et tant de révolutions en notre faveur.

Ainsi nous ne sommes pas près de retourner dans nos foyers s'il nous faut exécuter cette grande campagne. Dieux de ma patrie, pénates chéris, protégez mes bons parents, et je me sentirai la force d'arracher aux Anglois les principaux objets qui composent leur gloire et leur grandeur. Qu'à mon retour je vous retrouve, père tendre et bon ami, mère chérie, frères heureux, et vous aussi mes sœurs bien-aimées, toi ma sœur Sophie[1], à qui je compte déjà trois jolis rejetons, comme toi ma sœur Victoire[2], à qui j'en connois deux, et toi aimable Thérèse, qui en possède deux aussi[3]; sœurs charmantes qui renouvelez nos êtres en mettant à leur place des enfants qui nous adoreront à leur tour, et nous aideront à supporter les

1. Sophie, femme de Geoffroy Maison-Rouge, mère de Charles, conservateur des hypothèques à Verdun, et d'Auguste, négociant.

2. Victoire, femme de Geoffroy-Dumortan, belle-sœur, par conséquent, d'Étienne et de Marc-Antoine. Elle a eu trois enfants, un fils tué à la tête d'une compagnie dans une émeute en 1832, et deux filles, Mmes Barré et Venard.

3. Thérèse Geoffroy, sœur d'Étienne et de Marc-Antoine, était mariée à M. Meusnier, dont elle a eu trois enfants, un fils, mort juge de paix à Clermont, et deux filles devenues Mmes Piharet et Sergent.

derniers instants de la vie ; et vous mes petits neveux, mes chères nièces, hâtez-vous de vous élever, sortez des foiblesses de l'enfance. Quand vous sentirez vos cœurs s'émouvoir ce sera pour nous un nouveau lien de plus qui nous rendra précieuse l'existence. Nous posséderons de nouveaux cœurs dans qui notre nom sera gravé, et une fois détachés des affaires du monde, si le sort isole nos personnes, si des fils ne sortent pas de notre tige, vous nous accorderez votre affection, vous serez nos enfants, et nous tiendrons encore à l'Univers qu'ensuite nous abandonnerons sans regrets en expirant au milieu de vos caresses et de vos soins.

Depuis le 4 floréal jusqu'au 1er vendémiaire j'ai fait un journal très détaillé et très volumineux. Je compte vous l'envoyer quand le vent du midi, obligeant les Anglois à quitter les rivages de l'Afrique, permettra à nos avisos d'aller en France sans de grands dangers. Je vous enverrai le second volume, si nous entreprenons du nouveau.

Adieu, cher papa, adieu chère maman, mes bons amis, mes vrais amis ; adieu mes chères tantes, mes bons frères, mes tendres, mes bonnes sœurs, mes neveux, mes petites nièces ; adieu famille adorée que je ne cesse de serrer dans mes embrassements, et de presser sur mon cœur.

Pensez quelquefois au solitaire de Salahié ; reportez de temps en temps vos affections sur lui ; couvrez-le quelquefois de bénédictions ; il s'en croit digne par les souvenirs continus qu'il vous porte, les soupirs qu'il vous adresse, et les vœux qu'il fait pour vous. Il veut [donner] toute son existence pour prolonger la vôtre et surtout la rendre heureuse.

M.-A. Geoffroy.

II

El-Arich, le 14 thermidor an VII (1ᵉʳ août 1799).

Mon cher ami,

Tu t'inquiètes de moi, j'en suis persuadé, et je voudrois te posséder ici. Tu ne serois pas si chagriné. Les rassemblemens d'alarmistes n'y sont pas connus, et la tranquillité de l'âme brille sur tous les fronts. Les provisions ne nous manquent pas, nous avons excellente table, nous sommes logés supérieurement, nous avons une basse-cour considérable. Nos chevaux ont leurs vivres en orge et paille pour trois mois au moins.

En te parlant de nous, j'entends te parler de mon ménage. Tous les soirs il y a un punch chez moi ou chez Tribi (?). Là se réunit une société aimable, et entre autres la femme d'un officier qui l'égaie par la différence du sexe.

La nuit est calme et douce, et le jour n'offre pas non plus d'ennui.

Mes travaux sont assez considérables; j'y ai fait de la bonne besogne en un mois de temps. Nous sommes, en un mot, à l'abri de toute insulte et en état de soutenir un siège. La conduite des ouvrages occupe tous mes instants et si dans quelques momens de repos mon esprit est distrait, alors mon cœur jouit en se reportant vers toi et notre chère famille.

Nous avons eu ces jours derniers la visite d'environ cent cinquante cavaliers. A leur coiffure ils ont été distingués pour des Mogrebins de Gezzard[1]. Le capitaine de chasseurs porteur de cette lettre a tout de suite fait monter sa troupe à cheval; je l'ai accompagné et nous les avons poursuivis jusqu'à deux lieues et demi d'ici. Nous n'étions pas vingt-quatre, ils fuyoient comme des paysans.

1. Ahmed-Djezzar, Pacha de Syrie, le farouche défenseur de Saint-Jean-d'Acre.

Chacun regardoit cette arrivée comme l'avant-coureur de notre blocus. Nous ne l'avons pas envisagé de même. Le Gezzard n'est pas encore capable de nous attaquer et nous sommes à même de lui résister jusqu'à la dernière extrémité, puis d'évacuer le poste au dernier moment ; aussi nous ne serons nullement intimidés, en voyant s'avancer sa cohorte.

J'imagine, mon cher ami, que cela suffit pour te tranquilliser. Je désire avoir de toi une semblable assurance. Le Caire est moins sûr qu'El Arich, et, dans ce moment où l'armée est réunie sur la côte l'ennemi doit tenter quelque moyen pour armer contre nous le pays, aussi j'attends avec impatience le succès de la campagne pour être tranquille sur ton sort. Je te prie de m'en donner des détails. Adresse tes lettres à Casal[1] avec qui je suis en correspondance officielle, et elles m'arriveront sûrement.

Adieu, mon cher ami, je t'embrasse de tout mon cœur et attends avec impatience de tes nouvelles.

M.-A. GEOFFROY.

III

Lesbé, près Damiette, le 15 pluviose an VIII (4 février 1800).

Mon cher papa et ma chère maman,

S'il est vrai que vous respiriez encore pour vos enfants, si vos cœurs sont encore émus sur leur sort, si vous invoquez sans cesse le ciel pour les revoir, soyez encore une fois heureux, ils vivent et sont à la veille de se jeter dans vos bras. Ils ont été

1. Le colonel Cazals, commandant le fort d'El-Arish. On sait comment, trahi par une partie des soldats placés sous ses ordres, il fut contraint de capituler le 10 nivôse an VII (30 décembre 1799) (Cf. Desvernois, *op. cit.*, p. 216).

victimes de mille calamités, mais ils s'en échappent pleins de santé et toujours pleins d'amour, pleins de tendresse pour vous.

Nous avons fini nos destinées en Égypte, et nous fesons nos préparatifs pour renouer celles de la France. Qu'elles doivent être belles, et combien nous allons en sentir le prix. Nous avons eu ici tant d'objets de comparaison, qu'en touchant notre patrie nous croirons renaître une seconde fois à la vie.

Nous pouvions encore augmenter notre histoire d'un triomphe remarquable, mais les victoires, comme les défaites, ne pouvant qu'être funestes à une armée qui se mine sans cesse, sans avoir le moyen de se maintenir dans son premier état et de s'accroître, comme on le voit en France, alors que les flambeaux de la guerre alloient se secouer dans l'empire des Turcs, nous leur avons offert la paix et ils l'ont acceptée, heureux l'un et l'autre d'un semblable accomodement. La honte eut été pour notre ennemi et la destruction pour nous.

Par les heureuses négociations du général Desaix et du commodore Schmit, il a été conclu un traité avec le grand Vizir, par lequel la triple alliance doit nous fournir des vaisseaux pour 30 000 hommes, et notre solde pendant trois mois. Le traité a été conclu le 4 pluviôse[1] ; les trois mois d'évacuation datent du 15 pluviôse[2], jour de la ratification de part et d'autre. Le traité a été fait à El-Arich, place frontière de la Syrie, séparée de l'Égypte par trente-six lieues de sables. Je venois d'y passer trois mois pendant lesquels j'avois mis cette place sur un pied respectable. L'ennemi vint l'attaquer et ne fit aucun mal à nos ouvrages ; mais la garnison se mutina, ouvrit les portes à l'ennemi, et la place aussitôt se rendit.

En vertu de ce traité, les Turcs viennent de s'emparer d'une partie de l'Égypte que nous devons évacuer entièrement d'ici à trois mois.

Nous attendons ici les commissaires Turcs pour remettre la place de Lesbé[3] que nous avons faite, en ce qui concerne notre

1. 24 janvier 1800.
2. 4 février 1800.
3. Lesbeh, qui commandait le *boghas* de Damiette, au nord de cette ville.

service, et ensuite je me rendrai au Caire pour y rendre mes comptes : de là je filerai sur Alexandrie pour me joindre à Saint-Hilaire que je n'ai pas vu depuis quinze mois, et qui depuis notre séjour en Égypte n'a pas passé dix jours avec moi.

Mais peut-être Saint-Hilaire sera-t-il déjà parti avec la Commission des sciences et ne le reverrai-je qu'à Paris si j'obtiens la liberté d'y aller, ce qui est fort douteux, vu qu'arrivant en France au milieu de la campagne, on pourra bien, sans perdre aucun temps, nous renvoyer à l'armée.

Dans tous les cas, ce bon frère sera mon interprète de tous mes sentiments pour vous et pour ma chère famille. Il vous dira combien de fois nous avons pensé à vous ; il vous dira que nous vous avons bien plaint par rapport aux événements qui ont eu lieu dans la République depuis notre absence. Il nous a semblé, pendant quelques époques, être plus heureux que vous. Mais il paroît que le sort de l'État n'est plus compromis et que la victoire s'est rangée de notre côté.

Puisse cette leçon nous rendre plus sages et moins ambitieux !

Sans doute Duport[1] est devenu un des conscrits ; nous sommes très inquiets sur son sort ; où est-il ? que fait-il ? Notre cher Maison-Rouge commence-t-il à embellir son ménage ?

. . . .

Je remets cette lettre au commandant de l'*Étoile*, qui dit-on conduit le général Desaix en France[2] ; ainsi vous la recevrez bientôt.

---

1. Le cinquième des fils de Gérard Geoffroy. Il a laissé trois enfants, Paulin, mort capitaine de vaisseau en 1869, Adolphe, mort président du tribunal de Joigny vers 1861, et Louise, femme du commissaire de marine Hébert, dont il sera question plus loin (App. VI).

2. Desaix portait en France la nouvelle de la convention d'El-Arish et du prochain retour de l'armée.

VI

L'ACCIDENT DU « LOUQSOR »

*Lettre d'Étienne Geoffroy Saint-Hilaire à M. Hébert,
Commissaire de la marine royale au Havre (1834).*

Ce vendredi avant le jour.

Mon cher neveu[1],

Beaucoup de choses se sont passées à Paris en ce qui me concerne depuis que je vous ai donné de mes nouvelles ; la plus aventurière, c'est ma chute le 25 décembre en Seine, près du *Louqsor*[2]. J'allois au bateau y voir le second du bord, prendre une collection d'histoire naturelle qu'il avoit faite en Égypte à mon intention. Le matin j'avois écrit quatre heures sur la science et j'avois quelque joie d'âme qui me fesoit étourdi. Ainsi établi, et puis un peu poussé par une main qui vouloit me sauver, je suis tombé, la tête la première, laquelle alla heurter la berge et y prit une blessure plus large que profonde à un crampon rencontré sous l'eau. Il ne m'a pas cassé le bras, mais y est pénétré seulement dans la chair.

Trois sous-officiers n'ont connu que l'élan du cœur, et se sont imprudemment, et au risque de la vie, lancés après moi, car ils ne pouvoient nager dans trois pieds de large et dans un fond de rivière pavé d'amarres, de cordages, d'éperons, de crampons. Bref, eux ne sont point morts et au contraire m'ont retiré de l'eau. Il étoit temps, je m'engageois sous le bateau.

1. J'ai déjà dit que le commissaire Hébert avait épousé Louise Geoffroy, fille de Geoffroy-Duport. Devenue veuve, Louise se remaria avec le baron de Guillerville, dont elle eut un fils qui mourut jeune et une fille qui a épousé Edmond About.
2. Ce bâtiment a ramené au pont de la Concorde l'obélisque qui est maintenant sur la place.

Le brave 1er maitre de Timonerie Giraud m'empoigna avec adresse.

Depuis lors, ce mot qui avoit été sali dans le palais Bourbon à côté, est restitué honorifique même à notre langue bien chatouilleuse. Porté à bord et bien soigné, aux questions : si j'avois froid, j'ai répondu la vérité : *ni froid, ni effroi.*

Le Roi est arrivé incontinent. Je me reposois sur le lit du capitaine. Il est venu à moi ; j'ai feint de dormir, et il s'est retiré avec bonté disant *qu'il respectoit mon sommeil.*

Depuis ses égards m'ont comblé ; deux courriers le jour, le lendemain son carrosse à ma porte, invitation à dîner, etc., etc.

Mais, mon cher neveu, un grand souci m'oppresse, j'ai à cœur de payer ma dette à *mes souvenirs*, et jusqu'à ce qu'ils aient crié MERCI aux manifestations de ma reconnoissance je ne serai point content.....

Etc., etc.

VII

BUSTES D'ÉTIENNE GEOFFROY ET DE GEORGES CUVIER, MODELÉS EN L'AN X PAR JULIE CHARPENTIER

M. le Dr Henri Gervais, assistant à la chaire d'Anatomie comparée du Muséum, voulait bien appeler, il y a quelque temps déjà, mon attention sur un buste en plâtre teinté, imitant la terre cuite, rencontré par lui dans une vente et qui lui semblait bien devoir offrir quelque intérêt pour nos collections historiques.

Le buste était anonyme, mais sa base carrée était ornée sur sa face antérieure d'un bas-relief bien caractéristique (*Crocodile et Pyramides*) et on lisait sur la face de gauche, gravés finement à la pointe les mots : *Julie Charpentier, an 10.*

La première chose à faire pour retrouver l'histoire de cette œuvre d'art était de consulter le livret du Salon de l'an X, où elle avait pu figurer. J'y lus, en effet, à la page 67, les quelques lignes que voici et qui sont absolument décisives :

« Mlle JULIE CHARPENTIER, *aux Gobelins*. »
« Buste d'un naturaliste arrivant d'Égypte. »

« Il a eu occasion de vérifier une observation intéressante d'Hérodote, c'est ce qui fait le sujet du bas-relief dont il est orné. On y voit un Crocodile épargnant un Oiseau (le petit Pluvier) en reconnaissance des services qu'il en reçoit ; le petit Oiseau entre, en effet, dans la gueule du Crocodile et le débarrasse des Insectes dont sa langue se couvre pendant qu'il dort. Les trois pyramides de Gizé forment le fond du tableau [1]. »

Ce naturaliste arrivant d'Égypte, qui avait ainsi étudié les mœurs du Crocodile, ne pouvait être qu'Étienne Geoffroy Saint-Hilaire, rapatrié en novembre 1801, et qui avait, en effet, identifié, comme on l'a vu plus haut, le *Trochile* d'Hérodote et d'Aristote avec le *Charadrius ægyptius* d'Hasselquist [2]. L'examen comparatif du buste de l'an X reproduit en tête de ce volume et des autres portraits de Geoffroy exécutés à des dates postérieures est venu d'ailleurs compléter la démonstration. C'est bien en effet, en plus jeune, toute la physionomie bien connue de l'illustre naturaliste ; c'est son nez un peu court et relevé du bout, c'est sa bouche charnue, c'est aussi son menton arrondi ; les joues sont plutôt pleines et l'ovale de la face est un peu raccourci.

L'auteur de cette œuvre aimable était une femme, encore jeune, qui, depuis quelque temps déjà, exposait aux divers Salons des sculptures imitées de Pajou, dont elle avait été l'élève [3].

1. *Explication des ouvrages de peinture et dessins, sculpture, architecture et gravure des artistes vivants*, exposés au Musée central des Arts d'après l'arrêté, etc. Paris, Imp. des Sc. et Arts, an X, in-12, p. 67.

2. Cf. GEOFFROY SAINT-HILAIRE, *Description des Crocodiles d'Égypte*. (*Ap. Descript. de l'Égypte. Hist. nat.. Zool.*

3. Julie Charpentier avait été reçue, dès 1787, au *Salon de la Correspondance* organisé par La Blancherie, avec un buste de sa sœur Adélaïde en Vierge et un bas-relief représentant le duc d'Orléans.

Julie Charpentier était née le 22 janvier 1770, à Paris[1], où son père, Philippe Charpentier, et sa mère, Julie Savonet, tous deux d'origine blésoise, étaient venus s'établir. François-Philippe, né à Blois le 4 octobre 1734[2], était un mécanicien particulièrement habile. Il avait inventé un procédé de gravure mécanique, applicable au lavis et à la couleur, qu'il était venu présenter au comte de Caylus, et cette invention, cédée par lui à l'État, lui avait valu le titre de *mécanicien du Roi* et divers avantages matériels, dont l'un des plus appréciés était le logement au Louvre. On doit encore à Philippe Charpentier une machine à graver pour les fabricants de dentelles, une machine

1. Le *Dictionnaire des Artistes français*, de Bellier de la Chavignerie, la faisait naître à Blois, et, sur cette assurance, j'ai demandé à M. le maire de Blois de faire pratiquer des recherches dans les anciens registres de catholicité de cette ville. Ces recherches, poursuivies avec beaucoup d'attention, n'avaient donné aucun résultat. Sachant que la pauvre artiste était morte pensionnaire à la Salpêtrière, j'ai eu plus tard l'idée de demander si l'on n'avait point gardé, à l'Assistance publique, une fiche statistique, qui s'est trouvée, ainsi formulée :

Mlle Charpentier Marguerite-Julie, artiste, née à Paris le 22 janvier 1770.

Habitait rue de Lourcine, lorsqu'elle est entrée à la Salpêtrière le 3 octobre 1843.

Décédée à la Salpêtrière le 23 février 1845.

Bellier de la Chavignerie, aussi mal renseigné sur la mort que sur la naissance de Julie Charpentier, donnait, pour la date de son décès, *l'année* 1843 !

2. Et non le 30 octobre, comme l'affirme La Chavignerie. Voici l'acte de baptême dont M. le maire de Blois a bien voulu m'adresser la copie :

« L'an mil sept cent trente quatre, le quatrième jour du mois d'octobre, j'ay, vicaire soussigné, baptisé François-Philippe né d'aujourd'huy du légitime mariage de Philippe-Jean Charpentier et de Catherine Cagnon. Le parrain M. Charles de Brie, premier garde particulier des eaux et forêts de Blois, la maraine M^{de} Marie-Magdelaine Renaud, épouse de M. Philibert Masson, marchand libraire à Blois, tous deux de cette paroisse, lesquels ont signé le présent acte avec nous. »

(Suivent les signatures.)

(Extr. des Registres de la paroisse Saint-Honoré pour l'année 1734.)

à percer imaginée en 1771 [1], des laminoirs, des pompes, etc. [2].
Ses deux filles, Julie et Adélaïde, nées au Louvre, ont été,
l'une et l'autre, artistes; toutefois Julie seule a laissé des
œuvres d'une certaine valeur, parmi lesquelles il en est deux
au moins qui nous intéressent d'une façon exceptionnelle : le
buste de Geoffroy Saint-Hilaire, qui vient d'être rapidement
décrit, et celui de Georges Cuvier, qui lui fait pendant et dont
nous devons une épreuve à M. Albert Geoffroy [3].

J'ai dit que les débuts de Julie Charpentier remontaient à
1787; elle avait par conséquent dix-sept ans. Huit années plus
tard, elle reparaissait au Salon, avec quatre terres cuites, de
styles variés, statues et statuettes, et en 1796 et 1800, elle

1. Cette machine intéressante avait été acquise par le Conservatoire en 1811. (*Rapport de M. Molard, administrateur du Conservatoire des Arts et Métiers, 18 août* 1811) [*Moniteur universel.
Jeudi, 29 août* 1811]. Molard, à propos de cette pièce, fait l'éloge
de Charpentier « mécanicien très distingué » et mentionne « plusieurs autres machines de l'invention du même artiste, qui ont un
caractère d'originalité, décèlent un génie inventeur et commandent
l'estime par leur utilité ».

2. M. le colonel Laussedat, membre de l'Institut, directeur actuel
du Conservatoire, veut bien me signaler les dessins et les modèles
de Charpentier appartenant à cet établissement ou ayant figuré
jadis dans ses collections.

Ce sont : 1° *Dans les archives et au portefeuille dit « de Vau-
canson »* : machine nouvelle pour scier et débiter le bois en long,
grand dessin gravé; machine à faire les vis, croquis et description;
machine à percer imaginée en 1771; modèle de laminoir (tuyaux
de plomb sans soudure, de 4 à 5 mètres); scierie à bras (châssis
conduit par des arcs de cercle); scierie à bras (châssis conduit par
des arcs de cercle armés de fer faisant ressort).

2° *Modèles ayant figuré dans les galeries, mais remis au Domaine depuis assez longtemps :* scierie à manivelles coudées;
pompe à incendie avec réservoir d'air; machine à raboter les
canons de fusil.

3° *Modèles exposés dans les galeries :* pompe à deux corps sur
un seul tuyau d'aspiration, mise en mouvement par la rotation d'un
cercle incliné sur l'arbre du moteur; laminoir pour étirer les
tuyaux de plomb sans soudure.

3. Ce buste en plâtre bronzé avait été offert par Georges Cuvier
à Étienne Geoffroy Saint-Hilaire, au retour de ce dernier de l'Expédition d'Égypte. Nous en donnons plus haut une fidèle reproduction,

exposait encore quatre bustes, dont celui de François Mont-
golfier.

Son adresse était dès lors *aux Gobelins*, où Charpentier avait
obtenu de s'établir (1793) après la suppression des logements
du Louvre. Les deux sœurs ont demeuré là jusqu'en 1826, dans
un appartement de six pièces avec un atelier, quoique leur
père, que ses inventions n'avaient pas enrichi, eût depuis longtemps regagné la ville natale [1]. Elles n'ont même déménagé à
cette date que parce que le bâtiment tombait en ruines, et
que « la liste civile se refusait à entreprendre d'onéreuses réparations ».

Leur existence était précaire; leur talent modeste ne suffi-
sait pas à les faire vivre, et elles durent chercher dans une
occupation manuelle les ressources que leur art ne réussissait
pas à leur procurer. La fréquentation du Muséum avait suggéré
à Julie l'idée de modeler en petit certaines pièces intéressantes,
comme la fameuse tête du crocodile de Maestricht; plus tard,
elle fut conduite à préparer et à monter des Mammifères et des
Oiseaux, et le 26 juin 1801 (7 messidor an IX), elle offrait en
ces termes ses services à l'Assemblée des professeurs :

Le dessein et la sculpture, qui font depuis longtems mon occupation, disait-elle, m'aiant donné beaucoup de facilité pour la
préparation des Oiseaux, et particulièrement pour celle des Qua-

---

1. Philippe Charpentier est mort à Blois le 23 juillet 1817, comme
en témoigne l'acte de décès de M. le maire de cette ville :

« L'an mil huit cent dix-sept, le vingt-troisième jour du mois
de juillet, par-devant nous Pierre-Étienne Besnier, officier de
l'état civil de la commune de Blois, canton de Blois, département
de Loir-et-Cher, sont comparus Louis Blanchon, greffier des
prisons de Blois, âgé de soixante-sept ans, et François Seron,
sacristain de l'église Saint-Nicolas-de-Blois, âgé de soixante-huit
ans, lesquels nous ont déclaré que ce jourd'huy, à cinq heures
du matin, François-Philippe Charpentier, mécanicien, né et domi-
cilié à Blois, veuf de dame Julie Savonet, âgé de quatre-vingt-
trois ans, fils de feu Philippe-Jean Charpentier et de feue Catherine Cagnon son épouse, ses père et mère, est décédé en son
domicile au Chemonton. Les témoins nous ont dit être voisins du
décédé et ont signé avec nous le présent acte après lecture faite.

(Signatures.)

drupèdes, j'ai profité des conseils et des avis des citoiens Desmoulins, Dufresne et Maugé[1] et j'ai déjà beaucoup travaillé en ce
genre que j'aime et auquel je désirerois me consacrer entièrement.

Si l'Administration du Muséum d'histoire naturelle vouloit me
donner de l'occupation, je demanderois à monter un Quadrupède,
et que cet animal fût ensuite examiné par les professeurs de
zoologie, ou par telle autre personne qu'il plairoit à l'Administration de nommer à cet effet pour lui faire un rapport.

Salut,

Julie CHARPENTIER,
sculpteur aux Gobelins.

Le 6 juillet suivant (17 messidor), l'artiste fait présenter à
l'Administration plusieurs Quadrupèdes et Oiseaux qu'elle avait
préparés, et au sujet desquels Desmoulins et Dufresne présentent un rapport favorable le 26 du même mois (7 thermidor).

Enfin, le 18 mars 1802 (27 ventôse an X), elle rapporte
montée[2] la Panthère dont on lui avait confié la peau, huit mois
plus tôt, et une somme de 288 francs est attribuée à ce travail. C'est vers le même moment que Julie Charpentier mode-
lait pour le Salon le portrait du professeur de Zoologie récemment revenu d'Égypte et dans le laboratoire duquel elle
demandait à prendre place.

Je retrouve de ci, de là[3] le nom de la laborieuse fille dans
les registres des années suivantes. Elle n'a pas réussi à obtenir
un emploi bien défini, elle travaille *aux pièces* : son habileté
est connue et appréciée, mais on ne peut pas, faute d'argent,
l'occuper régulièrement, quoique son nom soit « inscrit favo-
rablement » sur les registres de l'Administration (22 juin 1803).

Les années se passent, et quoiqu'elle obtienne, de temps en
temps, un buste à faire[4] ; que le bureau de bienfaisance de

1. Aides-naturalistes et préparateur au Muséum.
2. *Procès-verbaux*, t. VIII, p. 27, 41.
3. *Ibid.*, t. VIII, p. 84 ; t. IX, p. 85 ; t. XVI, p. 201.
4. Je citerai ceux de Marcel, directeur de l'Imprimerie impé-
riale (1804), du colonel Morland, tué à Austerlitz (1806), du roi de
Rome, de Pierre Lescot, de son père Philippe Charpentier (1812),
du général Ordener, de Gérard Audran (1814), de Vian, du Domi-
niquin (1819), etc.

Blois lui confie, par exemple, l'exécution du monument de Corbigny (6 brumaire an XIII), la gêne augmente, la misère menace l'artiste qui vieillit, et, le 3 février 1819, Geoffroy Saint-Hilaire, qui n'a pas cessé de s'intéresser à elle, appelle l'attention de l'Assemblée des professeurs « sur la malheureuse position où se trouve la demoiselle Charpentier [1] ».

« Il est chargé de faire un rapport sur l'état du laboratoire de zoologie et sur les moyens qu'on pourrait avoir d'employer cette artiste d'une manière utile », rapport qui aboutit l'année suivante à la faire travailler *aux pièces* [2] un peu moins irrégulièrement, tantôt au Muséum (1821) et tantôt chez elle. Ce n'est qu'à la fin de janvier 1826 qu'on a pu assurer à Julie Charpentier, alors âgée de plus de 56 ans, les *vingt-quatre francs par semaine* qu'elle sollicitait depuis longtemps [3]; il est vrai que, cette même année, elle perdait, comme on l'a vu plus haut, son logement délabré des Gobelins, et que ce fut seulement à la fin de décembre 1830 que l'Administration du Muséum put lui offrir un asile provisoire au premier étage de la « maison du Boulevard [4] ».

Les dernières années de Julie Charpentier furent tout à fait malheureuses [5]. Elle finit par entrer pauvre et infirme à la Salpêtrière le 3 octobre 1843 et peu après (23 février 1845) y terminait ses jours à l'âge de 75 ans.

Triste fin d'un sculpteur distingué, dont les œuvres délicates avaient plusieurs fois recueilli les éloges du public et des artistes au début d'une longue carrière toute consacrée au travail.

---

1. *Procès-verbaux*, t. XXIII, p. 123.

2. *Ibid.*, t. XXIV, p. 134. — Cf. t. XXVII, p. 6, et le registre de Dufresne au laboratoire de Zoologie (Mamm. et Ois.).

3. *Ibid.*, t. XXXI, p. 50.

4. *Ibid.*, t. XXXIV, p. 105, 110.

5. Elle paraît avoir renoncé à modeler après 1824 et le dernier dessin de sa main, dont j'ai trouvé la trace, est de 1830 (*Procès-verbaux*, t. XXXIII, p. 240).

TABLE DES MATIÈRES

APPENDICES